Mensch und Tier

Eine paradoxe Beziehung

Eine Ausstellung im Rahmen der Partnerschaft
der Stiftung Deutsches Hygiene-Museum
und der DKV Deutsche Krankenversicherung AG

DKV Deutsche Krankenversicherung AG

Ein Unternehmen der ERGO Versicherungsgruppe

Mensch und Tier

Eine paradoxe Beziehung

Herausgegeben von der Stiftung Deutsches Hygiene-Museum

Begleitbuch zur Ausstellung
Mensch und Tier. Eine paradoxe Beziehung
Deutsches Hygiene-Museum
22. November 2002 bis 10. August 2003

Hatje Cantz Verlag

Inhalt

Ausstellung

Seit wenigen Jahren ist ein neues Interesse am Zusammenleben von Mensch und Tier erwacht. Es manifestiert sich in Ausstellungen, in einer zunehmenden Zahl von Buchtiteln, in literarischen, theoretischen und sentimentalen Texten und Features. Indem das Deutsche Hygiene-Museum dem Verhältnis von Mensch und Tier eine große Ausstellung widmet, knüpft es zugleich an eigene Traditionen an. Schon immer hat sich dieses Museum darum bemüht, die Situation des Menschen in seiner natürlichen Umwelt unter biologischen, medizinischen, anthropologischen und kulturgeschichtlichen Aspekten zu betrachten. Einzelne Schauobjekte ebenso wie ganze Ausstellungen – von der *Gläsernen Kuh* bis zur Darwin-Schau 1994 – markieren diesen Weg.

Die BSE-Krise und die auf sie folgenden Massentötungen von Schlachtvieh machten schlagartig die institutionalisierte Brutalität und hochgradige Verletzlichkeit unserer Lebensweise sichtbar. Auf der anderen Seite erhellen die spektakulären Erfolge der Mikrobiologie und der Genetik die Durchlässigkeit der Artenschranke und die zuweilen bedrohliche Nähe von Mensch und Tier: Am Schnittpunkt von Makroökonomie und Mikrobiologie zeigen sich neue Gefahrenherde und neue Kausalitäten.

Aus einem aufsteigenden Unbehagen heraus und aus der Ahnung davon, »dass Grausamkeiten Tieren gegenüber uns daran gewöhnen könnten, grausam zu Menschen zu sein« (J. M. Coetzee nach Th. v. Aquin), setzt ein neues Nachdenken über das Leben der Tiere ein. Die Menschen der westlichen Zivilisation beginnen, sich vor der Rache der gequälten Natur zu fürchten, und versuchen gleichzeitig, ihre gewohnte Lebensweise zu behaupten. Über den Umgang mit Tieren, über die Formen ihrer Haltung, Nutzung und Tötung ist ein neuer Humanisierungsschub hinweggegangen.

Die Art und Weise, in der man jetzt über das Verhältnis von Mensch und Tier nachdenkt, unterscheidet sich grundlegend von der bisher üblichen Sichtweise. Während bisher das Tier als Partner und Gegenüber des Menschen angesehen worden ist, rückt jetzt seine Existenz als Biomasse und Proteindepot, aber auch als »abgründige Grenze« (Jacques Derrida) innerhalb des Menschlichen in den Vordergrund. Der Kern des Verhältnisses von Mensch und Tier liegt nicht mehr in der Partnerschaft, sondern in der prekär gewordenen Grenze. Dieses Thema der Grenze zwischen Mensch und Tier und ihrer Durchlässigkeit ist auch zum Leitmotiv und Darstellungsprinzip der Ausstellung geworden. Ihre Aufbauphase hatte schon begonnen, als Dresden in den Fluten versank. Was als großer Menschen- und Tierpark geplant worden war, wurde über Nacht zur Arche Noah.

Klaus Vogel
Direktor

Gisela Staupe
Museums- und Ausstellungsleiterin, stellvertretende Direktorin

Die Wechselbeziehung zwischen Mensch und Tier besteht so lange, wie es den Homo sapiens gibt. Aus dem eindimensionalen Verhältnis zwischen Jäger und Gejagten hat sich ein Beziehungsgeflecht entwickelt, das bis zum individuellen Verhältnis des Menschen zu seinem Haustier reicht.

In den letzten Jahren gab es zwei Ereignisse, die die Menschen dazu brachten, über sich selbst und ihr Verhältnis zum Tier neu nachzudenken. Das erste ist uns als »Rinderwahnsinn« noch immer in Erinnerung. Das zweite betraf das Kunstschaf »Dolly«, das drei Mütter hat, aber keinen Vater. Zwei Ereignisse, die deutlich machen, wie unmittelbar Tiere auch mit der Gesundheit des Menschen verwoben sind und seiner Suche nach medizinischen Verfahren, die auf Erkenntnissen der modernen Molekularbiologie aufbauen.

Im Zuge der industrialisierten Nahrungsmittelproduktion sind Grenzen überschritten worden, die eine Rückbesinnung auf fundamentale Fragen im Umgang mit Lebewesen erforderlich machen. Die BSE-Krise machte die Verletzlichkeit unserer Lebensweise und unseres Ernährungssystems sichtbar. Auf der anderen Seite erhellten die spektakulären Erfolge der biomedizinischen und der Genforschung die Durchlässigkeit der Grenze zwischen Mensch und Tier. Zugleich machten die Gemeinsamkeiten in der genetischen Struktur das Tier auch für die am weitesten fortgeschrittene Forschung zum Spiegel des Menschen. Dabei sind die faszinierenden Möglichkeiten der Gentechnik und Transplantationsmedizin unweigerlich mit ethischen Fragen verbunden: Nicht alles, was möglich ist, ist ethisch erlaubt, aber es ist schwierig, hier eine gültige Grenzlinie zu ziehen.

Die DKV Deutsche Krankenversicherung AG unterstützt diese Ausstellung, denn sie hinterfragt unser Selbstverständnis, indem sie kulturelle, ökonomische und wissenschaftliche Aspekte des Mensch-Tier-Verhältnisses vorstellt. Das Leitmotiv der Partnerschaft des Deutschen Hygiene-Museums mit der DKV »Im Zentrum der Mensch« gilt auch hier: Wie menschlich ist der Mensch? Was ist erlaubt und was nicht? Die Ausstellung ist eine Reise durch einen faszinierenden und widersprüchlichen Bereich des menschlichen Lebens. Auf dieser Reise wünschen wir allen Besuchern, dass sie neue Impulse und Ideen für eine zukünftige Gestaltung der Beziehung des Menschen zum Tier erfahren.

Dr. Jan Boetius
Vorstandsvorsitzender der DKV Deutsche Krankenversicherung AG

Mensch und Tier. Eine paradoxe Beziehung

Zur Ausstellung

Jasdan Joerges

Lange Zeit war die von René Descartes für das moderne, rationale Abendland gezogene Grenze zwischen Mensch und Tier verbindlich. Die Biologie des 19. Jahrhunderts stellte diese von der Religion und Philosophie gezogene Grenze infrage. Charles Darwins *Abstammung des Menschen* enthielt die Botschaft: Menschen und andere Tiere sind Teil eines evolutionären Kontinuums. Auch heute relativieren Wissenschaftler die einstige menschliche Sonderstellung fast täglich aufs Neue mit der Entdeckung immer weiterer genetischer Gemeinsamkeiten zwischen Mensch, Schimpanse, Kugelfisch und Fadenwurm.

Im Zentrum dieser Publikation stehen Fragen nach dem Selbstverständnis des Menschen. Sind wir ein Tier unter vielen? Brauchen wir die Grenze zwischen Mensch und Tier? Wird es in Zukunft eine noch weiter reichende »Vertierung« geben, eingeleitet durch die Verpflanzung von tierischen Organen und Genen in den Menschen (und umgekehrt)? Oder wird gerade der sich abzeichnende, selbstgesteuerte »Umbau« der menschlichen Spezies dafür sorgen, dass sich der alte Traum von der Krone der Schöpfung doch noch erfüllen wird?

In vier großen thematischen Abschnitten spürt die Ausstellung diesen Fragen und den damit verbundenen ethischen Dimensionen der Mensch-Tier-Beziehung nach. Sie begreift sich als Versuch einer Neubestimmung – der Unterscheidung zwischen Mensch und Tier, aber auch der Grenzen für das, was wir mit Tieren tun und was wir ihnen anzutun bereit sind.

Geliebtes Tier Geliebte Tiere und solche, die dem Menschen Partner sind, stehen am Beginn der Publikation: die Kapitel »Jagdleidenschaften«, »Von der Menagerie zum DNA-Zoo«, »Bundesadler und Kampfhunde« und »Vom Schoßhündchen zur Robo-Katze«: Sie alle erzählen von den sentimentalen Seiten. Der Hund nimmt als Partnertier wohl eine außergewöhnliche Rolle ein, insbesondere vor dem Hintergrund neuer genetischer Untersuchungen. Wie es scheint, leben Hunde und Menschen weit länger zusammen als bislang angenommen: Ging man zuvor von etwa 14000 Jahren aus, so sind es nach einer neuen Schätzung weit über 130000 Jahre.

Die Domestikation des ersten Haustiers hätte demnach schon begonnen, als unsere eigene Spezies sich gerade erst entwickelte und ging möglicherweise anderen bedeutenden Kulturerrungenschaften wie komplexer Sprache, Kunst oder Totenbestattung voraus. Biologen glauben heute, dass Hunde genetisch selektiert wurden in ihrer Fähigkeit, Menschen zu verstehen. Hunde und Menschen teilten demnach bestimmte Denkmuster, die es ihnen erlauben, symbiotisch zusammenzuleben. Untrennbar verwoben scheint die Entwicklung des modernen Menschen mit der bestimmter Tierarten. Ohne Tier kein Mensch.

Das Tier als Produkt, das Schwein als Marke Die kulturstiftende Funktion von Tieren erreichte eine neue Dimension mit der Domestikation der Nutztiere. Die Bereiche »Stumme Diener«, »Industrie des Fleisches«, »Opfer und Lebensspender« und »Menschenrechte für Menschenaffen« zeigen Aspekte der Nutzung auf. Inzwischen ist das Tier ganz und gar zum Produkt des Menschen geworden. Es gibt so gut wie kein Wesen auf dieser Welt mehr, das nicht in irgendeiner Weise zum Nutzen des Menschen dienen könnte. Selbst das noch unentdeckte Insekt im brasilianischen Regenwald verspricht potenzielle Millionengewinne für die Pharmaindustrie, indem es medizinisch wirksame Substanzen in sich birgt.

Landwirtschaftliche Industrie und Lebensmittelkonzerne bewerben heute mit blumiger Rhetorik das Produkt Tier. Doch die Lebensmittelskandale der letzten Jahre haben ihre Spuren hinterlassen. Das instrumentelle Verhältnis des Menschen zum Tier ist auf einem Scheitelpunkt angelangt. Waren vor Rinderwahnsinn und Maul- und Klauenseuche alle Anläufe vergeblich, so ist der Tierschutz inzwischen im Grundgesetz der Bundesrepublik Deutschland festgeschrieben – womöglich der späte Nutzen der apokalyptischen Bilder von Tausenden lodernden Kadavern. Was die rechtliche Stellung von Tieren angeht, ging Neuseeland noch weiter: Dort haben die großen Menschenaffen andere, höher stehende Rechte als der Rest der Tierwelt – ein Resultat des »Great Ape Projects«, das Menschenrechte für Menschenaffen fordert.

Woher kommen wir? Die gemeinsamen biologischen Wurzeln von Menschenaffen und Menschen sind indes längst noch nicht aufgeklärt. Immer neue Schädelfunde ergeben eher eine lose »patchwork«-Biografie der menschlichen Rasse als eine eindeutige Abstammungslinie. Die Kapitel »Nackter Affe oder Krone der Schöpfung« und »Intelligenzbestien« spüren dem sich stets wandelnden Bild des menschlichen Ursprungs nach. Eine Gruppe von Genetikern, molekularen Anthropologen und Primatologen um Svante Pääbo in Leipzig möchte nun zum Zentrum dessen vordringen, was es heißt, Mensch zu sein. Sie suchen nach den ungefähr 1,5 Prozent

Unterschied im Erbgut zwischen Schimpansen und Menschen und hoffen, dort das zu finden, was uns menschlich macht.

Ist es am Ende lediglich ein kleiner Haufen spezieller Nervenzellen? Eine Gruppe kürzlich entdeckter Gehirnzellen, so genannte Spiegel-Neuronen, werden von manchem Forscher als Schlüssel für die kulturelle Evolution betrachtet. Sie sind bei bestimmten Handlungen aktiv, insbesondere dann, wenn ein Individuum sein Gegenüber bei einer Tätigkeit lediglich beobachtet. Das mache sie zur idealen Grundlage für das Lernen durch Zuschauen und durch Nachahmung und damit letztlich zur Basis für Mitgefühl und Kultur. Der kulturelle »Big Bang« vor rund 40 000 Jahren sei demnach mit den ersten, zufällig gebildeten Imitationsneuronen einhergegangen.

Verschonung Die Selbstreflexion des Menschen in seinem tierischen Gegenüber steht im Mittelpunkt von »Mythen und Mischwesen«. Immer wiederkehrend waren Versuche, die Scheidelinie zwischen Mensch und Tier aufzulösen, und so löst sich auch in unserem Zusammenhang die gebaute Grenze an diesem Punkt auf. Schamanenkulte, Tiermythen, Mischwesen und Tiergötter – das Tier als Identifikationsfigur und Vorbild, als Projektionsfläche menschlicher Träume und Albträume.

Die körperliche Verschmelzung von Mensch und Tier leitet über zum Schlusskapitel mit der Frage nach dem »Auslaufmodell Mensch?«. Gerade jene Biologie, die so erfolgreich im Durchbrechen der Mensch-Tier-Grenze

war, könnte diese in Zukunft neu ziehen. Sie könnte uns in die Lage versetzen, unsere Wunschkinder zu formen – und die Zukunft unserer Spezies. Der Molekularbiologe Lee Silver postuliert gar eine selbstgesteuerte Aufspaltung in mehrere Unterarten. Der Mensch schafft, was kein Tier zu Wege bringt: Er wird zum Ingenieur seines eigenen Wesens. Wird dies die neue Trennlinie zwischen Mensch und Tier markieren?

Die Publikation schließt in diesem Sinne mit der Installation *Genesis* von Eduardo Kac, der meint, »menschlich zu sein, wird heißen, dass das menschliche Genom nicht eine Begrenzung ist, sondern unser Startpunkt«. Es bleibt dem Menschen – ebenso wie seinen möglichen Nachfolgern – als einziger Spezies die Befähigung, andere Arten zu schützen: ohne Mensch kein Tier.

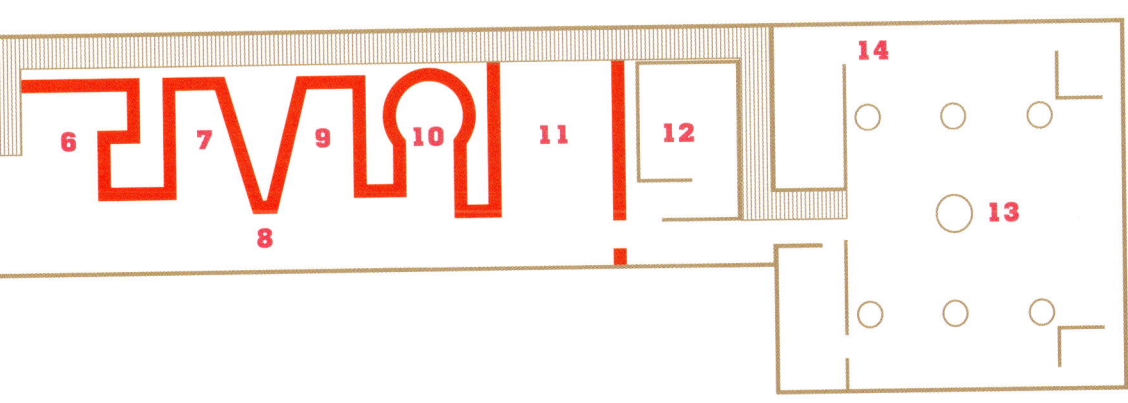

geliebte Ti

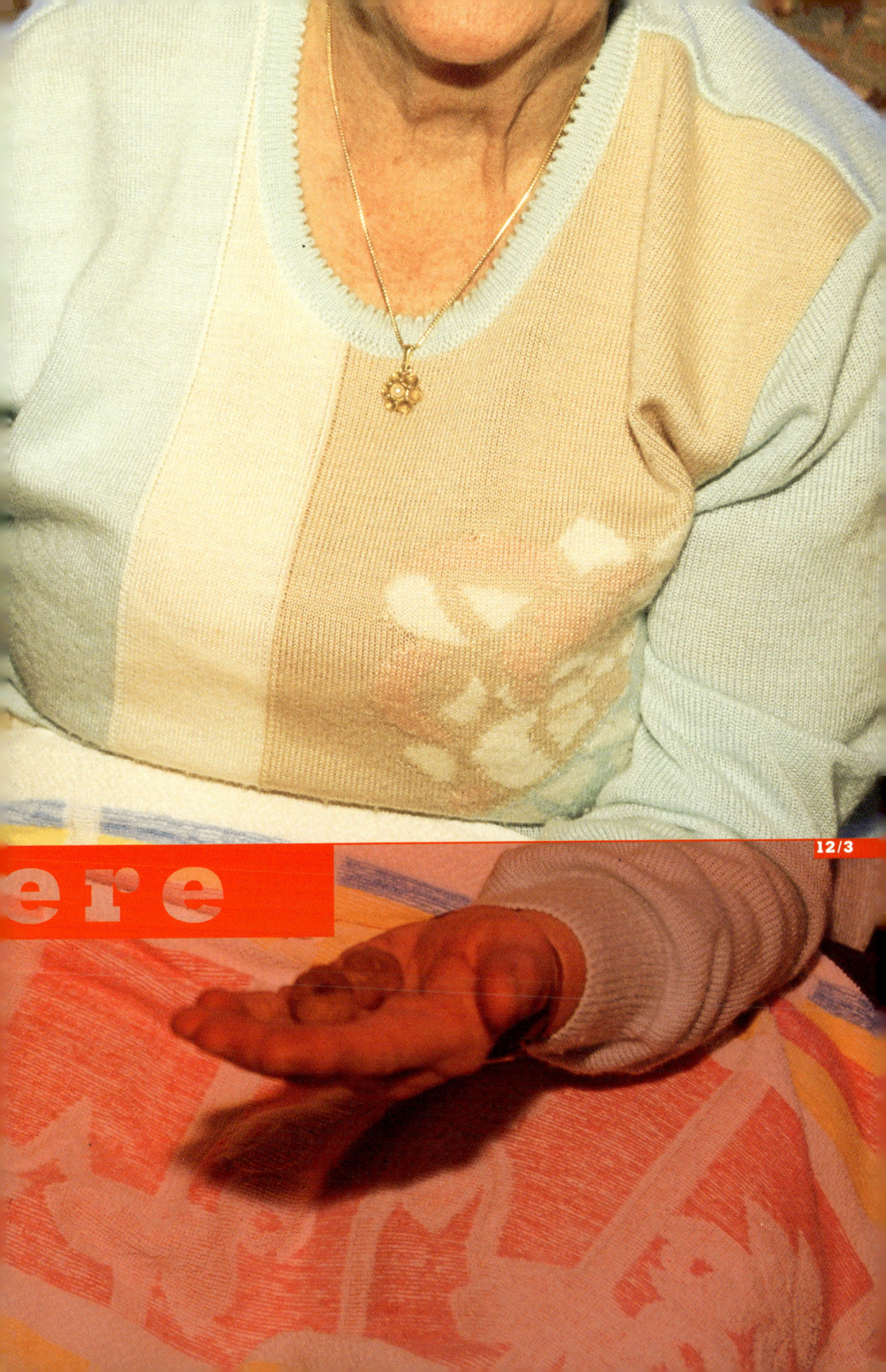

ere

Am Anfang war das Tier

Höhlenmalerei oder zur Deutungsgeschichte einer Differenz

Walter Grasskamp

Spätestens nach der Entdeckung der Höhlenmalereien in Altamira im Jahre
1879 wurde die Auseinandersetzung mit der Kunst der Vorgeschichte zu einer der größten Herausforderungen für das kulturelle Selbstverständnis
der Moderne: Zunächst für die Ästhetik, die von Max Verworn und Wilhelm
Paulcke bis zu Willi Baumeister aus der Steinzeit Legitimationen für die
umstrittenen expressiven und abstrakten Tendenzen der zeitgenössischen
Kunst destillieren konnte; weiterhin für den Kunstbegriff, der weit über
seinen ursprünglichen Definitionszeitraum hinaus bis zurück in die Vorgeschichte ausgedehnt wurde und damit eine anthropologische Qualität gewann. Vor allem aber gilt dies für die Frage, wie die Höhlenbilder und Ritzzeichnungen, die Skulpturen und Kleinfunde zu deuten sind, ob sich also
der Mensch über 30 000 Jahre hinweg so gleich geblieben ist, dass er selbst
die entferntesten Äußerungen seiner Gattung prinzipiell verstehen kann.

1

Während die moderne Ausdehnung des Kunstbegriffs auf die Vorgeschichte im Zeichen der Bildwissenschaft inzwischen ebenso fragwürdig geworden ist wie das ästhetische Pathos des Primitivismus, bleibt die Deutungsdebatte aktuell. Seit den ersten Forschungen von Henri Breuil war sie eher durch dogmatische, einander ausschließende Maximen gekennzeichnet, die insbesondere durch Max Raphael, Annette Laming-Emperaire und André Leroi-Gourhan geprägt worden sind. Erst in den letzten Jahrzehnten hat die Forschung zu einer vergleichenden und synthetischen Sicht gefunden, welche die alten Gewissheiten aufhebt und neue Beobachtungen durchaus auch mit neuen Zweifeln konfrontiert. Dafür steht maßgeblich das neue Standardwerk *Höhlenmalerei* von Michel Lorblanchet, das 1995 in Paris erschienen und 1997 ins Deutsche übersetzt worden ist.

Zu den größten Überraschungen der Wandbilder in Altamira, denen von Lascaux bis zum Ural zahlreiche weitere Höhlenfunde folgten, zählte zweifellos die Erkenntnis, dass der Mensch selber der seltenste Bildgegenstand war: Der überwältigenden Dominanz der Tiere entspricht ein auffallender Mangel an Menschendarstellungen, der sich anfangs sogar wie ein völliges Fehlen ausnehmen konnte. André Leroi-Gourhan kam in seiner Statistik aus den 1960er Jahren, die sich auf 66 Bilderhöhlen stützte, noch zu dem Ergebnis, dass Tierdarstellungen 62 Prozent der Darstellungen ausmachten, nichtfigürliche (geometrische oder punktierte) Zeichen 34 Prozent, Abbildungen des Menschen aber nur vier.

1 Zwei tote Rebhühner, von einem Jagdhund beschnüffelt, o. J., Jan Fyt (1611–1661)

1 – Jagdleidenschaften Über Jahrhunderte war die Jagd das Privileg der Mächtigen. Anfangs bildete sie die unmittelbare Existenzgrundlage der Gemeinschaft, mit der Herausbildung sozialer Schichten wurde sie zum Inbegriff von Lebenslust und Freude an Wild und Wald, aber auch am Töten. Verherrlicht als edler und vornehmer Zeitvertreib, war sie immer auch Ursprung wirtschaftlicher, politischer und ethischer Konflikte. Die Empörung über fürstliche Jagdprivilegien gehörte mit zu den Motiven der bürgerlichen Revolutionen von 1789 und 1848. Sie brachten eine Veränderung der Jagdkultur: Die Jagd wurde seither in Vereinen organisiert; Naturschutz, Weidgerechtigkeit mit arterhaltender Regulierung und Traditionspflege sind ihre Ziele.

Selbst wenn man die neuere Statistik von Michel Lorblanchet zugrunde legt, bleibt das Fehlen menschlicher Selbstdarstellungen bemerkenswert. Lorblanchet stützt sich nicht nur auf die Höhlenbilder, sondern auch auf Ritzzeichnungen, auf Knochen sowie auf jene Kleinskulpturen aus Stein und Holz, in denen die Menschenabbildung – wie bei der bekannten Venus von Willendorf – häufiger ist als in den Höhlenbildern, allerdings fast ausschließlich auf schematische Frauendarstellungen beschränkt bleibt. Selbst unter Einbeziehung dieser Zeugnisse verbleiben nach Abzug der stilisierten Vulvendarstellungen sowie der Handabdrücke nur rund 200 mehr oder weniger eindeutige Menschendarstellungen in den Wandbildern, denen Tausende von Tierabbildungen gegenüber stehen, sowie 830 in den Kleinfunden, wobei die Letzteren sich an zwei Hauptfundorten konzentrieren (Gönnersdorf mit 400 Frauendarstellungen und La Marche mit 115 Menschenabbildungen); die Wiedergabe von Männern wird auf nur fünf bis zehn Prozent geschätzt.

In vielen Beispielen der Wandmalerei sind die Menschendarstellungen ohnehin so vage, dass man an den Zuschreibungen durchaus zweifeln darf, oder so schematisch und »strichmännchenhaft«, dass neben der statistischen auch eine bemerkenswerte künstlerische Diskrepanz zwischen den Tier- und den Menschendarstellungen zu verzeichnen ist, die das statistische Missverhältnis noch rätselhafter erscheinen lässt.

Wenn die Diskrepanz zwischen den Tierabbildungen und den Selbstdarstellungen des Menschen auch nicht mehr ganz so dramatisch gesehen

2 Geweihsammlung des Grafen Arco im ehemaligen Stadtpalais des Grafen am Wittelsbacherplatz in München, um 1900. *Maximilian Bernhard Graf von Arco-Zinneberg (1811–1885) war der leidenschaftlichste Jäger seiner Zeit, und er besaß eine der größ-* ten Trophäensammlungen. Darin fanden sich nicht nur kapitale einheimische Rotwildtrophäen, sondern auch interessante Geweihe und Gehörne aus fremden Ländern sowie eine bedeutende Kollektion seltener Abnormitäten. **3** Nashorn-Kopftrophäe, 20. Jh.

2

wird wie einst von André Leroi-Gourhan, so ist sie doch immer noch auffällig genug, um der Frage Nachdruck zu geben, der hier nachgegangen werden soll: Warum dominieren die Tiere in diesem hohen Ausmaß die erste Bilderwelt des Menschen, statt dass er sich selbst in den Mittelpunkt seiner Bildproduktion setzte, die ihm doch als mindestens ebenso spektakulär erschienen sein muss wie ihren modernen Wiederentdeckern?

Wenn in der Deutungsgeschichte der Steinzeitkunst die Frage nach diesem Missverhältnis auch nur selten explizit behandelt, geschweige denn befriedigend gelöst worden ist, so stellte die Interpretation doch stets den Menschen in den Mittelpunkt der Bildproduktion, die durchweg auf seine Bedürfnisse und Lebensform bezogen und damit als seine Projektion gesehen wurde. Dabei konkurrierten drei dominante Deutungsmuster: Jagdzauber, Totemismus und Sexualität. Als wissenschaftliche Betrachtungen lösten sie die ursprünglich eher ästhetische Interpretation ab, die – in einer ebenso spontanen wie zeitgeprägten Reaktion – in den Höhlenbildern einen frühen Beleg für die Universalität der Kunst als einer Art zeitübergreifender l'art pour l'art hatte sehen wollen.

Als Erstes dieser wissenschaftlichen Deutungsmuster wurde die anfangs beliebte Auffassung fragwürdig, bei den Tierdarstellungen handele es sich um Jagdzauber. Für diese These von Henri Breuil sprach die hohe Abhängigkeit des Menschen von den ziehenden Herden und dem Tier als Nahrungsspender und universaler Ausstattungsquelle sowie das ebenfalls auffällige

Das Nashorn gehört neben Büffel, Elefant, Löwe und Leopard zu den »big five«, den begehrtesten Zielen der Großwildjäger in Afrika und Zentralasien. Ein Luxusurlaub für Hobbyjäger hat in diesen Ländern einen handfesten ökonomischen Hintergrund: Für den Abschuss eines Löwen in Tansania waren 1992 rund 35 000 US $ Jagdgebühren inklusive aller Kosten zu zahlen. Das Land selbst verzeichnete 1995/96 aus den Trophäenjagdgebühren Gesamteinnahmen in Höhe von über sieben Millionen US $.

3

Fehlen von Pflanzenabbildungen. Die Verwendung im Rahmen eines Jagd-zaubers hätte zudem die genauen Charakterisierungen der Abbildungen erklären können, die frappierende lakonische Prägnanz ihres eindrucks-voll verknappten Realismus.

Ob ein solcher bildhafter Jagdzauber eine magische Beschwörung des zu jagenden Tieres oder eine animistische Abbitte an bereits getötete Tiere hätte leisten sollen, konnte offen bleiben, doch überwog das Deutungsmuster, das die Werke als Teil einer symbolischen »Ernährungskunst« erscheinen lässt, wie Lorblanchet ironisch resümiert. Warum dann freilich durchweg die Pflanzen fehlen, von denen sich der vorzeitliche Mensch ernährt hat, bleibt ein weiteres Rätsel seiner Bilderwelt, zumal eine animistische Sicht-weise auch diesen eine Seele unterstellt haben müsste.

Angesichts der hohen und letztlich demütigenden Abhängigkeit des steinzeitlichen Menschen vom Tier als Nahrungs- und Ausstattungsquelle mögen die Bilder auch der Stärkung des Selbstbewusstseins ihrer Urheber gedient haben, die ja durch ein mehrfaches Risiko mit dem Tier verbunden waren: Nicht nur die Jagd war riskant, sondern auch die unvermutete Be-gegnung mit Tieren, von denen man nicht zuletzt in den Höhlen selber ge-jagt werden konnte. Ungewissheit musste auch darüber herrschen, ob die großen Herden, aus denen man sich bei ihren Wanderungen bedienen konnte, in der nächsten Saison dieselben Wege nehmen und also wieder-kommen würden, und wenn ja, in welcher Populationsstärke.

4 Doppelseitige Illustration »Saw« aus dem Jagd-buch des Kurfürsten Christian I. von Sachsen, 1590. *Das Buch enthält vielfältiges Wissen über die Jagd, die Vogelstellerei, den Fischfang und das Abrichten von Jagdhunden. Es ist eins der bedeutendsten Werke* der Jagdliteratur des späten 16. Jahrhunderts. **5** Rad-schlossgewehr, Dresden 1683, Gottfried Hahn (ab 1662 in Dresden nachweisbar bis 1705). *Die Radschloss-büchse zeichnet sich durch größere Treffsicherheit aus und stellt gegenüber dem Luntenschlossgewehr*

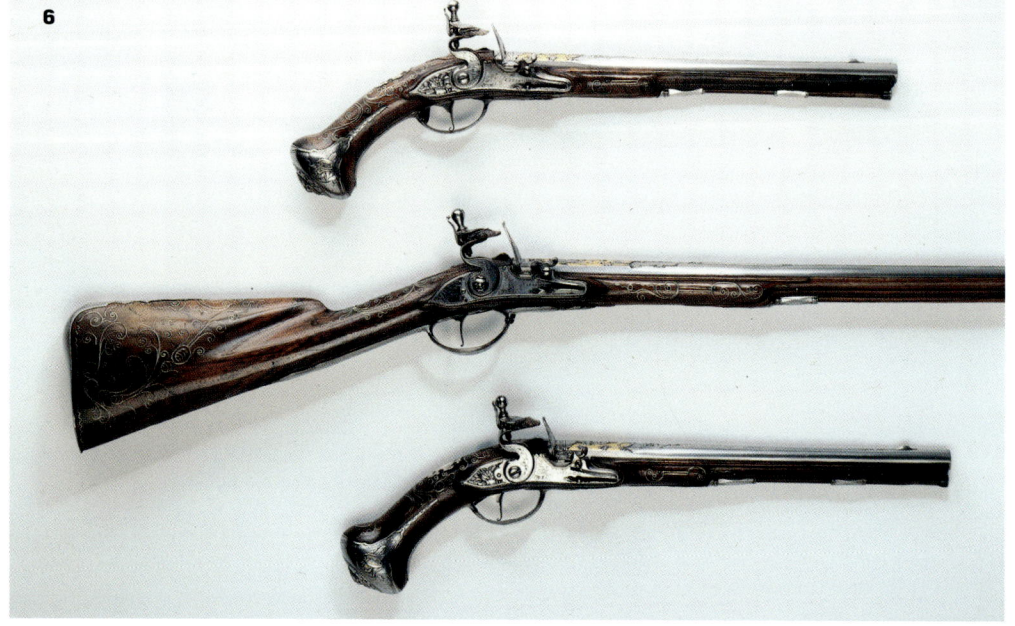

6

Die Jagdzauberthese wurde allerdings bald durch André Leroi-Gourhan revidiert, der sich auf eine zwischenzeitlich erkannte Differenz stützte: Die Tiere, von denen in den Höhlen Knochen gefunden worden waren und die damit als Nahrungsquelle infrage kamen, waren durchaus nicht die am häufigsten abgebildeten, während von den abgebildeten viele nicht oder nur ausnahmsweise als Nahrungsquelle nachgewiesen werden konnten.

Nun widerlegt die Differenz zwischen dem Speisezettel und der Abbildungsstatistik die These vom Jagdzauber nicht zwangsläufig. Er könnte ja auch – wie Jahrtausende später etwa in der assyrischen Löwenjagd – die rituelle Tötung symbolisch besetzter Tiere begleitet haben oder die Jagd auf Nutztiere, die nicht der Ernährung dienten, sondern etwa nur wegen ihrer Pelze interessant gewesen sein könnten oder wegen Knochen und Hörnern, die zu magischer Medizin umgearbeitet wurden und daher als Nahrungsreste nicht auffindbar sein müssen. Doch minderte die Differenz zwischen Speisezettel und Abbildungsstatistik den Ausschließlichkeitsanspruch der Jagdzauberthese, und so waren andere Interpretationen unumgänglich.

Max Raphael, der sich in den 1930er Jahren im französischen Exil mit den Bilderhöhlen beschäftigt hatte, revolutionierte die Betrachtungsweise, indem er eine topografische Zusammenschau der zuvor nur als Einzelbilder interpretierten Darstellungen propagierte. Zudem führte er zwei neue Deutungsmaximen ein: Er betrachtete die Tierzeichen als totemistische

des 16. Jahrhunderts eine große Verbesserung dar. Geschossen werden konnte jedoch nur auf stehendes Wild. 6 Garnitur Steinschlosswaffen, bestehend aus einem Gewehr und zwei Pistolen, Dresden 1705, Friedrich Carlsohn (ab 1700 in Dresden nachweisbar bis 1719). Das Steinschloss verfügte über eine verbesserte Zündgeschwindigkeit und ermöglichte so die Jagd auf fliehendes Wild und auf Vögel. Ob mit Pistolen gejagt wurde, ist nicht sicher, denn das galt nach dem Reglement der Jagd als unweidmäßig.

Symbole für einzelne Stämme, die darüber nicht nur ihre Clan- und Verwandtschaftszugehörigkeiten, sondern auch ihre Stammesgeschichte und Gruppenkonflikte abgebildet haben sollen. Weiterhin lancierte er eine auf das Motiv der Fortpflanzung gestützte Interpretation, die den Tierrassen sexuelle Konnotationen im Sinne eines Fruchtbarkeitszaubers unterstellte.

Während die Vermutung des Totemismus eher auf Kritik stieß und zunächst folgenlos blieb, bauten Annette Laming-Emperaire und André Leroi-Gourhan das an einer sexuellen Symbolik ausgerichtete Deutungsmodell Raphaels aus. Sie verwarfen den ethnografischen Vergleich, wie er seit der Wende zum 20. Jahrhundert für die Stützung der Jagdzauberthese beliebt war, und orientierten sich nun, wie Raphael, an der Konzentration, Lage und spezifischen Verteilung von Höhlenmotiven, die sie – allerdings eindeutiger als Max Raphael – durch Zuordnungen sexualisierten. Selbst zuvor als Pfeile gedeutete Zeichen wurden nun als Geschlechtsmarkierungen gesehen, ebenso wie die rätselhaften und komplexen, offenbar codierten geometrischen Zeichen, die lange im Wahrnehmungsschatten der ungleich eindrucksvolleren Tierdarstellungen gestanden hatten.

Bei dieser Interpretation orientierten sich Laming-Emperaire und Leroi-Gourhan keineswegs am – freilich auch nur selten identifizierbaren – Geschlecht der dargestellten Tiere, sondern betrachteten die Tierrassen generell als sexuelle Symbole, Wisente etwa grundsätzlich als weiblich, Pferde dagegen als männlich. Freilich unterschieden sich die beiden Autoren darin,

7 Garten- und Tranchierbesteck, 16. Jh. Ähnlich wie das Weidbesteck, mit dessen Hilfe die erlegten Tiere aufgebrochen und zerlegt, die Geweihe abgelöst und die Knochen zerschlagen wurden, diente das Garten- und Tranchierbesteck dem Zerlegen und Zubereiten des Wilds. Ebenso konnte das Besteck aber auch bei der Gartenarbeit verwendet werden. 8 Hirschfänger mit Scheide und Weidbesteck, Leipzig 1708. Der Hirschfänger ging aus dem Jagdschwert des 15. und 16. Jahrhunderts hervor und wurde den Erfordernissen

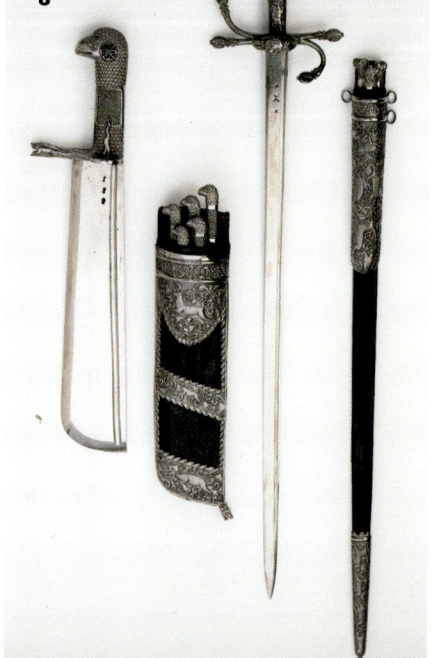

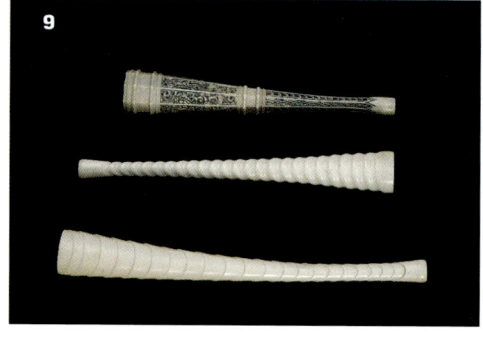

welchen Tierarten sie welche sexuellen Konnotationen zuordneten, was Annette Laming-Emperaire schließlich zu einer späten Einsicht in die Willkür des gesamten Vorhabens führte: »Die Tatsache, dass man mit gleich wahrscheinlichen Gründen aufzeigen konnte, dass ein Wisent ebenso männlich wie weiblich, ein Pferd ebenso männlich wie weiblich ist, scheint mir der beste Beweis dafür zu sein, dass beide Auffassungen falsch sind.«

Die Preisgabe einer ebenso willkürlichen wie dogmatischen sexuellen Einordnung der Tierrassen war sicherlich überfällig; die Interpretation der Tierbilder im Rahmen eines Fruchtbarkeitskultes bleibt davon freilich unberührt. Auch wenn die Darstellung kopulierender Tiere eher rar zu sein scheint, spricht gerade das Ungleichgewicht in den vergleichsweise wenigen Darstellungen der Menschen für dieses Deutungsmodell: Die heute skandalös wirkende Reduktion des Frauenbildes auf opulente Brüste, Schenkel, Hintern und die schematisierte Vulva bei einer geradezu grotesken Vernachlässigung, wenn nicht Aussparung der Extremitäten und oft auch gerade des Kopfes spricht dafür, dass das Motiv der Fruchtbarkeit nicht nur das Menschenbild der Steinzeit geprägt haben könnte, sondern auch das der Tiere.

Ob Raphaels Theorie des Totemismus zu Recht aufgegeben worden ist, darf man bezweifeln, nicht zuletzt angesichts der Bedeutung, welche das Thema wenig später in der strukturalistischen Ethnologie von Claude Lévi-Strauss einnahm, die allerdings in der Steinzeitforschung lange Zeit kaum

der Parforcejagd angepasst. Er ist kürzer und leichter. Nach wie vor hatte der Hirschfänger standessymbolische Bedeutung, die an der Tragweise erkennbar war. **9** *Hifthorn und Jagdzinken, 17. Jh. (oben), vor 1741 (Mitte, unten). Das obere Jagdhorn stammt von einem* kurpfälzischen Hofdrechsler und die beiden unteren wurden von Kurfürst Johann Georg II. (1613–1680, Kurfürst ab 1656) selbst gedrechselt. Die kurzen Hörner erzeugen einen hohen oder kreischenden Ton, auf den besonders die Jagdhunde reagieren.*

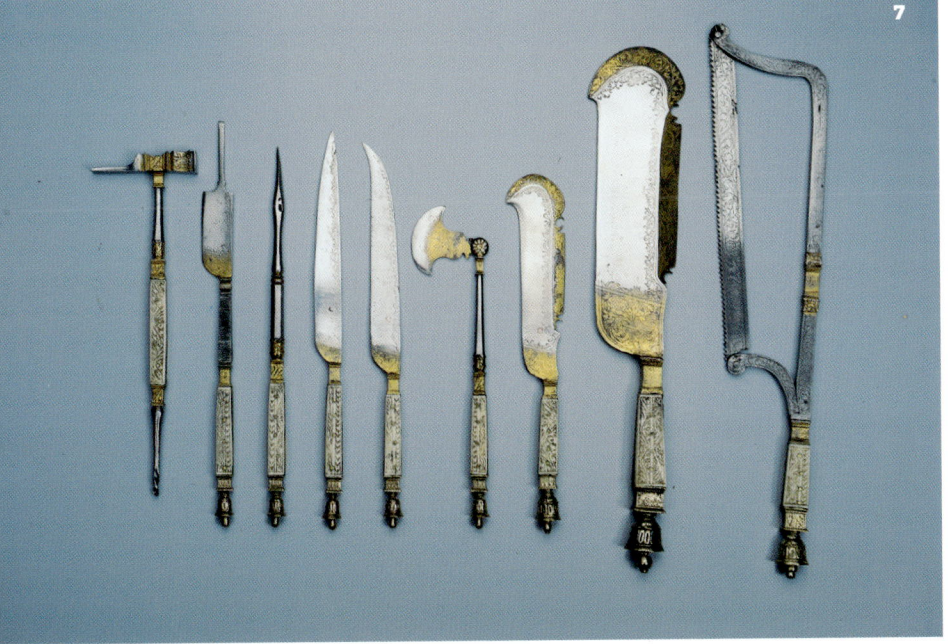

rezipiert worden ist. Lorblanchet spricht Max Raphael inzwischen auch für den französischen Sprachraum die Bedeutung eines überragenden Pioniers zu, was eine späte Anerkennung für ein Werk ist, dessen Wirkung durch Raphaels Emigrantenschicksal verzögert wurde: Schließlich in den USA angekommen, hatte er seine in Frankreich gewonnenen Erkenntnisse zuerst auf Englisch publiziert; die Übersetzungen ins Deutsche und Französische folgten mit beträchtlicher Verspätung.

Man könnte ja in der Tat in den weit verbreiteten Tierpanoramen Elemente einer Herkunftserzählung erblicken und die Höhlen damit als Mythengalerien ansehen, deren Deutungsschlüssel verloren gegangen ist. Wenn Herkunftsmythen am Beginn nahezu jeder kulturellen Erzählung zu stehen pflegen, sei sie mündlich oder schriftlich, warum sollten sie dann nicht im Gewand der Tierwelt auch am Anfang der ersten dauerhaften Bilderspeicher des Menschen gestanden haben? Man muss die Tiermotive durchaus nicht, wie einige Autoren, als Elemente einer regelrechten Sprache verstehen, um ihre Eignung für eine solche Herkunftserzählung zu erkennen, an der freilich bemerkenswert bleibt, dass sich der Mensch darin offenbar noch nicht die Schlüsselrolle zugewiesen hat.

Wurde die strukturalistische Anthropologie im Zeichen des Verzichtes auf den aktuellen ethnologischen Vergleich in der Steinzeitforschung eher zurückhaltend aufgenommen, so kommt diesem inzwischen wieder eine größere Bedeutung zu. Er orientiert sich freilich nicht mehr an jenen sub-

10 Jagdtasche, auch »Schwedler«, Dresden um 1609 bis 1615. *Die Jagdtasche stammt vermutlich von Hans Erich Friese (1609–1634 in Dresden nachweisbar), dem bedeutendsten Seidensticker der Spätrenaissance in Sachsen. Wegen ihrer kostbaren Ausstattung und des* *fragilen Materials diente die Tasche wohl eher repräsentativen Zwecken als der Aufbewahrung von Jagdutensilien wie Hirschfängern, Jagdmessern oder Hundehalsbändern.* **11** Parforcehorn, Sachsen 1701. *Mit seinem beträchtlichen Tonumfang bot das andert-*

arktischen Kulturen, die einst für die Jagdzauberthese Paradebeispiele lieferten, sondern an einer vom Zeitgeist geförderten Mode, von der auch die Interpretation der Vorgeschichte offenbar nie frei sein kann: In Analogie zu den von Bruce Chatwin populär gemachten »songlines« der australischen Ureinwohner wird die Deutung der steinzeitlichen Tierabbildungen im Rahmen einer kosmischen und irdischen Selbstverortung des Menschen wieder nachvollziehbar.

Nach wie vor unerwünscht in der fachwissenschaftlichen Interpretation der Höhlenmalerei ist dagegen das ästhetische Modell einer l'art pour l'art. Sogar die Kunstwissenschaft versucht gerade mit Hans Belting, eine »Bildanthropologie« zu entwickeln, die den schwierigen Kunstbegriff ebenso wie den Anschluss an die fundamentalistischen Legitimationsstrategien eines Willi Baumeister zu vermeiden sucht. Ohne einen nobilitierenden Kunstbegriff könnte man die Höhlenmalerei durchaus für banal halten, weil in ihr offensichtlich das geschieht, was auch die aktuelle private Aufzeichnungskultur der Fotografie und des Videos beherrscht, also die statistisch überwiegende Bildproduktion: Sie hält fest, was man am meisten sieht und was die Mehrzahl der Bevölkerung auch individuell am meisten beschäftigt.

Wie jede Kleinfamilie ihren Sprössling inzwischen schon in Hunderten von Fotografien und Dutzenden von Videoclips dokumentiert hat, bevor er überhaupt eingeschult ist, dürften auch die Höhlenbilder von dem gespeist

halbmal gewundene Parforcehorn die Voraussetzung, auf dem großen Gelände, auf dem die Parforcejagd in raschem Tempo abgehalten wurde, gut gehört zu werden. Die Hörner gehörten zum Zeremoniell der Jagd und teilten sie in bestimmte Abschnitte. Mit dem »Anblasen« wurde die Jagd eröffnet, der »Fürstenruf« rief den Jagdherrn zum Erteilen des Fangstoßes, und das »Halali« beendete die Jagd. **12** Großer Jagdschmuck der letzten deutschen Kaiserin Auguste Victoria, »gefertigt aus Haken von Seiner Majestät dem Kaiser er-*

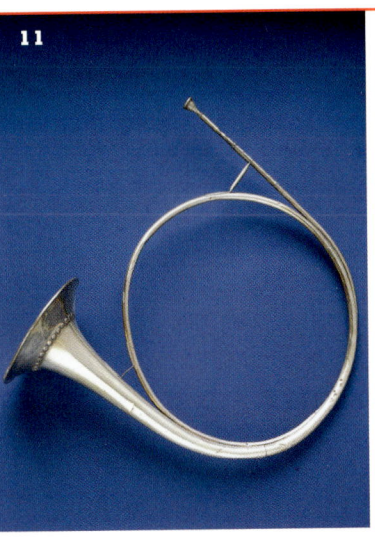

11

worden sein, was ihre Hersteller emotional und alltäglich am meisten beschäftigte und was sie am häufigsten sahen. Das ist offenbar die Voraussetzung einer jeden menschlichen Bilderproduktion, gleich welchen Mediums sie sich bedient. Diese unsichtbare, aber statistisch bei weitem überwiegende Bildproduktion muss man zum Glück nie kollektiv bewundern wie die statistisch weitaus selteneren Kunstwerke im Museum oder im Kino.

Freilich wäre es gerechtfertigt, auch für die frühesten Zeugnisse menschlicher Bildproduktion am Kunstbegriff festzuhalten, um dem großen Nachdruck und Geschick gerecht zu werden, die in ihre Anfertigung investiert wurden. Das Ende der lange Zeit ebenso beliebten wie irreführenden stilgeschichtlichen Einordnung der Höhlenbilder nach dem Vorbild der Kunstgeschichte muss man nicht bedauern. Aber man darf die spezifische Qualität vieler dieser Bilder betonen, die eine Geschichte der Kunst als einer eigenen Kategorie menschlichen Treibens nach wie vor auch für die Vorgeschichte rechtfertigen könnte.

Statt kunsthistorischer Begriffe halten sich auch in der neueren Literatur eher die religiösen Floskeln, leider auch in Lorblanchets Buch, der von den Höhlen durchweg als »Heiligtümern« spricht, als wisse man genau, was dort außer Malerei sonst noch veranstaltet wurde. Man weiß aber eben nicht genau, warum diese Höhlen generationsübergreifend und offenbar sogar über Tausende von Jahren hinweg besucht worden sind, welche Rituale dort veranstaltet wurden und warum dafür Bilder unverzichtbar waren.

legter Rothhirsche«, Berlin 1896. *In diesem kostbaren Schmuck von Hofgoldschmied Georg Fröhlich sind Grandeln, Rubine, Smaragde, Brillanten, Gold und Email verarbeitet. Grandeln, auch Haken genannt, sind die Eckzähne aus dem Oberkiefer von Rotwild.*

Sie gelten einerseits als Trophäen, darüber hinaus haben sie seit der Steinzeit auch kultische Bedeutung.
13 In der Tierbude, 1891, Paul Meyerheim (1846–1915).

13

Hatten diese Bilder einen besonderen rituellen Wert in sich selber? Oder waren sie Kulissen für andere Rituale, wie heute die einst fürstlichen Gemäldegalerien für den Massentourismus? Haben sich die Besuchsmotive für die Höhlen über Tausende von Jahren nicht ebenso verändern müssen wie die Wahrnehmung der Bilder durch den Museumsbesucher in den letzten zweieinhalb Jahrhunderten?

Man ist versucht, eine besondere Bedeutung des Bildes in der Steinzeit schon allein daraus abzuleiten, dass der Mensch damals in einer ansonsten bilderlosen Welt lebte, in der die Höhlenbilder schon aufgrund ihrer generationsübergreifenden Haltbarkeit und Wiedererkennbarkeit eine besondere Attraktion dargestellt haben müssen. Aber lebte der Steinzeitmensch wirklich in einer ansonsten bildlosen Welt? Wie ließe sich dann die hohe Qualität vieler Abbildungen erklären, wenn sie tatsächlich nur in den Höhlen gemalt worden sein sollten und nicht durch eine reiche Bildkultur auf inzwischen verschwundenen, ephemeren Trägern begleitet worden wären?

Die Frage führt zu einem weiteren Rätsel, das sich aus der Dominanz der Tiermotive in der Höhlenmalerei ergibt: Gerade der Mensch, der in den Höhlen doch als Modell leicht verfügbar war, wird schemenhaft und unbeholfen dargestellt, während Tiere, die nicht einmal durch den Höhleneingang gepasst hätten, in ihren Charakteristika oft mit einer Genauigkeit wiedergegeben sind, die im besten Sinne die Prägnanz von Karikaturen

2 – Von der Menagerie zum DNA-Zoo

Von fremdartigen Tieren ging seit jeher eine große Faszination aus. Bereits in frühen Kulturen gehörten sie als Statussymbole an jeden Herrscherhof und waren bis ins 18. Jahrhundert hinein auch in den Menagerien der europäischen Fürsten begehrt. Erzieherische Anforderungen an den Menschen und die zunehmende Forderung nach artgerechter Unterbringung der Tiere führten im 19. Jahrhundert zu den großen Zoogründungen. Erkenntnisse der Verhaltensforschung trugen zur Weiterentwicklung und Vervollkommnung der Zoos bei. Angesichts des weltweiten Artensterbens verstehen sich die Zoos heute als letzte Zufluchtsstätten bedrohter Tiere und Institutionen des Genpool-Managements.

erreichen kann und noch heute eine eindeutige zoologische Zuordnung selbst verschwundener Tierarten erlaubt.

Die Abwesenheit der Modelle in den Höhlen macht die Annahme mitgebrachter »Skizzen« und Vorlagen nach der Naturbeobachtung, also transportabler Bildgedächtnisse, geradezu zwingend. Die überaus spontan wirkenden Gestaltungen wirken häufig so kompetent, dass sie alles andere als spontan gewesen sein dürften; ihnen muss eine lange Praxis der Übung auf hinfälligem Material vorausgegangen und parallel gelaufen sein. Ohne einen solchen Vorlauf der Übung und eine parallele, aber verloren gegangene Bildkultur auf vergänglichen und verlorenen Materialien, etwa mit Zeichnungen auf Leder oder Rinde, ist eine mimetische Leistung wie die Höhlenmalerei kaum vorstellbar, die sonst ein ungewöhnliches eidetisches Gedächtnis vorausgesetzt hätte. Man muss die Tierabbildungen in den Höhlen, die nicht vor einem Modell angefertigt worden sein können, daher als das Ergebnis einer bereits lange formalisierten Bildkultur auf anderen Trägern betrachten, die dann eine noch längere Tradition besessen haben müsste als die Abbildung des Menschen.

Die vielleicht größte kulturelle Bedeutung, welche die Höhlenmalerei von aller späteren und gerade auch von der aktuellen Bildproduktion unterscheidet, liegt freilich darin, dass sie, über ihre noch heute faszinierende bildnerische Kompetenz hinaus, eine entscheidende Gattungsdifferenz stiftete: Der Mensch kann alle anderen Lebewesen im Bild festhalten, die

14 Bärengelass am Hof des sächsischen Kurfürsten, 17. Jh. *Bärenhöfe gelten ähnlich wie Fasanerien oder Löwengruben, in denen die Tiere als Reservoire für fürstliche Jagden und Tierhatzen gehalten wurden, als die Vorläufer der Menagerien.* **15** Gesamtansicht der Menagerie von Versailles zur Zeit Ludwig XIV., o. J., vermutl. Antoine d'Aveline (1691–1743). *Die Anlage der Menagerie in Versailles entstand seit 1661. Sie spiegelt die absolutistische Herrschaftsidee des Sonnenkönigs wider. Mit ihrer aufwändigen Zentralarchitektur*

diese Fähigkeit ihrerseits nicht besitzen. Nächst dem Werkzeuggebrauch hat diese Fähigkeit den Menschen vielleicht am eindrucksvollsten aus der Welt der Tiere hervorgehoben. Der malende Affe Congo war ja auch deswegen in den 1950er Jahren ein solcher Skandal, weil der kreative Schimpanse nicht nur die Glaubwürdigkeit der informellen Malerei in Zweifel zog, sondern auch und vor allem diese anthropologische Differenz aufzuweichen schien, die in der Tätigkeit des Malens selber liegt.

Die frühe Deutung, welche die Höhlenbilder an den Beginn einer Geschichte der Kunst im modernen Sinn als l'art pour l'art setzen wollte, musste diese ursprüngliche Bedeutung der Malerei ebenso verfehlen wie die anthropologische Legitimation der abstrakten Malerei. Dabei ist vielleicht zu viel spekuliert worden. Dagegen ist über das Motiv der anthropologischen Differenz − und damit über die grundlegende ästhetische Bedeutung der ersten erhaltenen Bilder − vielleicht zu wenig spekuliert worden. Das gilt übrigens auch für Beltings Bildanthropologie, in der das konstitutive Motiv des Tieres überraschenderweise keine Rolle spielt.

Selbst wenn man den Urhebern dieser Bilder und ihren paläolithischen Zeitgenossen nicht unterstellen mag, dass ihnen die anthropologische Bedeutung ihrer Bilder gegenwärtig gewesen sein könnte, muss man dem Nachdruck ihrer Produktivität ein mehr als nur naturwüchsiges Interesse unterstellen, an dieser Differenz zu arbeiten. Dieser Nachdruck lässt die Dominanz der Tierabbildungen als Zeugnis einer Menschwerdung in der

wurde sie zum Vorbild für zahlreiche Menagerien an europäischen Fürstenhöfen. **16** Menagerie des Prinzen Eugen von Savoyen im Wiener Belvedere »Aur-Ochs, Aur-Kuhe, Africanischer Löwe, Africanische Kuhe, Meer-Hirschl, Meer-Katze ...«, 1734, Salomon Kleiner (1700–1761). *Die Menagerie wurde seit 1716 erbaut. Sie galt als die schönste nach Versailles. Nach dem Tod Eugens wurde sie von seinen Erben aufgelöst. Einen Teil der Tiere übernahm Kaiser Franz I. in die Kaiserliche Menagerie in Schönbrunn.*

16

Setzung einer Differenz zum Tier verstehen, als dämmernde Erkenntnis der spezifischen Stellung des Menschen in der Natur, als paradoxe ästhetische Menschwerdung durch das Malen von Tieren: Das abgebildete Tier diente der Selbstentdeckung des Menschen.

Bis ins 20. Jahrhundert hinein bildete die Thematisierung dieser Differenz eines der Hauptmotive der Kunst, in einer Kontinuität, der nicht erst die Bildanthropologie, sondern vielleicht auch schon die traditionelle Kunstgeschichte zu wenig Aufmerksamkeit geschenkt hat. Neben dem Tod und der Sexualität bildet die Differenz zum Tier den dritten Motivkreis, dessen Gestaltung und Bearbeitung seit den Höhlen und Gräbern der Steinzeit als Konstanten der Bild- und Kunstproduktion zu sehen sind.

Kunstgeschichte und Bildwissenschaft sind allerdings nicht die einzigen Branchen, denen diese anthropologische Differenz aus dem Blickfeld geraten ist. Auch die Bildplatte, welche die NASA 1977 mit dem Satelliten Voyager ins All schickte, belegt eine bemerkenswerte Ablösung von dieser langen Tradition, die das Selbstverständnis des Menschen an die Abbildung des Tieres band.

Die Bildplatte soll bekanntlich möglichen außerirdischen Intelligenzen die Lage der Erde im Sonnensystem und mit einer weiteren schematischen Zeichnung auch die Grundlagen menschlicher Existenz durch die Abbildung eines Mannes und einer Frau verdeutlichen. Damit ist der Mensch als einziger Bewohner des Planeten auf dieser Informationsarche abgebildet,

17 »Die Girafe aus Darfur in Afrika. Ein Present des Vize Königs von Egypten, ein und ein halbes Jahr alt, 9 1/2 Schuh hoch, ist im August 1828 in Schönbrunn angekommen«, 1828, Eduard Gurk (1801–1841). **18** Plan der Pfaueninsel, Potsdam 1829, Peter Joseph Lenné (1789–1866). *Nach der Französischen Revolution wurde der Pariser Jardin des Plantes, der die Tiergehege mit einem landschaftlichen Park verband, beispielgebend in Europa. Lenné gestaltet die Pfaueninsel zu einem stattlichen Tierpark mit einem Palmenhaus,*

17

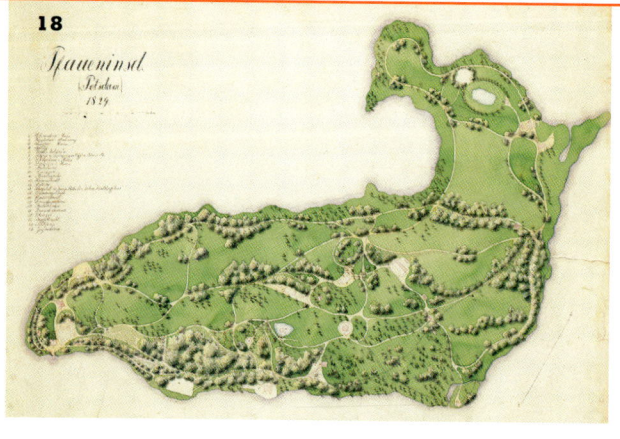

18

dagegen fehlen alle tierischen Mitbewohner seines Planeten, was nicht nur angesichts ihres erdrückenden statistischen Übergewichts ein Skandal ist. Die Verhältnisse haben sich umgekehrt: Am Anfang war das Tier – am Ende steht der Mensch.

das eine der wertvollsten Pflanzensammlungen Europas beherbergte. Nach dem Tod des Königs wurde 1842 der größte Teil der Tiere dem neuen Zoologischen Garten in Berlin geschenkt. **19** *Hagenbecks Zoologischer Garten der Zukunft, entworfen von Carl Hagenbeck (1844–1913), 1898. Der Begründer des Hamburger Tierparks Carl Hagenbeck entwickelte in diesem Plakat seine Vision, »die Tiere in größtmöglicher Freiheit und in einem der freien Wildbahn angepassten Gehege« zu zeigen.*

Tierliebe – ein Menschending

Warum wir lieben, was sich nicht wehren kann

Claus-Peter Lieckfeld

Für Tierliebe sollte etwas Ähnliches gelten, wie es Eheberater für die Liebe in der Ehe anmahnen. Ohne Wissen wird sie hohl oder missrät zum Übel. Horst Stern hat einmal gesagt: »Wissen ist die einzige menschenwürdige Grundlage für ein Leben mit Tieren.«

Wer danach lebt, dürfte wohl keinen Wellensittich (ein Schwarmtier par excellence!) in Einzelhaft nehmen, nur weil sich das Tier in seiner schmerzhaft empfundenen Vereinzelung so rührend – so »liebenswürdig« – an seinen Käfigschließer hält. Wer den Stern'schen kategorischen Imperativ ernst nimmt, wird niemals ein Bewegungstier wie einen hochbeinigen Hund in seine Stadtwohnung zwingen. Tierliebe kann auch heißen, auf Tierbesitz zu verzichten. Aber wenn es zu so heiklen Darf-ich-oder-nicht-Fragen kommt, ist ein Tier plötzlich doch nur ein Tier, wohingegen es sonst durchaus den Rang eines Fast-Menschen einnehmen darf.

20 Pandabärin »Tjen-Tjen« aus dem Zoologischen Garten in Berlin, 1984. »Tjen-Tjen« kam zusammen mit ihrem Gefährten »Bao Bao« am 5.11.1980 als Staatsgeschenk der Volksrepublik China an die Bundesrepublik Deutschland in den Berliner Zoo. Die Bärin starb am 8.2.1984 an einer Virusinfektion. **21** Modell zur Verteilung der Nachkommen des Flusspferds »Knautschke« auf europäische Zoos, 1994. »Knautschke« war wohl das beliebteste Tier im Berliner Zoo der Nachkriegszeit und gehörte zu den 91 Tieren, die den Weltkrieg

Dahinter steht natürlich die alte Frage, wie viel uns von der Kreatur trennt. Das Tierspezifische schien lange eindeutig definiert zu sein: Ein Tier, so glaubte man zu wissen, habe kein Bewusstsein, keine Sprache, kenne keinen Werkzeuggebrauch. Ein hoch entwickeltes Tier bringe es allenfalls zu einer Art Vorform von Intelligenz. Es »lernt«. Aber in Anführungsstrichen. Und diese Anführungsstriche haben uns lange angeführt.

All die Gewissheiten, die noch vor dreißig Jahren zwischen uns und »den Anderen« standen, oszillieren heute irgendwo im Grenzbereich zwischen zweifelhaft und falsch. Die niederländische Anthropologin Barbara Noske dokumentiert in ihrem Buch *Beyond Boundaries. Humans and Animals* (Montreal 1997) die Choreografie eines Eiertanzes. Den, so mag es scheinen, führte die Wissenschaft lange an der Tier-Mensch-Grenze auf, um die menschliche Sphäre tierfrei zu halten.

Sprache zum Beispiel. Die alte Position, Tiere hätten nur eine simple Signalsprache, die vorgestanzte Reaktionen beim Empfänger auslöse, brach spätestens mit der Schimpansen-Sprachforschung zusammen. In einer Zeichen- und einer eigens entwickelten Symbolsprache, die sich bunter Plastiksteine bediente, demonstrierten trainierte Schimpansen sogar schöpferischen Umgang mit der erlernten Fremdsprache. Eine gewisse Lucy nannte ein scharf schmeckendes Radieschen »Weinen-Schmerz-Essen«.

Ein weiteres Beispiel: Ich-Bewusstsein. Forscher haben herausgefunden, dass Delfine und Primaten (und auch Elstern!) ihre Spiegelbilder treff-

in der weltgrößten Tiersammlung überlebt hatten. »Knautschke« wurde zwischen 1950 und 1984 Vater von 30 Flusspferdkälbern. **22** *Drei 1992 eingeschläferte Löwenbabys aus dem Berliner Zoo. Zur artgerechten Haltung von Tieren in Gefangenschaft gehört auch die Möglichkeit der Paarung entsprechend dem natürlichen Zyklus. Dies kann bei manchen Arten zu einer Überpopulation führen, so dass die Jungtiere getötet werden müssen. Heute versucht man durch gezielte Hormongaben Trächtigkeiten zu verhindern.*

22

sicher zu erkennen scheinen. Drittens: Werkzeuggebrauch bei Darwinfinken, Seeottern oder Affen ist weit mehr als ungerichtetes Stochern und Hämmern. Schließlich: Kulturelle Vermittlung, angeblich eine rein menschliche Domäne, ist auch bei Fuchs- und Waschbärmüttern zu beobachten; sie können erworbenes Spezialwissen an den Nachwuchs weitergeben. Es gibt Waschbärdynastien, in denen das Wissen um »waschbärsichere« Verschlüsse an Hausmülltonnen jeweils von Müttern an Töchter weitergeben wird.

Und noch etwas: Tiere sind durchaus imstande, bewusst zu lügen beziehungsweise zu täuschen, also zu Denkleistungen fähig, die exklusiv menschlich erscheinen. Man hat einen besonders gewitzten Schimpansen – er war spezialisiert auf das Süßigkeiten-Angeln an trickreich konstruierten Futterspendern – im Freilandkäfig dabei beobachtet, wie er unter den Augen der beobachtenden Konkurrenz so tat, als hätte ihn seine Fähigkeit verlassen. Er spielte sogar Frust, ja aufkommende Verzweiflung über sein Scheitern. Kaum hatten sich die Mitaffen, die ihm sonst ärgerlicherweise seine Beute abzunehmen pflegten, verzogen, spielte der Experte, nun unbeobachtet, sein Können aus.

Konrad Lorenz, einer der Hauptväter der modernen Verhaltensforschung, berichtete in ähnlichem Zusammenhang von seinem Hund. Bully war es im Alter bei abnehmender Sehschärfe »peinlich«, wenn er den heimkehrenden Lorenz versehentlich als Eindringling verbellte, statt ihn

23 Spermagewinnung an wild lebenden Elefanten durch Tierärzte des Berliner Instituts für Zoo- und Wildtierforschung, Tansania 2000. *Elefanten gehören zu den Tieren, die sich in Gefangenschaft kaum fortpflanzen, weil ihnen natürliche Umgebung und soziales Umfeld fehlen. Seit 1998 praktizieren die Berliner Veterinäre Thomas B. Hildebrandt und Frank Göritz mit Erfolg die künstliche Befruchtung von Elefantenkühen in Zoos auf der ganzen Welt. Für das patentierte Verfahren verwenden sie Sperma von in*

23

schwanzwedelnd zu begrüßen. Bully gab dann, geschäftig an Herrchen vorbei eilend, vor, einen Hund auf dem Nachbargrundstück verbellen zu müssen: eine Ausrede, um nicht »blamiert« dazustehen.

Liebenswert, ohne Frage. Liebenswert natürlich, weil wir uns im Tier wieder erkennen. Tiere sind auch nur Menschen, sagt der Volksmund. Es fällt auf, dass Tierliebe – nehmen wir das Wort einfach mal so, ohne weiter daran herum zu definieren – vielen leichter fällt als Menschenliebe.

Im Tier lacht uns noch die paradiesische Ahnungslosigkeit an. Einfach nur sein. Ohne Bewusstsein der eigenen Endlichkeit. Eine betagte Katze, die nicht mehr aus dem Stand aufs Schuppendach hochfedern kann, sieht keine Sanduhr vor dem inneren Auge rieseln. Sie ist zeitlos, weil sie die Zeit los ist. Die reine Leere beglückt. Denn wenn schon der Tod in der Welt ist, wie schön wäre es da, das nicht wissen zu müssen. »Immer ist es die bewußte oder unbewußte Sehnsucht nach der Berührung mit dem zweckfrei, gelöst und unklompliziert Lebenden, was einen Menschen den Umgang mit Tieren in ihrer Heiterkeit suchen läßt«, schrieb die Tierschutzpionierin und Albert-Schweitzer-Freundin Julie Schlosser schon 1932 (*Die unbekannten Brüder. Das ethische Problem Mensch und Kreatur*, Berlin 1932).

Die Sehnsucht, die uns beim Anblick von Tieren anweht, deuten Psychologen als ein unbewusstes Sich-Erinnern an unseren kreatürlichen Erbteil: an die Zeit, als wir selbst noch uneingeschränkt Natur waren. Und wenn es stimmt, dass der Mensch – quasi im Zeitraffer – in seiner eigenen

freier Wildbahn lebenden Elefantenbullen. **24** Die weltweit erste künstliche Besamung der Elefantenkuh Kubwa im Zoo von Indianapolis, 1998. **25** Schematische Darstellung der künstlichen Befruchtung bei Elefanten, 1998/2002. *Die künstliche Befruchtung erfolgt mit Hilfe eines Besamungskatheders, der in die Vagina eingeführt und direkt im Uterus positioniert wird. Mittels einer Ultraschallsonde im Rektum der Elefantenkuh kann der gesamte Besamungsvorgang verfolgt und geleitet werden.*

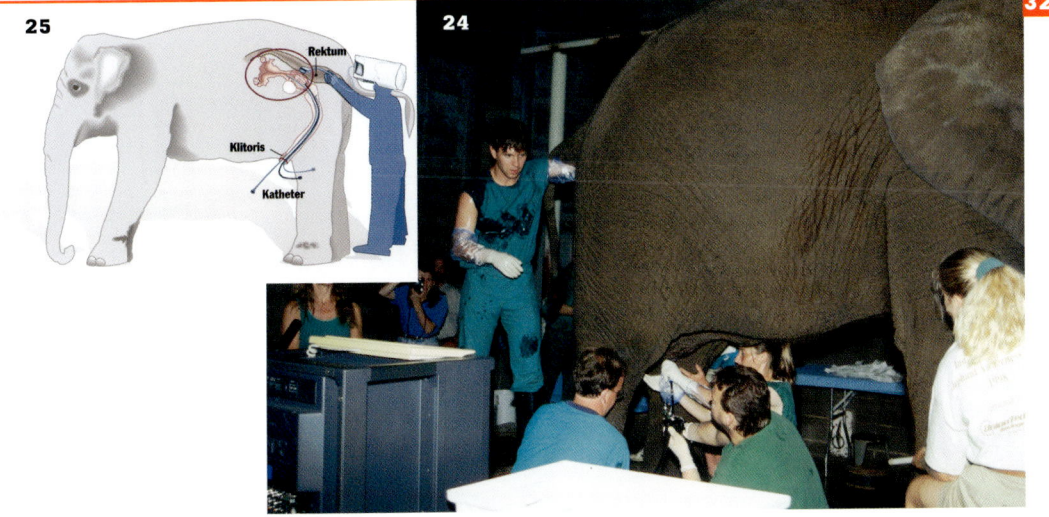

25

24

Kindheit die Menschheitsdämmerung nachlebt, hätten wir auch gleich eine Erklärung für die eigentümliche Nähe, die Kinder zu Tieren empfinden: Der Frühmensch fühlt sich angeblinzelt, wenn wir mit dem stubentauglich zurechtgebogenen Wolf Blicke tauschen.

Und es gibt einen ganz und gar unbestreitbaren Grund für unsere Tierliebe: Tiere haben einen unschätzbaren Vorteil. Sie reden nicht. Und sie widersprechen folglich auch nicht. Eine Katze sagt nie: »Idiot, hör auf, mich gegen den Strich zu streicheln!« Sie verzieht sich einfach unauffällig. Ein armer alter Hund, auf den stundenlang eingeredet wird, knurrt niemals Protest in für Menschen verständlicher Weise. Allfällige Verletzungen, die bei Mensch-Mensch-Begegnungen (selbst bei aller Gutwilligkeit) nicht auszuschließen sind, kommen in Mensch-Tier-Beziehungen also kaum vor. Wenigstens nicht aufseiten des Menschen.

Und noch etwas zählt: Das geliebte Haustier läuft, anders als Ehemänner und -frauen, Kinder und Freunde, in der Regel nicht weg. Man kann sich seiner sicher sein, man kann ein abhängiges Tier ganz und gar besitzen. Das mag ein zweifelhaftes Motiv, aber auf jeden Fall ein gutes Gefühl sein. »Alle ungeläuterte Liebe will besitzen«, schrieb Julie Schlosser an anderer Stelle in *Die unbekannten Brüder*, und sie fügte hinzu: »Die zu den Tieren kann sich diesen Wunsch im vollen Umfang erfüllen.«

Und diese Wunscherfüllung befriedigt auch noch gleich ein Begehren, das universell ist: den Wunsch nach Schönsein. Tiere können für uns schön

26 Plakat Christy Bros. Wild Animal Show, um 1930. *Die Geburtsstunde des heutigen Zirkus verband sich mit der Gründung einer Reitschule bei Lambeth Bridge in London durch Philip Astley. Bald schon eröffnete er auch in Paris einen Zirkus, der zunehmend Einfluss auf* den europäischen Zirkus gewann. Seit der zweiten Hälfte des 19. Jahrhunderts traten zudem große amerikanische Zirkusunternehmen, verbunden mit riesigen Tiershows, hervor. In Deutschland zählten Hagenbeck und Sarrasani zu den bedeutendsten. **27** Der Löwe

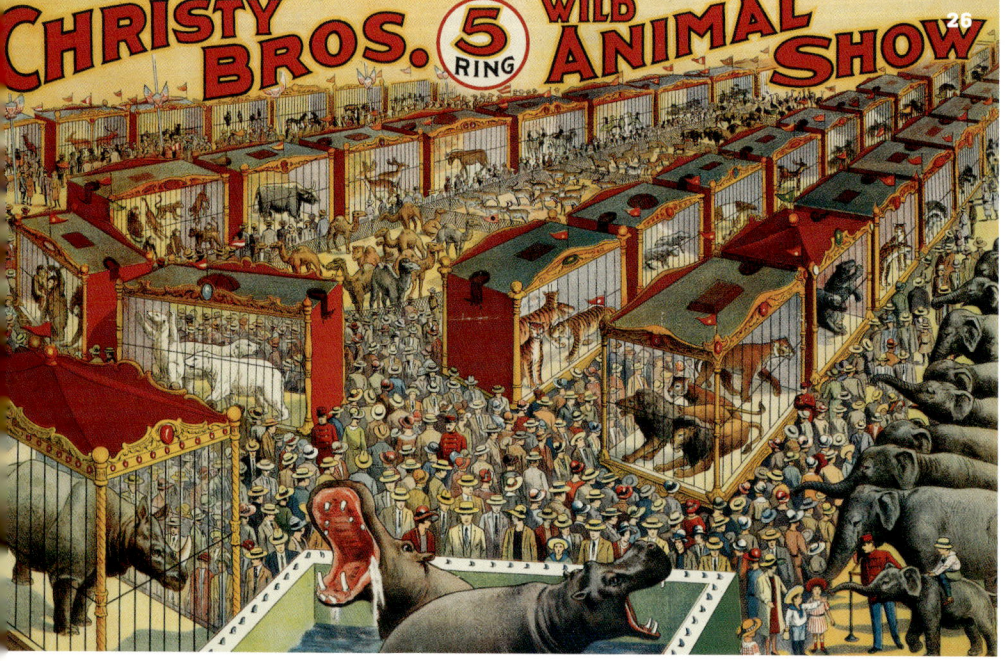

sein. Ersatzschön. Die übergewichtige Hundenärrin mit dem Windhund lebt in einer Symbiose: Der eine braucht ein Dach über dem Kopf, die andere bewundernde Blicke. Derart symbiotische Beziehungen gibt es etliche. Auch der menschliche Underdog, der im U-Bahnschacht bettelt, und sein Prachthund leben in einer emotionalen Zuerwerbsgemeinschaft.

Spätestens an dieser Stelle werden viele, die mit Haustieren den Lebensraum teilen, abwinken und sagen: Bei mir ist das anders, meine Tierliebe ist keine wie auch immer um- oder abgeleitete Eigenliebe. Keine Ersatzliebe oder sonst was. Sie ist lauter.

Kein Einspruch. Ich muss das schon deshalb glauben, weil ich mir selbst glauben möchte: Einerlei wie viel verkappte Eigenliebe, wie viel erfülltes Amüsierbedürfnis sich in der Liebe zu meiner Katze auch immer verbergen mögen, all das tut meiner Beziehung zu ihr keinen Abbruch. Wir lieben die Karthäuserkatze, die im Februar vor zwölf Jahren bei Minus zehn Grad Celsius vor unserer Tür stand, und körpersprachlich sagte: »Entweder ihr lasst mich rein, oder ihr müsst morgen meine steif gefrorene Leiche entsorgen.« Wir lieben uns. Basta! Kein Geringerer als Sigmund Freud hat das Erlöserwort dazu gesprochen: »Tier ist immer richtig.«

Richtig ist aber auch, dass unsere Tierbeziehung kein frei schweifendes Gefühl ist. Sie braucht vertraute Bezugspunkte. Leichter liebt sich alle Mal ein Wesen, das ein quasi menschliches Gesicht hat. Fische faszinieren zwar, aber der Mensch kann sich in ihren Gesichtern nicht erkennen. Er spiegelt

»Pascha« aus dem Staatszirkus der DDR, 1989. »Pascha« war bis 1989 der Star in der Löwen-Tiger-Dressur des Chefdompteurs und Nationalpreisträgers Hanno Coldam (geb. 1932) im Staatszirkus der DDR. 1990, nach dem Fall der Mauer, wurde der Zirkus nach dreißigjährigem Bestehen aufgelöst. Für den letzten Löwen des Zirkus gab es keine Verwendung mehr. Er wurde eingeschläfert. 28 Hanno Coldam mit seiner Löwen-Tiger-Dressur am Staatszirkus der DDR, Fotografie Ulrich Ritter, um 1980

28

27

sich nicht im Fischauge, sondern im Aquarium. Nicht zuletzt wegen unserer stammesgeschichtlichen Verwandtschaft zu den Gesichtstieren ist unsere Zuneigung selektiv. Worin wir uns weniger erkennen, das ist uns wesensferner.

Für Tiere in Menschennähe gibt es allerdings noch griffigere Einteilungen. Wir ordnen sie, so der Biologe und Wissenschaftskritiker Rupert Sheldrake, zum Beispiel »in zwei strikt getrennte Kategorien ein: Die einen verzehren Haustierfutter, die anderen werden dazu verarbeitet.« Bertold Brecht hat das emotionale Dilemma einmal wunderbar süffisant auf den Punkt gebracht: »Ich bestelle ein Steak, und der Unmensch von Schlachter tötet ein Rind!«

Auch wer guten Gewissens Fleisch isst, will mit dem Schlachthaus nichts zu tun haben. Ich erinnere mich an den sanften Schauder, der durch den festlich geschmückten Raum und über das Rindfleisch auf dem Teller hinweg waberte, als Biofleischproduzent und Ökosponsor Karl Ludwig Schweisfurth seinen geladenen Gästen ein Bild an die Stirnseite der Tafel projizieren ließ: »[…] und das hier ist Candy, deren Fleisch sie gerade essen.« Tierliebe, so Schweisfurths Credo, kann auch heißen: Das Mindeste, was wir Menschen Tieren schulden, die wir nur zum Verzehr halten, ist ein gutes Leben vor dem gewaltsamen Tod.

Jäger – denen ich Tierliebe nicht absprechen möchte – stehen vor einem ähnlichen Liebesdilemma. Sie schießen auf das, was sie lieben. Der

3 – Bundesadler und Kampfhunde Menschen benutzen Tiere zur Unterstreichung ihrer Macht oder ihres Status. Staaten tragen Tiere in ihren Hoheitszeichen. Orientalische, griechische und römische Symboltiere wie Adler, Löwe, Panther, Fische, Vögel, Greif oder Einhorn gelangten während der Kreuzzüge in die Heraldik nördlich der Alpen. Tiere in Städtewappen gehen oft auf deren Gründungslegenden zurück. So genannte redende Wappentiere finden sich seit dieser Zeit auch in der Heraldik fürstlicher und ritterlicher Familien. Früh schon benutzten die deutschen Kaiser den römischen Adler als Zeichen ihrer imperialen Macht. Wie selbstverständlich begleiten uns Tiere auch in der Produktheraldik der Gegenwart.

passionierte Jäger, Autor und Wildexperte Ulrich Wotschykowsky verlangt daher konsequent von jedem Weidmann, der mit ihm ernsthaft über Jagd reden will, das Geständnis: »Ich töte gern.« Ersatzweise: »Ich mache gern Beute.« Bei letzterer Bekenntnisvariante ist ein Stückchen Entschuldigung eingebaut. Man(n) kann sich auf sein genetisches Erbteil aus der Zeit der Steinzeitjagd berufen.

Ansonsten muss man seine Zweifel haben, dass uns unser Verhältnis zu Tieren generell und gar noch kulturübergreifend angeboren ist. Tier»liebe« schon gar nicht. Urlauber kennen die Bilder von brutal überladenen Eseln, auf die eingeprügelt wird, auch wenn sie vor Schwäche zitternd keinen Schritt mehr machen wollen. Chinesen ist es in der Regel nicht begreiflich zu machen, dass man einer zum Verzehr bestimmten Schlange nicht lebend die Haut abziehen sollte. Und erst Tierliebe als verbrieftes Staatsziel, wie seit kurzem in Deutschland? In großen Teilen der Welt wäre das eine ungeheure Lachnummer.

Ich erinnere mich noch gut an ein entsprechendes kulturelles Missverständnis; ich wollte einem Jemeniten begreiflich machen, dass man nicht zum Zeitvertreib mit Steinen auf Straßenhunde werfen sollte. Der Angesprochene meinte, mich störe, dass Steine – an denen sich ja auch Fußgänger stören könnten! – durch sein spielerisches Hunde-Zielschießen auf die Lehmpiste gerieten. Eine Intervention wegen der Hunde schien ihm offensichtlich undenkbar.

29 Verformung von Bullterrierschädeln durch Zucht, 1932, 1952 und 1976. *Heute ist auch der Kampfhund, im 19. Jahrhundert in England gezüchtet für Tierkämpfe vor illustrem Publikum, zu einem Statussymbol geworden. Angehörige von Unterschichten kompensie-* ren ihnen fehlende gesellschaftliche Anerkennung mittels aggressiver Hunde. Die drei Bullterrierschädel zeigen die züchterische Veränderung bei Kampfhunden innerhalb von 40 Jahren. **30** Der Hund »Dux«, 1729, Jan Baptist Govaerts (um 1700–1746).

29

30

Ein Freund und Jemenkenner, dem ich davon berichtete, hatte zu diesem Ärgernis aller Jementouristen eine Geschichte parat, die Einiges erklärt.

Ein ihm tief verbundener Jemenit wandte sich mit einer typisch arabisch eingekleideten Frage an ihn: »Dietmar, mein Freund, ich habe eine Frage, die du bitte nicht als Beleidigung verstehst; und wenn sie dich doch beleidigt, dann betrachte sie bitte als nicht gestellt!«

»Mohammed, du bist mein Freund, nie würdest du mich beleidigen!« »Schwöre beim einzigen Gott, dass sich durch meine Frage an unserer Freundschaft nichts ändert!« »Ich schwöre es beim einzigen Gott.« »Stimmt es, dass man in Deutschland Hunde mit ins Haus nimmt?«

»Ja, Mohammed, das stimmt.« Langes fassungsloses Schweigen. Dann: »Dietmar, ich habe noch eine Frage. Und du darfst mich erschlagen, wenn die Frage dich und dein Volk beleidigt.« »Mohammed, du bist mein Freund, und du bist ein großer Freund meines Volkes, ich weiß, dass dir Beleidigungen nie in den Sinn kämen.« »Stimmt es, dass es bei euch … Frauen gibt, die Hunde oder Katzen mit … ins Bett nehmen…?« Dietmar verneinte. Er wusste, dass eine ehrliche Antwort Mohammeds Deutschlandliebe unreparierbar beschädigt hätte. Tierliebe kann auch trennen.

31 Das hailig Römisch reich mit seinen gelidern, Augsburg 1510, Hans Burgkmair d. Ä. (1473–1531). *Auf den Flügeln des doppelköpfigen Adlers als Symbol des weltlichen Imperiums und im Schutz des gekreuzigten Christus als Zeichen der geistlichen Macht* breiten sich die Wappen der territorialen Mächte aus. **32** Entwurf für das Wappen des Reichsadlers, 1919, Karl Schmidt-Rottluff (1884–1976). *Die politischen Veränderungen nach den Wahlen der Nationalversammlung am 19. Januar 1919 sollten sich auch in einer Ver-*

Von Micky Maus zu Copy Cat

Der Einbruch der Wirklichkeit in das Spiel

Andreas Platthaus

»Die Zukunft des Klonens«, vermutet Arthur Caplan, Direktor des Zentrums für Bioethik an der University of Pennsylvania School of Medicine, »liegt bei den Tieren, nicht bei den Menschen.« Nicht als aktive Betreiber des Prozesses natürlich, sondern als dessen Gegenstand: »Wir Menschen lieben einander – zumindest an guten Tagen – wegen unseres Geistes, und der kann nicht kopiert werden. Aber unsere Haustiere lieben wir wegen ihrer Körper, und die kann man kopieren.« Seit dem 22. Dezember 2001 ist der letzte Teil dieser komplexen Behauptung bewiesen. An diesem Tag wurde an der Texas A & M University eine Katze geboren, die auf den Namen CC getauft wurde – für Copy Cat. Es ist das erste geklonte Haustier der Welt, wie die amerikanischen Wissenschaftsmagazine *Nature* und *Science* in ihren Berichten über CC im Februar 2002 feststellten.

Copy Cat bezeichnet im Englischen einen Nachahmer, und so erweist sich die Namengebung des geklonten Kätzchens als eine jener augenzwin-

änderung des Hoheitszeichens äußern. **33** Entwürfe für den Bundesadler im neuen Reichstag in Berlin, London 1996/98, Norman Foster (geb. 1935). *Der englische Architekt Norman Foster schrieb 1996 zu seiner Idee des Adlers für den neuen Reichstag, der neue* Adler solle *»wachsam, aufmerksam, involviert und direkt« sein. »Im Unterschied zu den meisten Adlern wird dieser in keiner Weise triumphierend oder herrschaftlich aussehen – er wird ein bescheidener Ausdruck nationaler Würde sein.«*

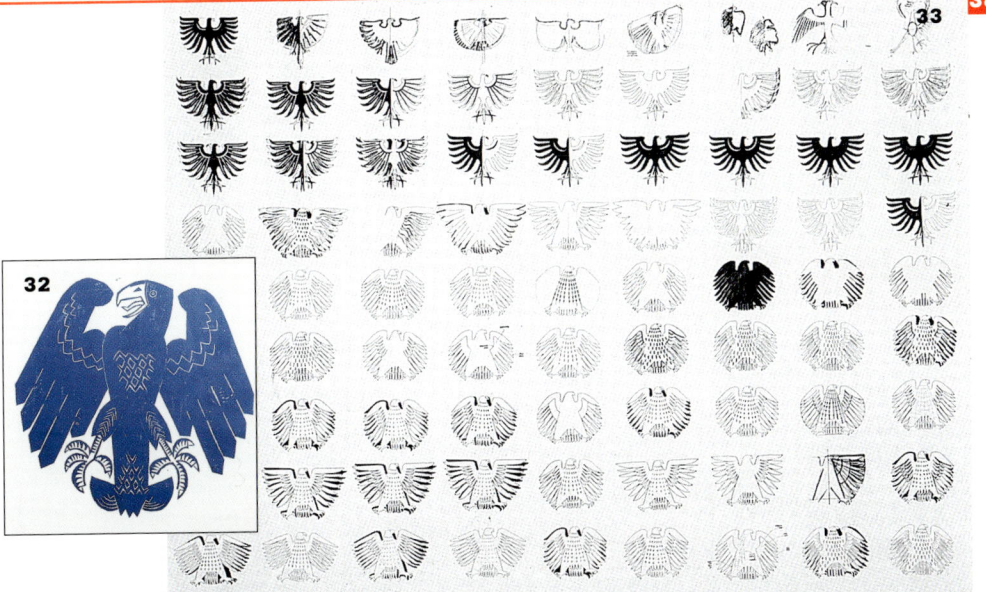

38/9

kernden Anspielungen, die angelsächsische Wissenschaftler gegenüber ihren bierernsten kontinentalen Kollegen immer wieder auszeichnen. Dennoch betreiben auch die amerikanischen Forscher ihre Arbeit nicht als Spiel. Hinter der Geburt von CC stehen kühl kalkulierte Interessen: Aus der Katze soll einmal ein Hund werden, zumindest technisch betrachtet. Denn CC ist nicht einfach nur eine Katze, sie gehört noch einer weiteren Spezies an: Sie ist ein Versuchskaninchen, erstes Resultat eines mit 3,7 Millionen Dollar privat geförderten Forschungsprojekts, das den seltsamen Namen Missyplicity trägt. Auch dies ist selbstverständlich ein raffiniertes Wortspiel, denn das Ziel des Projekts ist in seiner Bezeichnung bereits enthalten: Es geht darum, einen Hund namens Missy zu klonen, also zu multiplizieren. Aus Missy und *multiplicity* entstand der Name des Projekts.

Missy gehört dem 81-jährigen texanischen Multimillionär John Sperling, der seine mit zwölf Jahren auch schon recht betagte Mischlingshündin so lieb gewonnen hat, dass er sie nicht mehr missen möchte. Und wie ihm dürfte es zahlreichen Tierhaltern überall auf der Welt gehen, weshalb Sperling neben seinen eigenen Interessen auch die anderer Herrchen und Frauchen im Auge hat – und zugleich deren Brieftaschen. Wenn denn Missy eines Tages erfolgreich geklont sein sollte (und das kann dauern, denn Hunde bereiten der Forschung noch erheblich mehr Schwierigkeiten als Katzen), dann will das vorsorglich schon gegründete Unternehmen Genetic Savings & Clone – ein weiteres nettes Wortspiel mit der amerikani-

34 a Offiziershelm mit aufgesetztem sächsischem Löwen, nach 1907 **b** Offiziershelm mit aufgesetztem preußischem Adler, um 1900 **35** Als Papierkorb präparierter Elefantenfuß. Erinnerungsstück aus dem Nachlass von Wilhelm Pieck, 1950er Jahre. *Wilhelm Pieck, der erste Präsident der DDR, erhielt dieses Staatsgeschenk aus Indien zu seinem 80. Geburtstag.* **36** *La Ménagerie Impériale. Paris 1870/71, Henri Maigrot, gen. Henriot (1857–1933). Oft ist die Tiermetapher die einzige Möglichkeit, Kritik an gesellschaftlichen Ver-*

34

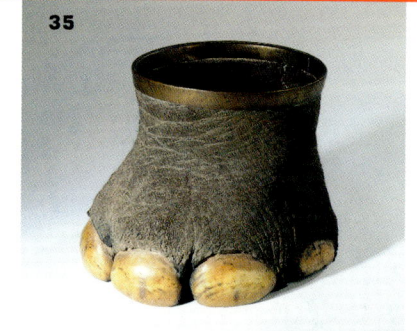

35

schen Bezeichnung für Sparkassen, die dort als Savings & Loan bezeichnet werden – Klonen als Dienstleistung anbieten. Die Körper der Haustiere, denen ja laut Caplan allein unsere Zuneigung gilt, können uns dann bis zum eigenen Tode treu bleiben.

Nun ist es so eine Sache mit der angeblich rein körperlichen Liebe – auch bei Haustieren. Denn CC ist nur der Endpunkt einer Entwicklung, die das 20. Jahrhundert geprägt hat, und es ist bezeichnend, dass der entscheidende Durchbruch bis zum ersten Jahr des 21. Jahrhunderts auf sich warten ließ. Denn CC setzt einer Aneignung ein Ende, die die Beseelung der Tiere zum Ziel hatte und deren Umsetzung zwei große Protagonisten besaß: den Zeichentrickfilm und den Comic. Beide sind innerhalb eines einzigen Jahrzehnts entstanden und haben unabhängig voneinander ein Erzählgenre entwickelt, das im Englischen unter der einheitlichen Bezeichnung funny animal bekannt wurde, benannt nach den Protagonisten, jenen lustigen Tieren, die wie Menschen agierten und den Zuschauern vor allem deshalb ans Herz wuchsen, weil ihre Verhaltensweisen so verblüffend menschlich waren – trotz ihrer Tierkörper.

So wird Arthur Caplan sich seine Äußerung wohl noch einmal überlegen müssen, denn die wenigsten Tierbesitzer dürften ihre Lieblinge allein deren seidigem Fell oder athletischem Körperbau wegen schätzen. Vielmehr ist die Kulturgeschichte des Haustiers seit der Romantik, die mit E. T. A. Hoffmanns *Kater Murr* den ersten literarischen Höhepunkt der Beziehung

hältnissen zu üben. In Satire und Karikatur werden durch Umkehrung der normalen Ordnung bestehende Zustände angeprangert und menschliche Eigenschaften auf Tiere übertragen. Besonders gehässige Karikaturen schuf Henroit. Mit seiner »Kaiserlichen Menagerie« gibt er den Hofstaat Napoleons III. und die Politiker des 2. Kaiserreiches in Tiergestalt wieder und kritisiert damit deren schlechte Eigenschaften.

36

zwischen Mensch und Schoßtier bot, die einer Vermenschlichung. Erst muss Murr lesen lernen, um sich wie ein Mensch zu gerieren; dadurch wird er dann zum Gegenstand des Buches, oder besser: Er macht sich selbst zu dessen Gegenstand, denn der größte Teil des Textes besteht ja aus den autobiografischen Aufzeichnungen des Katers. Das literarische Vexierspiel Hoffmanns ist das früheste Beispiel für eine Konstante in der Thematisierung von Haustieren in den Künsten: Murr ist die erste Copy Cat, ein Nachahmer menschlicher Verhaltensweisen. Und der spielerische Umgang, den Hoffmann mit seinem Sujet pflegt, vermag den Ernst der Sache nur bedingt zu verhüllen.

Mit seiner Erzählfiktion hat Hoffmann nämlich lediglich vorausgedacht, was hundert Jahre später gang und gäbe wurde. Allerdings brauchte es dazu neue Erzählformen, die sich im Zeichentrickfilm und im Comic herausbildeten. Die jeweiligen Geburtsstunden der beiden Genres – 1896 der Comic mit Richard Felton Outcaults Serie *In Hogan's Alley* und 1906 der Trickfilm mit J. Stuart Blacktons *Humerous Phases of Funny Faces* – wurden zwar von menschlichen Protagonisten bestritten, doch die ersten Höhepunkte wurden jeweils mit Tieren als Helden erreicht: *Krazy Kat*, die Serie um eine komplizierte Dreiecks-Liebes- und -Hassbeziehung zwischen Katze, Hund und Maus, wurde von George Herriman 1910 begonnen und binnen mehr als drei Jahrzehnten zum immer noch unbestrittenen Meisterwerk der gesamten Comicgeschichte entwickelt; Felix (bezeichnender-

37 Präparat eines Wolfes, 1994. *Der Verhaltensforscher Konrad Lorenz vermutete noch, der Hund stamme vom Schakal und vom Wolf ab. Mittlerweile hat man, unter anderem anhand von Kreuzungsversuchen, herausgefunden, dass allein der Wolf Urahn des Hundes ist. 1997 unternahmen Forscher Gen-Analysen an Knochenfunden, die die Trennung von Wolf und Hund bereits vor ca. 135 000 Jahren datieren. Der Beginn der Domestikation hätte somit schon weit früher angefangen als bisher angenommen, zu einem Zeitpunkt*

4 – Vom Schoßhündchen zur Robo-Katze Warum halten Menschen Haustiere ? »Tiere sind so angenehme Freunde, sie stellen keine Fragen und üben keine Kritik«, schrieb die englische Autorin Mary Ann Evans. Die Beziehung zu einem Haustier erscheint rein emotional und zweckfrei. Gerade diese vermeintliche Funktionslosigkeit gibt dem Verhältnis einen besonderen Reiz. Dem gegenüber stehen Tiere, die in symbiotischer Eintracht mit Menschen leben und als Ersatz für soziale Beziehungen dienen – demnächst wohl auch in Gestalt von Robotern oder virtuellen Wesen.

weise schon wieder eine Katze; immer sind Katzen die Pioniere) erblickte 1919 das Licht der Leinwand und sollte, von Pat Sullivan erdacht und von Otto Messmer gezeichnet, zum ersten veritablen Zeichentrickstar werden, bis ihn zehn Jahre später Micky Maus ein und für alle Mal in dieser Rolle beerbte.

Das Faszinierende an diesen lustigen Hausgenossen war, dass man seine Lieblingstiere nun endlich so sehen konnte, wie man sie sich schon immer vorgestellt hatte: als verständige Wesen, sprachbegabt (vor allem im neuen Tonverfahren, das Walt Disney etablierte, lag der Sieg von Micky über Felix begründet), schlau, bisweilen gerissen, immer zu Streichen aufgelegt – kurz, die idealen Haustiere. Die Grenzen zwischen Fauna und Humanitas wurden überschritten, und den Tieren war nichts Menschliches fremd. Im Realfilm konnte man diese Verhaltensweisen nicht abbilden (das gelang erst in den 1990er Jahren mit Filmen wie *Ein Schweinchen namens Babe* oder *Stuart Little*), deshalb konnte der Trickfilm derart reüssieren. Er befriedigte die Gier der Zuschauer nach einer Welt, in der alle Naturgesetze aufgehoben waren, und das nicht nur im Hinblick auf sprechende Tiere, sondern mehr noch durch die Betonung der Unverwundbarkeit ihrer Körper. Man konnte den Zeichentrickfiguren zusetzen wie man wollte, sie setzten sich immer wieder neu zusammen. Dieses dialektische Spiel von Zerstörung und Heilung nimmt den Gedanken des Klonens vorweg, indem jeder neue Film auch wieder eine unschuldige Figur präsentierte, die aus den voran-

als sich unsere eigene Spezies gerade erst entwickelte.
38 Präparierter Schoßhund (Pekinese), Münster 1984. *Ohne den Menschen gäbe es den Hund nicht. Durch Eingreifen in die Entwicklungsgeschichte formte er aus einem wilden Raubtier sein erstes Haustier über-* *haupt. Die verschiedenartige Nutzung schlägt sich in der Ausdifferenzierung von 346 heute bekannten Hunderassen nieder.*

37

38

gegangenen Episoden nichts gelernt hatte, aber trotzdem in den Augen des Betrachters Anspruch auf die Identität ihrer Existenz über die Episoden hinweg erhob. Das ist das Grundprinzip nicht nur des Trickfilms, sondern auch des Comics.

Mit dem Triumphzug von Micky Maus, der am 18. November 1928 im New Yorker Colony Theatre seinen Anfang nahm und bis heute nicht beendet ist, wurde der Trickfilm zur Heimat des beseelten Tiers, und die Zahl all der Hunde und Katzen in seiner Geschichte ist Legion, ihre Namen sind Legende: neben Felix und Micky noch Goofy, Pluto, Fritz the Cat, Susi und Strolch, die Aristocats, Sylvester, Tom, Spike, Droopy und viele andere mehr. Sie alle einte das Bemühen, so menschlich wie möglich zu agieren, ohne dabei allzu sehr zu vermenschlichen. Walt Disney diente der Branche mit seiner Micky Maus als Warnung. Von Beginn an hatte sich der Produzent so sehr mit seiner Figur identifiziert, dass er ihr selbst die Stimme lieh. So kam die erste Zeichentricktierstimme, die das Publikum zu hören bekam, aus dem Munde des wichtigsten Künstlers, den das Genre hervorgebracht hat, und sein hohes Falsett etablierte sich damit als Ideal der Artikulation von gezeichneten Tieren, die dann Wortakrobaten wie Mel Blanc (Daffy Duck, Bugs Bunny, Porky Pig) oder Clarence Nash (Donald Duck) zur Vollendung führten. Doch Walt Disney, der sich privat ausschließlich Hunde als Haustiere hielt, verliebte sich dermaßen in seine Maus – die nicht er, sondern sein Freund und Geschäftspartner Ub Iwerks erstmals

39 Hundehochzeitskleid Angel, designed 2000. *Das Kleid stammt aus einer Kollektion der PETsMART Corporate (Phoenix, USA). Allein in Deutschland werden über 21 Millionen Haustiere gehalten. Die 90 Millionen Zierfische nicht eingerechnet. Die Kosten für den Heimtierbedarf – vom Katzensnack bis zum Jogginganzug für Hunde – beliefen sich im Jahr 2000 auf 2,7 Milliarden Euro.* **40** Hunderollwagen der Firma Eickemeyer, Tuttlingen, 1998 **41** »Gesucht wird...«, Haustiersuchzettel gesammelt von Joachim Schmid, 1984–2002.

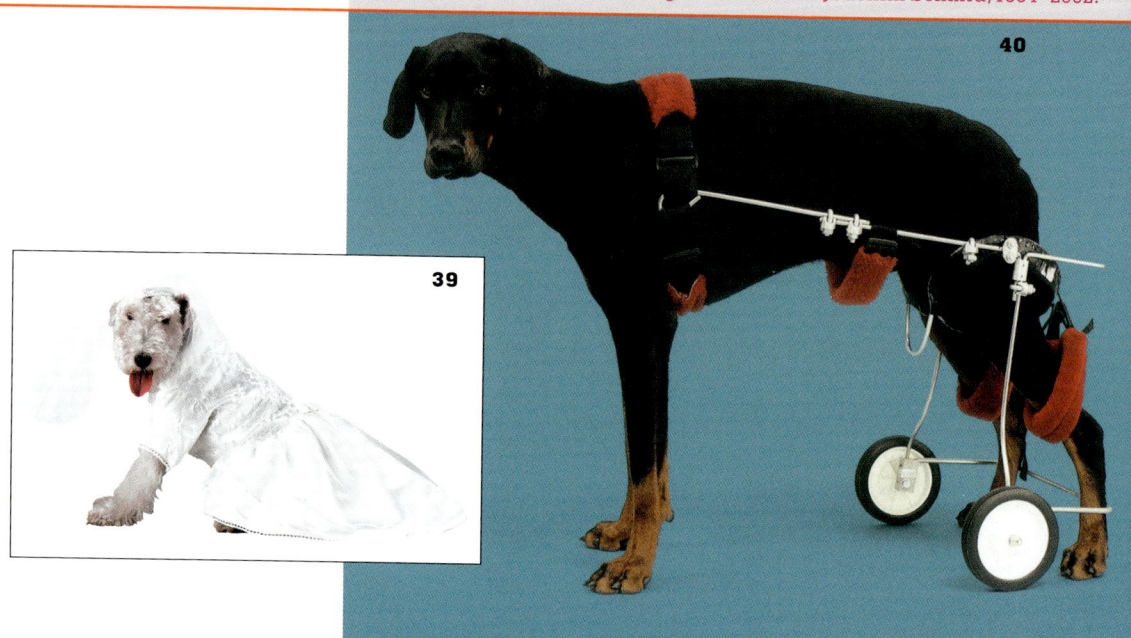

40

39

gezeichnet hat –, dass er fortan alles tun ließ, um sie immer weiter zu perfektionieren, und das hieß, sie menschenähnlicher zu machen. Und stets war es Disney selbst, der dafür den Maßstab abgab. Seine Zeichner verzweifelten ob der Perfektionssucht ihres Chefs, der besonders bei Micky Maus keine Kompromisse duldete und jedes noch so kleine Detail, jede winzige Veränderung an der Figur persönlich zu begutachten und gutzuheißen hatte. Zehn Jahre dauerte es, bis um die Knopfaugen der ursprünglichen Figur die Iris gezeichnet werden durfte, und erst in den 1940er Jahren legte die Maus ihre kurzen Hosen zugunsten korrekter Bekleidung ab. So wurde aus dem ungestümen Nager der ersten Filme, der in Aussehen und Klischee-Erfüllung noch eher einer Ratte denn einer Maus geglichen hatte, bis zu dem Zeitpunkt, als Micky 1953 seine Kinokarriere beendete, ein distinguierter Bürger, der Golf spielte, lange Hosen trug und sich vor allem – erstes der vielen Distinktionsmerkmale, die Micky von einem Haustier trennten – selbst ein Haustier hielt. Seine Herkunft aus der kindlichen Idealwelt des Walt Disney, jener Farm in Ohio, wo er im Alter von sechs bis zehn aufgewachsen war und wo es all die Mäuse, Katzen, Hunde, Enten, Kühe und Schweine gegeben hatte, mit denen Disney später reüssieren sollte, hatte seine wichtigste Figur bald abgestreift. Als die Welt damit begann, Micky Maus mit dem Unternehmen gleichzusetzen, das ihre Filme produzierte, durfte die Figur kein unberechenbarer Schelm mehr sein. Die Maus hatte vielmehr den Erwartungen zu entsprechen, die vor-

sichtige Eltern, strenge Sittenwächter und vor allem ihr geistiger Vater Walt Disney an sie richteten.

Einen einzigen Moment gab es in der Geschichte des Disney-Studios, in dem Mensch und Tier zur Einheit verschmolzen: Das war 1939, und in Arbeit war gerade *The Pointer*, ein Micky-Maus-Kurzfilm, der eine wilde Bärenjagd schildert. Titelheld ist nicht Micky, sondern sein Jagdhund Pluto, doch kein anderer Film enthält so viel von der Persönlichkeit der Maus – und damit auch der Walt Disneys. Denn für dieses eine Mal hatte der Studiochef seine notorische Kamerascheu überwunden und sich auf Wunsch seiner Zeichner bei den Aufnahmen zur Tonspur filmen lassen, für die er wie üblich Micky Maus seine Stimme lieh. Die Mitarbeiter fieberten dieser Darbietung entgegen, denn sie wussten aus den zahlreichen Storykonferenzen, dass Disney seine Rollen mit Haut und Haaren zu interpretieren pflegte. Oft hatte er ihnen ganze Filme vorgesprochen, war dabei in jede einzelne Rolle geschlüpft und hatte exakte Charakterisierungen geliefert, die seinem Ideal der Figuren entsprachen, die aber von seinen Angestellten leider nie anders als lediglich in der Erinnerung festgehalten werden konnten. Das sollte sich diesmal ändern.

Mit *The Pointer* gelangte schließlich eine doppelte Interpretation auf die Leinwand: In Micky Maus kann man Walt Disney sehen, der Micky Maus spielt. Als der wackere Jäger von einem gewaltigen Grizzly überrascht wird und sich mit Höflichkeiten aus dieser misslichen Lage zu retten versucht,

stellt er sich dem Bären vor: »I'm Mickey Mouse … Y' know? Mickey Mouse?« Und in diesem Moment, als er jene Worte für die Tonspur sprach, streckte Walt Disney die Hand aus, als wollte er einem Kind den Kopf tätscheln, und alle Zuschauer dieser Szene wussten: Dieses Kind war Micky Maus, und aus der Bewegung von Disneys Hand hatten die Zeichner endlich einen Anhaltspunkt gewonnen, wie groß sich ihr Chef seine Lieblingsfigur vorstellte. Als 1994 in Disneyland eine Bronzeskulptur von Mann und Maus aufgestellt wurde, da gestaltete sie der Bildhauer Blaine Gibson in Gestalt eines zärtlichen Paars: An seiner Hand führt Walt Disney die etwa ein Meter hohe Micky Maus. Das war die Größe, die man 1939 aus der berühmten Filmaufnahme erschlossen hatte.

Doch es war damals schon zu spät gewesen. Micky war zum Bourgeois geworden, der nur mehr ein müdes Lächeln auf die Gesichter der Kinogänger zauberte. Seine respektlosen und dadurch komischen Eigenschaften waren auf Pluto, Donald Duck und Goofy übertragen worden, weil Walt Disney einen Imageschaden fürchtete, wenn sein Alter Ego weiter ungebührliche Scherze treiben sollte. Dadurch überflügelten ihn die Nebenfiguren in der Publikumsgunst, und Konkurrenten wie MGM mit Tom und Jerry oder Warner Brothers mit all den anarchischen Charakteren, die Tex Avery und Chuck Jones ersannen, zogen ihre Vorteile aus den Skrupeln, die Walt Disney plagten. In den 1940er Jahren war die Vorherrschaft des Disney-Studios beendet, und es triumphierten mit einem Mal Filme,

42 Hundetherapie im Altenpflegeheim, Fotodokumentation von Lars Nickel, 2002. *Immer dienstags kommt die geprüfte Therapie-Hündin »Lisa« mit Ihrem Herrchen, einem ehrenamtlichen Mitarbeiter im Verein Leben mit Tieren e. V., für eine Stunde in das Pflegeheim Abendsonne in Berlin. Man weiß heute, dass die Gegenwart von Tieren, ob Hund oder Aquarienfisch, Blutdruck und Herzfrequenz senken kann. Tiere im entspannten Zustand scheinen eine Art natürliches Beruhigungsmittel für den Menschen zu sein.*

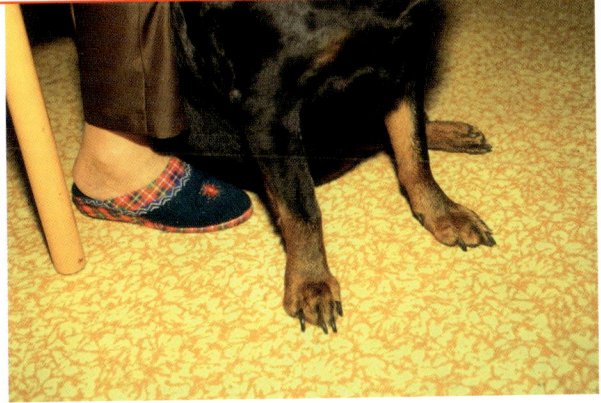

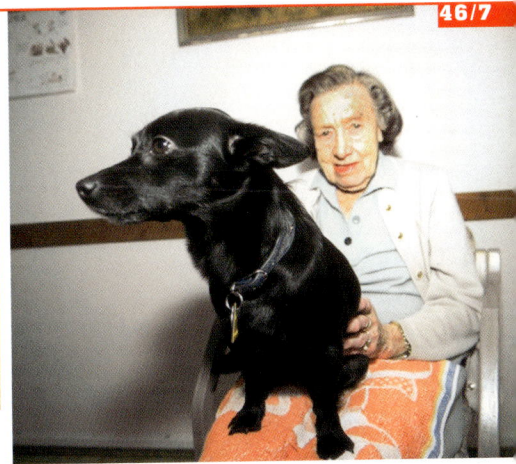

die ihre Protagonisten wieder auf simple Antagonismen zurückwarfen: Es brach die große Zeit der Verfolgungsjagden an, in der Katz und Maus, Katze und Vogel, Hase und Jäger, Ente und Jäger, Roadrunner und Kojote mit ihren hektischen Auseinandersetzungen für Heiterkeit sorgten. Das waren keine beredten Figuren mehr – Tom und Jerry blieben gleich ganz wortlos, Roadrunner und Kojote gleichfalls –, sondern Archetypen, die auf ihre animalischen Triebe beschränkt waren.

Erst als die abendfüllenden Zeichentrickfilme den klassischen Kurzfilm ablösten, konnte Disney verlorenes Terrain zurückgewinnen. *Susi und Strolch*, *Aristocats*, *Das Dschungelbuch*, *Bernhard und Bianca* und viele andere Werke zeigten wieder Menschen als Tiere kaschiert. Denn über anderthalb Stunden trugen die schlichten Rezepte der Verfolgungsszenen und permanenten Überraschungen nicht; hierfür benötigte man einen langen Atem, und diese epische Erzählweise brauchte traditionelle Helden. Hier war also keine allegorische Umsetzung im Sinne der Fabeln mehr möglich, sondern die Tiere hatten wie Menschen zu agieren, um die Kinogänger bei der Stange zu halten. Darin folgten auch alle Konkurrenten Disney nach, woran sich bis jetzt nichts geändert hat, wie die aktuellen langen Zeichentrickproduktionen (*Spirit – Der wilde Mustang*, *Ice Age* oder *Shrek*) beweisen, die nicht dem Disney-Studio entstammen.

Im Comic verlief die Entwicklung anders. Hier konnte es nie menschlich genug zugehen, denn in den Bildgeschichten hatte der animationsty-

43 Roboter-Katze »NeCoRo« der Firma Omron Electronics GmbH, Langenfeld, 2002. *Eine emotionale Bindung an ein Haustier kann auch entstehen, wenn es aus Plastik besteht und mit einem Ausschaltknopf ausgestattet ist – eine saubere und billigere Lösung.* *Voraussetzung ist jedoch, dass das Robotertier Charakter zeigt. Die Katze »NeCoRo«, neuestes Mitglied im Zoo der Elektrotiere, lernt nicht nur ständig dazu, sondern passt sich sogar der Individualität seines Herrchens an. Sie reagiert mit 48 verschiedenen Lau-*

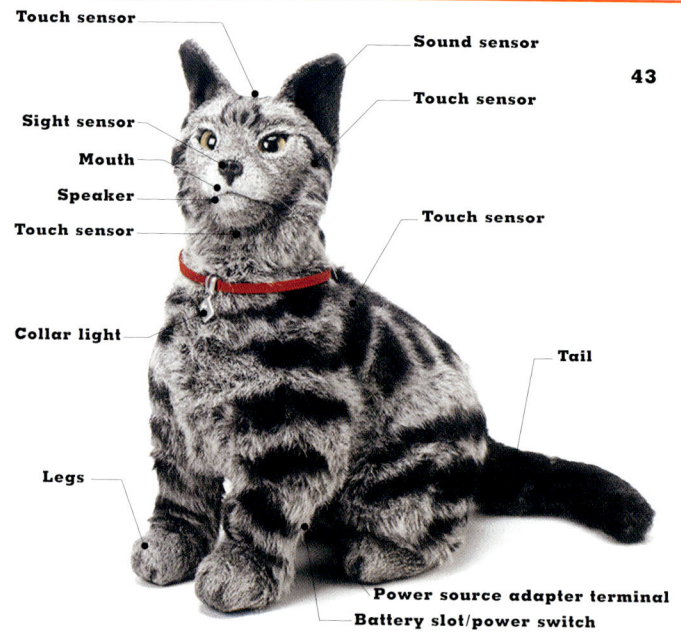

Touch sensor
Sound sensor
Touch sensor
Sight sensor
Mouth
Speaker
Touch sensor
Touch sensor
Collar light
Tail
Legs
Power source adapter terminal
Battery slot/power switch

43

pische Slapstick keinen Platz. Deshalb brauchte man dort auch keine albernen und somit auf wenige Charakteristika reduzierten Figuren. In den *funny animal strips* agierten überaus ernsthafte Protagonisten – nur eben in Tiergestalt. Kein Gemeinwesen kann sich in punkto Komplexität mit der von Carl Barks begründeten Welt von Entenhausen messen. Doch gerade weil der Unterschied zwischen Mensch und Tier im Comic nicht nur minimiert, sondern faktisch beseitigt wurde, starben die Tierfiguren langsam aus. Heute haben sich allein die seit Jahrzehnten etablierten Disneyfiguren gehalten, während ehedem so erfolgreiche Serien wie *Pogo* oder *Felix* vom Markt verschwunden sind. Stattdessen hat, beginnend mit den 1930er Jahren, der Abenteuercomic seinen Siegeszug begonnen, der seine ernsthaften Handlungen auch mit realistischen Figuren bestreiten wollte. In Europa, dem in Sachen Comic so spät gekommenen Kontinent, ist deshalb kaum eine Tierserie entstanden. Die wenigen Ausnahmen wie *Bessy*, *Cubitus* oder *Boule und Bill* beschränkten dann die Tiere auf die Rolle als bloße Hausgenossen ihrer menschlichen Halter; allein auf Tiere reduzierte Serien hat es unter den bedeutenden europäischen Comics nicht gegeben.

Und dennoch war es immer der Charakter der Tiere, der sie ihren Besitzern unentbehrlich machte, nicht der Körper. Man kann Caplan deshalb mit Fug und Recht Naivität vorwerfen, wenn er anlässlich der Geburt von CC größere Hoffnungen auf das Klonen von Tieren als auf das von Menschen richtet. Natürlich erhoffte er sich, mit dieser Äußerung die hoch

ten von Wohlgefühl bis Ärger auf Stimmen und Berührungen und soll ein Gefühl von Freundschaft und Geborgenheit vermitteln.

kochenden Emotionen beim Thema Klonen beruhigen zu können, doch gerade weil die emotionale Bindung an Haustiere bei vielen kaum geringer als die an Menschen ist, wird auch das Klonen solcher Tiere zu einem ethischen Dilemma. Zumal die Perfektion der unsterblichen Zeichentrick- oder Comictiere, die immer wieder so gezeichnet werden können, wie das Publikum sie seit einem Jahrhundert wünscht, durch das Klonen nicht erreicht werden kann. CC kam als getigerte Katze zur Welt, und ihre Fellzeichnung entsprach nicht jenem Tier, aus dessen Zellen sie geklont worden war. Die desillusionierten Wissenschaftler, deren ökonomischer Erfolg gerade von der Ununterscheidbarkeit geklonter Haustiere von den Originalen abhängen wird, verwiesen prompt auf die nicht zu steuernden zufälligen Einflüsse, die zum Muster einer Fellzeichnung beitragen. Genetik stößt an ihre Grenzen, wenn es um mehr geht als bloß um die DNS. Und in den Versuchen der vergangenen hundert Jahre, die Tiere dem Menschen anzugleichen, ging es gar nicht um DNS, sondern um charakterliche Fragen, die keine Klontechnik jemals wird beantworten können.

Das aber können so simple Verfahren wie Zeichnungen und Beschreibungen. In der Kunst wird die Grenze zwischen Mensch und Tier auf eine ungefährliche Weise aufgehoben, weil dort jede Darstellung eines Tiers doch nur wieder dem Motto »Erkenne dich selbst« dient – durch die Nachahmung lernen wir etwas über uns. Eine Copy Cat in Comic und Zeichentrickfilm ist somit eher Vorbild als Nachbildung. Das ermöglicht

44 Tierische Liebe, Dokumentarfilm von Ulrich Seidl, 1995. *Die ganz spezielle Beziehung zwischen Menschen und ihren Tieren versucht dieser inszenierte Dokumentarfilm zu ergründen. Eine Schauspielerin liebt keine Männer mehr, dafür ihren Husky. Für den* Schriftsteller Gerhard Roth (geb. 1942) ist »Tierische Liebe ... eine radikale Darstellung der Einsamkeit und der Sehnsucht nach Liebe«. **45** Eva – the white sheep, Gummipuppe, 2002. *Bereits die Götter nahmen die Gestalt von Tieren an, um sich Geliebten zu*

44

einen spielerischen Umgang mit den dargestellten Tieren, der unserem Verhältnis zu Hausgenossen entspricht, in deren Verhalten wir permanent menschliche Züge hineinlegen, ohne uns über die Illusion dieser Deutung hinwegzutäuschen. Doch mit der Geburt von CC ist in dieses Verhältnis zwischen Haustier und Halter ein Zug gekommen, der uns im Tier die eigene Zukunft als technisch reproduzierbares Wesen erkennen lässt. Die Zeit für Spiele ist vorbei.

nähern. Die sexuelle Liebe zu Tieren gibt es jedoch nicht nur im Mythos – sie wird Zoophilie genannt. Sex mit Tieren, die Überschreitung der Gattungsgrenze, ist hierzulande ein Tabuthema. In den Niederlanden wird der gewaltlose Verkehr mit Tieren lockerer gehandhabt und ist gesetzlich nicht verboten. Schätzungen gehen davon aus, dass etwa acht Prozent der Männer und drei Prozent der Frauen in Deutschland schon einmal Sex mit einem Tier hatten. Auf dem Land sollen die Zahlen höher sein.

45

benutzte Ti

ere

Tieropfer

Zur Geschichte der rituellen Tötung von Tieren

Thomas Macho

Vorbemerkung Es gibt vielleicht nur drei Arten, ein Tier in gesellschaftlich regulierter und anerkannter Form zu töten: auf der Jagd, im Rahmen von Opfern und kultischen Spielen oder bei einer Schlachtung. Gewiss haben sich diese drei Formen gelegentlich überlagert, und doch sind sie charakteristisch für drei unterschiedliche Lebensformen der menschlichen Gattung. Die Jäger und Sammlerinnen haben Tiere kaum jemals geopfert; in den Agrargesellschaften – nach der neolithischen Revolution – blieb dagegen die Jagd meist einer kleinen Elite vorbehalten. Die technisch optimierte und mechanisierte Massenschlachtung von Tieren kann schließlich als Merkmal der industriellen Moderne betrachtet werden.

Das Tieropfer bildet die historische Mitte zwischen Jagd und Schlachtung; insofern ist es nicht verwunderlich, dass es sowohl mit der Jagd als auch mit der Schlachtung bestimmte Eigenschaften teilt. Spezifische Ritu-

46

ale der Entschuldung verbinden das Opfer mit der Jagd, die in kultischen Spielen auch nachgestellt werden kann, und im Rahmen der Tieropfer wird häufig eine öffentliche Schlachtung durchgeführt. Was das Opfer von der Jagd oder der Schlachtung allerdings prinzipiell unterscheidet, ist seine Exzeptionalität. Opfer werden nicht zu alltäglichen Anlässen praktiziert, sie unterbrechen vielmehr die gesellschaftliche Routine.

Gejagt wurden wild lebende Tiere, geopfert wurden in den meisten Fällen Haustiere. Geschlachtet werden dagegen in den spätindustriellen Gesellschaften alle Tiere gleichermaßen: Im Hinblick auf die Fleischverwertung spielt die Differenzierung zwischen wilden und domestizierten Tieren praktisch keine Rolle mehr. Die Haustiere der agrarischen Lebensformen sind seit mehr als hundert Jahren verschwunden; sie haben sich gleichsam diversifiziert: in Nutztiere, zu denen die Menschen keine Beziehungen unterhalten, und in Schoßtiere, die wiederum keinen Anforderungen der Nützlichkeit genügen müssen. Schoßtiere sind keine Haustiere.

Denn der Begriff des Haustieres muss wörtlich genommen werden: Er bezeichnet ein Lebewesen, das mit den Menschen ein Haus teilt, und zwar nicht nur einen Wohnbezirk, sondern auch (worauf Lacan einmal hingewiesen hat) das »Haus der Sprache«. Menschen gehorchen denselben Imperativen wie ihre Haustiere; sie sind denselben Zwängen und Arbeitsbedingungen unterworfen, in Ackerbau, Krieg, Kult oder Liebe. Tier- und Menschenopfer bilden darum häufig konvertible Praktiken; Walter Burkert

46 Ein ruhender Hirt mit seiner Herde, o. J., Philipp Peter Roos (1657–1706).

5 – Stumme Diener Die Menschheit hält heute über 20 Milliarden Nutztiere, davon allein 13 Milliarden Hühner. Die Zähmung von Tieren markiert den Übergang der Jäger- und Sammlergesellschaft zu sesshaften Kulturen. Wie kaum ein anderer Umbruch hat dies die Lebensbedingungen des Menschen auf der Erde verändert. Der Mensch wurde zum »Herrscher« über das Tierreich und griff durch Zucht und Kastration in Tierpopulationen ein. Aus biologischer Sicht ein »Experiment in riesigem Maßstab«, wie es Charles Darwin nannte. Die Nutzung der Muskelkraft von Tieren revolutionierte Landwirtschaft und Transportwesen. Später, im Zuge der Industrialisierung, wird tierische Arbeitskraft zunehmend überflüssig. Tiere werden mehr und mehr durch Maschi-

betont, dass die meisten Mythen eine »gegenseitige Ersetzbarkeit von Mensch und Tier« postulieren. »Das Tier stirbt an Stelle eines Menschen, Isaak oder Iphigenie. Die Gleichwertigkeit von Mensch und Tier kann auch zu mehrmaligem Wechsel führen, wie in der Kultlegende der Artemis von Munichia: Um für die Tötung eines Bären zu büßen, der der Göttin gehörte, soll ein Mädchen geopfert werden, doch eine Ziege tritt an seine Stelle – Mensch für Tier und Tier für Mensch.«[1]

Nicht zufällig scheitern die meisten Opfertheorien, sofern sie – unabhängig von ihrer disziplinären Herkunft – mit universalhistorischen Konstruktionen operieren. Sie suggerieren Fortschritte vom Menschenopfer zum Tieropfer, vom Tieropfer zum materiellen Opfer (wie der Geldspende). Allzu ähnlich klingen die Fortschrittserzählungen, sobald sie vom Opfer (übrigens meist im Singular) sprechen. Das Opfer reüssiert als Universalkategorie, als Inbegriff der »heiligen Handlung par excellence«[2]; doch in gewisser Hinsicht erzeugen die Opfertheorien dabei erst jene Faszinationspotenziale, die sie dem Opfer selbst nachsagen.

Opfer und Jagd Nicht zu allen Zeiten wurden Tiere geopfert; zunächst wurden sie gejagt. Die lange Geschichte der Tieropfer beginnt am Horizont der neolithischen Revolution. Solange die Menschen als Jäger und Sammlerinnen lebten, in kleinen Gruppen die Wälder oder Savannen durchstreiften, erschienen ihnen die Tiere als übermächtige Wesenheiten, als

47 Präparat eines Heckrinds, Rückzüchtung des Auerochsen, 2001. *Der letzte Auerochse starb 1627 in Polen im Wald von Jaktorow durch die Hand eines Wildhüters. 1920 begann man in den Tierparks in Berlin und München mit der Rückzüchtung des Auerochsen, dem* *Urvater aller Rinderrassen. In unseren Hausrindern haben bestimmte »Ausschnitte« des Genoms des Auerochsen überlebt, die aber durch gezielte Zuchtwahl verändert wurden. Dieses Heckrind gleicht in seinem äußeren Erscheinungsbild seinem Vorfahren zu etwa*

nen ersetzt – übrig bleiben Nahrungslieferanten und Schoßtiere. Die erstaunlichen Leistungen einzelner tierischer Sinne können technische Hilfsmittel jedoch bis heute nicht ersetzen.

geradezu göttliche Ursprungsmächte. Freilich wissen wir wenig über die kulturelle Wahrnehmung der Tiere bei Jägern und Sammlerinnen. Der Analogieschluss von den rezenten Wildbeuterkulturen auf unsere Vorfahren ist methodisch problematisch, ganz abgesehen davon, dass auch die letzten Jäger und Sammlerinnen (Aborigines, Inuit, Kung) inzwischen weitgehend zurückgedrängt oder ausgerottet wurden. Die meisten Spuren prähistorischer Lebensformen sind vieldeutig oder sogar völlig unverständlich. Erst seit dem Moustérien (etwa 40 000 Jahre v. Chr.) haben die eiszeitlichen Menschen ihre Wahrnehmung bestimmter Tiere eindrucksvoll zum Ausdruck gebracht: Auf zahlreichen Höhlenwänden tritt uns die altsteinzeitliche Fauna in großartigen Gemälden vor Augen. In seiner umfassenden Analyse der paläolithischen Kunst konnte André Leroi-Gourhan einen beachtlichen Bildbestand resümieren: 2188 Tierdarstellungen aus 66 Höhlen (von 110 im Jahre 1970 bekannten Fundorten).[3]

Während mehrerer Jahrtausende wurden beinahe ausschließlich Tiere gemalt, jedoch fast keine Menschen. Die Künstler der Altsteinzeit porträtierten keine Angehörigen ihrer eigenen Gattung. In Le Gabillou (bei Sourzac in der Dordogne) findet sich ein Strichmännchen mit Hörnern, sowie die seltsame Skizze eines Wesens mit einer Art Umhang, die als »Frau mit dem Anorak« berühmt geworden ist; in Altamira lassen sich mit gutem Willen am äußersten Rand der bemalten Decke ein paar Männerfiguren entdecken; in Pech-Merle oder Cougnac glaubt die Forschung, ein bis drei

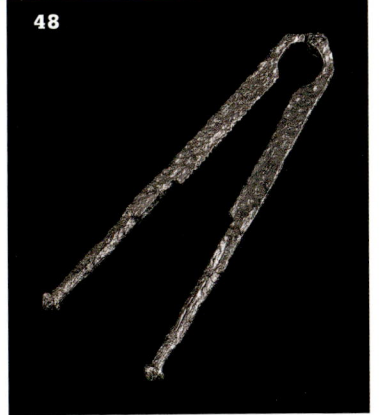

48

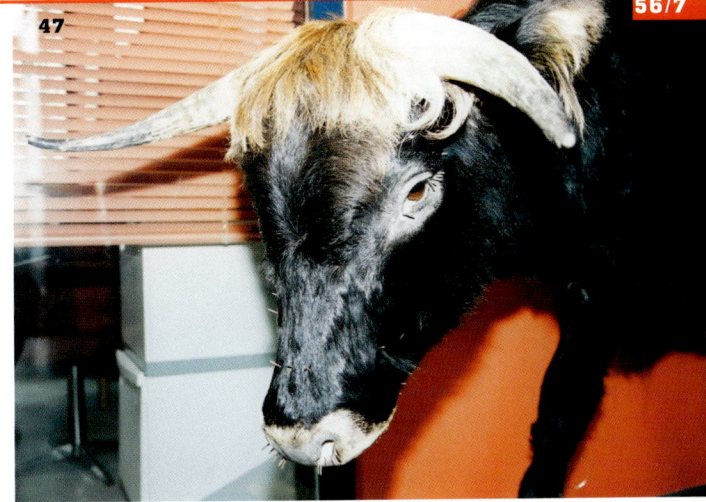

47

Männer erblicken zu können, die von Stöcken oder Speeren durchbohrt werden. Der so genannte Zauberer von Les Trois-Frères vereint den Körper eines Mannes mit den Hörnern und Ohren eines Rentiers, einem Pferdeschwanz und dem Penis einer Wildkatze. In der erst 1994 entdeckten Grotte Chauvet wurden bisher über zweihundert Tierbilder erfasst, doch »bislang keine einzige Darstellung eines Menschen«.[4] Manche Darstellungen von mutmaßlichen Männern zeigen behaarte Tiermenschen mit verlängerten Schnauzen: beispielsweise in der Grotte de La Marche bei Vienne; und am Eingang zur 1979 erschlossenen Höhle von El Juyo (an der spanischen Nordküste) wird der eintretende Besucher von einem raffiniert unheimlichen Doppelgesicht – halb Mensch, halb Raubkatze – erschreckt.

Die Frage nach der verschwindenden Seltenheit des Menschen muss wohl in Verbindung mit der anderen Frage betrachtet werden, welche Gründe zu einer tierhaften Stilisierung der Menschendarstellungen geführt haben könnten. Tiermenschen oder Menschentiere? Völlig zu Recht unterstreicht Barbara Ehrenreich, dass die vorgeschichtlichen Menschen nicht nur Jäger waren, sondern auch gejagt wurden,[5] was sie – nach Maßgabe der Erfahrung des Wechsels von Jagd und Flucht – zu einer Identifikation mit bestimmten Tieren bewegte. Gleichgültig, welche kultischen oder ästhetischen Hintergründe der Höhlenkunst vermutet werden dürfen, gleichgültig auch, ob die Menschen sich selbst als tierähnlich wahrgenommen oder bloß als Tiere maskiert haben, sie haben offenbar die Tiere

physiologische Zähmung bezeichnet wird. Sie ist daher ein wichtiges Mittel für den Aufbau ruhiger, leicht lenkbarer Herden. **49** Europäische Rinderrassen fotografiert von Ursula Böhmer (geb. 1965), **a** Maronesa, Bauern, Portugal; Douro 2001 **b** Barrosã, Bauer, Portugal; Minho 2001 **c** Valdostana castana, Bauer, Italien; Aosta/Gressoney-Tal 1999 **d** Limousine, Bauer, Frankreich; Ariège 2002 **e** Piemontese, Bauer, Italien; Piemont/Fossano 2002 *Die Fotografin Ursula Böhmer widmet sich der Dokumentation von Kühen*

49a   **b**

in den Rang von erhabenen Idolen versetzt. Jenseits aller Fragen nach Bedeutungen, Zeichensystemen und Symbolen lässt sich schlicht und einfach resümieren, dass die paläolithischen Künstler einen imposanten Kosmos der Tiere abbildeten, in welchem die Menschen nur eine unbedeutende Randposition einnahmen.

Aufgrund seltsam platzierter Schädel von Höhlenbären (jüngst abermals entdeckt in der Grotte Chauvet), sowie aufgrund der an Ossuarien erinnernden Anhäufung von Bärenknochen (insbesondere der langen Schenkelknochen), wurde lange Zeit eine Art von Bärenreligion, eine Opferzeremonie, eine kultische Bestattung der rituell getöteten Bären postuliert.[6] Analogien zu den Bärenfesten nordeurasischer Jägerkulturen oder zu den Berserkern sollten die Hypothese von einer ursprünglichen Verehrung der Bären stützen. Burchard Brentjes spricht in seiner *Geschichte der Erfindung des Haustieres* von archaischen Zähmungstechniken der Neandertaler, die schon vor 40 000 bis 50 000 Jahren einen Bärenzwinger für gefangene Jungtiere errichteten: »In der Mixnitzhöhle in Kärnten (Österreich) fand sich ein zwölf Meter langer, drei bis fünf Meter tiefer, sehr schmaler Gang mit steilen Wänden, die über und über von Bären zerkratzt sind. Zahlreiche der vielen tausend Bärenknochen, die in der Höhle angehäuft waren, wiesen Degenerationserscheinungen auf, wie sie bei einer Haltung im Zwinger und bei mangelhafter Ernährung auftreten müssen. Möglicherweise haben wir mit diesen Knochen Reste von jung gefangenen und auf-

unterschiedlichster europäischer Regionen, die teilweise vom Aussterben bedroht sind: »Ich fotografiere die Tiere in der Landschaft, der sie entstammen – ihrer scheinbar ursprünglichen Lebenswelt, die durch die jeweiligen klimatischen Verhältnisse ihre Erscheinung und Physiognomie geprägt hat. Damit dokumentiere ich die Vielfalt der verschiedenen Rinderrassen, die sich in den Kulturen Europas entwickelt hat, und zeige – im übertragenen Sinne – auch ein Porträt Europas und seiner Kulturen.«

c

gezogenen Bären vor uns. Die Mehrheit der Mixnitzbären war knapp zwei Jahre alt.« Allerdings räumt Brentjes ein, es könne sich bei einer solchen Zwingerhaltung kaum um Praktiken der Viehzucht gehandelt haben; denn die Bären sind ja direkte Nahrungskonkurrenten der Menschen: »Wie hätte ein Jägerstamm die Fleischmengen aufbringen können, um eine ganze Bärenherde zu ernähren?«[7]

Die Vorstellung von einem Opferkult um die Höhlenbären erinnert an die berühmte These des Berliner Zoologen und Wirtschaftsethnologen Eduard Hahn von einer religionspolitischen, opferkultisch motivierten Domestikation der Rinder.[8] Demnach habe man die Auerochsen eingefangen und gehalten, um für Zwecke des Opfers stets einen Bestand jener Tiere zur Verfügung zu haben, die der lunaren Muttergöttin geweiht waren. Erich Isaac hat sogar vermutet, dass die kulturelle Erfindung der Ochsen (durch Kastration der Stierbullen) einem religiösen Muster folgte, das durch die rituelle Kastration von Priestern einer archaischen Muttergöttin geprägt wurde.[9] Diese umstrittenen Hypothesen schlagen eine Brücke von jener Wahrnehmung der Tiere, die in den eiszeitlichen Höhlenbildern artikuliert wurde, bis zu den frühen Formen der Tierhaltung, die vielleicht der Domestikation und Viehzucht vorausgingen. In solcher Hinsicht spricht William Irwin Thompson von der paläolithischen Höhlenkunst als einem ikonischen »Festhalten, das zur Domestizierung von Tieren führte, wobei wir diese Domestizierung nicht als eine durch Nahrungsmangel bedingte

Reaktion auf eine wirtschaftliche Notwendigkeit verstehen sollten. Eher war es ein religiöser Akt, eine emotionale Handlung, bei der die Tiere zuerst aufgrund ihrer symbolischen Verbindung zur Religion domestiziert wurden. Bereits im Magdalénien könnten Tiere aus religiösen Gründen domestiziert worden sein, aber ich vermute, es wurde im frühen Mesolithikum zu einer kulturell intensiven Aktivität.«[10]

Heiliges Fleisch Möglicherweise hat sich das Tieropfer – im Zuge der langsamen Domestikation mancher Tierarten – aus spezifischen Jagd- und Beuteritualen entwickelt, etwa der so genannten Unschuldskomödie, bei der dem toten Tier versichert wird, man habe es gar nicht umgebracht. Geopfert wurden zunehmend die Haustiere; schon auf den Wänden von Çatal Hüyük (aus dem 6. vorchristlichen Jahrtausend) lässt sich beobachten, wie die wilden Rinder verschwanden, bevor sie von Haustieren ersetzt wurden, die dem Alltag entrückt und in komplexen Ritualen sakralisiert wurden; ihre Tötung im Opfer musste entschuldet werden. So schrieb es beispielsweise ein mehrfach kopierter babylonischer Text vor: »Der Stier steht gefesselt auf einer Schilfmatte, das Maul wird ihm gewaschen, Beschwörungen ins rechte und linke Ohr geblasen, er wird mit Wasser besprengt, mit der Fackel gereinigt, mit einem Kreis von Mehl umgeben. Nach Gebet und Gesang wird der Stier getötet, das Herz sogleich verbrannt, die Haut und die linke Schultersehne zur Bespannung des Tympa-

d

e

non gewonnen. Weitere Libationen und Darbringungen; vor dem abgetrennten Schädel verneigt sich der Priester und spricht: ›Diese Tat – alle Götter haben sie vollbracht; nicht ich habe sie vollbracht.‹ Eine Textfassung besagt, der Kadaver werde begraben; eine andere Fassung verbietet zumindest dem Hauptpriester, vom Fleisch zu essen.«[11]

Fleisch war bekanntlich in allen Agrarkulturen ein knappes und seltenes Gut. Denn in einer Agrargesellschaft waren Tiere niemals bloß Produkte, sondern stets auch aktive Protagonisten, Arbeitswesen wie die Menschen selbst. Schon den detaillierten sumerischen Keilschrifttafeln zur Buchführung über die Viehzucht (aus fast allen Perioden des 3. vorchristlichen Jahrtausends) lässt sich beispielsweise entnehmen, dass die Rinderhaltung in erster Linie der Aufzucht von Ochsen für das Ziehen der Pflüge diente. Dagegen war die Produktion von Milch und Milchprodukten wie Fett und Käse schon weniger wichtig, und noch viel unbedeutender waren Fleischlieferungen für die Priesterschaft, für Staatsbeamte oder für kultische Zwecke.[12] Selbst die Sakralisierung der Kühe in Indien lässt sich auf die volkswirtschaftlich legitim hohe Bewertung der Rinder als Zugtiere zurückführen: Marvin Harris hat gezeigt, dass der völligen Tabuisierung der Rinder eine Phase vorausging, in der lediglich die Brahmanen Rindfleisch essen durften; offenbar konnte jedoch diese soziale Konsumdifferenz nicht einmal in einer Kastengesellschaft dauerhaft aufrechterhalten werden.[13]

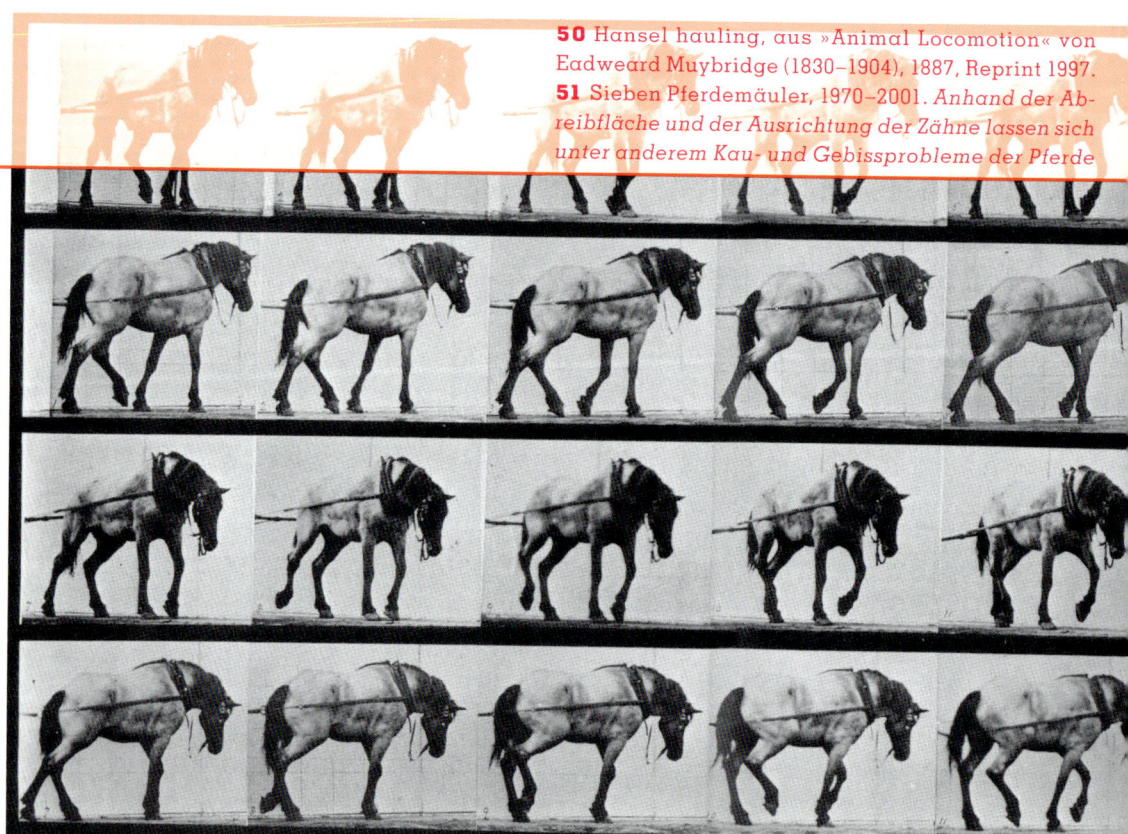

50 Hansel hauling, aus »Animal Locomotion« von Eadweard Muybridge (1830–1904), 1887, Reprint 1997.
51 Sieben Pferdemäuler, 1970–2001. Anhand der Abreibfläche und der Ausrichtung der Zähne lassen sich unter anderem Kau- und Gebissprobleme der Pferde

Der Fleischverzehr galt als seltenes, ja geradezu als ein göttliches Privileg. Darin besteht beispielsweise die Pointe der biblischen Erzählung vom Streit zwischen Kain und Abel. Kain verbrennt Getreide, Abel ein Lamm, doch Gott fällt es nicht schwer, sich für das Fleisch zu entscheiden. Die Götter zahlreicher Agrarkulturen waren und sind – wie Barbara Ehrenreich in ihrer Analyse der »Blutrituale« nachdrücklich betont[14] – Fleisch fressende Wesenheiten. Gelegentlich werden sie um ihren Anteil betrogen, und manchmal müssen sie sich mit dem bloßen Geruch des Fleisches begnügen. Aber selten können sie mit pflanzlicher Nahrung allein zufrieden gestellt werden: Fast jedes Opfer, das ihnen dargebracht wird, repräsentiert eine Fleischmahlzeit, und selbst die christliche Version des Abendmahls impliziert einen Verwandlungsritus, der Brot und Wein in Fleisch und Blut zu transformieren verspricht. Die Verbreitung von Opferbräuchen, die mit Fleisch operieren, hat darum schon früh die These inspiriert, dass Opferhandlungen nicht nur die Sakralisierung eines (aus funktionalen Gründen) seltenen Nahrungsmittels, sondern vielmehr dessen sozial gerechte Verteilung ermöglichen sollten. Noch in meiner Kindheit war der Fleischkonsum übrigens den Sonn- und Feiertagen vorbehalten.

Die Hypothese, das Opfer sei als kultische Regulation von Fleischmahlzeiten eingeführt worden, vertrat bereits Karl Meuli, der in seiner Abhandlung über die griechischen Opferbräuche konstatierte: »Wir sind, um es kurz herauszusagen, der Überzeugung, dass das olympische Opfer nichts

ablesen. Für die Altersbestimmung ist der Blick auf die Zahnreihe seit Jahrhunderten üblich. Das alte Sprichwort verdeutlicht es: »Einem geschenkten Gaul sieht man nicht ins Maul.« Die Präparate stammen aus der Sammlung des Tierarztes Helmut Ende, der in 30 Jahren eine umfassende Sammlung anatomischer Objekte zur Pferdegesundheit zusammengetragen hat.

50

51

anderes sei als ein rituelles Schlachten.«[15] In derselben Tradition behauptete auch Walter Burkert (in einem Vortrag zur »Anthropologie des religiösen Opfers«), für Juden wie Griechen habe gegolten, »daß das Tieropfer
aufs Essen zielt. ›Für die Götter‹ werden auf den Altären die Knochen des
Opfertiers, von Fett bedeckt, verbrannt, auch die Gallenblase, den Rest
aber, das ganze gute Fleisch nimmt die fromme Gemeinde zu sich im festlichen Mahl. Opfern heißt einen Festbraten zur Verfügung stellen. Götter-
feste sind die wichtigsten Gelegenheiten, überhaupt Fleisch zu essen. Es
gibt archaische Gruppen, wo Fleisch überhaupt nur im Rahmen des
Opfers gegessen wird. So steht es expressis verbis im Buch Leviticus des
Alten Testaments: Wer ein Tier schlachtet ohne Opferzeremoniell, dem soll
es als Blutschuld angerechnet werden.«[16] Das Opfer als Fleischverteilung:
Zu Recht sprechen auch Marcel Detienne und Jean-Pierre Vernant von
einer *cuisine du sacrifice*.[17]

Die agrarische Grunderfahrung der Fleischknappheit und der Vertei-
lungsrituale der »Opferküche« muss auch in Zusammenhang gebracht
werden mit einer Evidenz, die im Zeitalter der Tiefkühltruhen und Konser-
ven allzu rasch vergessen wird: Fleisch ist ein leicht verderbliches Nahrungsmittel. Die Organisation des Verteilungsopfers ermöglichte nicht nur
den Genuss frischer Fleischstücke, sondern auch die restlose Verwertung
der getöteten Tiere; Innereien, Knochen, Felle oder Hörner wurden nach
Maßgabe symbolischer Ordnungen ebenso entsorgt wie die wohlschme-

52 Pferd mit Gasmaske im Zweiten Weltkrieg, 1943.
Seit dem Ersten Weltkrieg waren Gasmasken für Pfer-
de in Gebrauch. Trotz zunehmender Motorisierung der
Armeen konnte man bis Ende des Zweiten Weltkriegs
nicht auf den Dienst von Pferden im Krieg verzichten.
Als Zugtiere bildeten sie das Rückgrat der Wehrmacht.
2,75 Millionen Pferde sollen insgesamt im Dienst des
deutschen Militärs gestanden haben. **53** Reste von
Pferdeknochen vom Ende des Zweiten Weltkriegs,
2. H. 1980er Jahre. In den letzten Apriltagen des Jah-

52

ckenden Lendenkeulen. Opferreste und Fleischabfälle kamen nicht vor: Sie wurden spätestens durch das Feuer vernichtet. Natürlich kannten schon die ältesten Kulturen verschiedene Techniken zur Konservierung des Fleisches: Trocknung, Kühlung, Räucherung oder Salzpökelung. Aber die meisten Strategien der Lagerung und Haltbarkeitssteigerung führten wohl zu markanten Geschmacksverlusten – etwa in der römischen Küche. Das durch das Salz hart gewordene Fleisch musste beispielsweise wieder entsalzt werden. Mit unterschiedlichen Techniken wurde versucht, seinen unangenehmen Geschmack zu verbessern. Alpicius empfahl, das Fleisch zweimal zu kochen, zuerst in Milch, danach in Wasser – man kann sich den Zustand des derart ausgelaugten Fleisches leicht vorstellen.[18] Konsistenz und Geschmack dieses Fleisches lassen sich auch an den therapeutischen Hinweisen des Plinius veranschaulichen, die er den »durch das Kauen von Fleisch abgeriebenen oder lose gewordenen Zähnen« (»dentibus carne mandenda adtritis aut convolsis«) widmete.[19]

Massenschlachtungen und Herodesprämien Erst seit wenigen Jahrzehnten ist Fleisch genau genommen kein Luxusgut mehr, sondern wird mitunter geradezu verschwendet und verschleudert. Den Triumphzug der Fleischnahrung – diesen späten Sieg Abels – verdanken wir (nach Rolf Peter Sieferle[20]) den industriellen Techniken, die ihre Unabhängigkeit von den Parametern der Agrarkulturen aus der forcierten Nutzung fossiler

res 1945 kämpften die 9. Armee der deutschen Wehrmacht und die Rote Armee in den Wäldern südöstlich von Berlin. Viele tausend Pferde ließen ihr Leben im Bomben- und Geschosshagel. Noch heute findet man im Boden Knochen von Pferden, die in dieser Schlacht umkamen. Jeden Tag starben im Zweiten Weltkrieg durchschnittlich 865 Pferde, bis Kriegsende waren es über 1,75 Millionen. Nicht alle starben in Gefechten, viele wurden schlicht geschlachtet und gegessen.

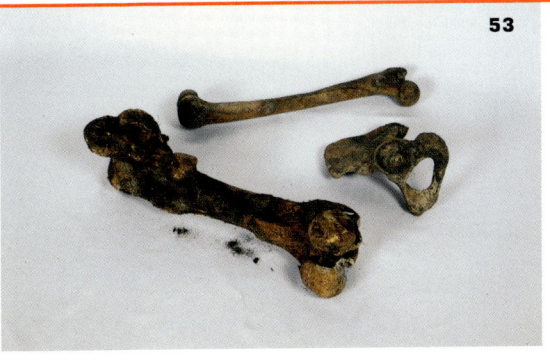

53

Energien (wie Kohle und Erdöl) gewannen. Erst seither kann die Agrar-wirtschaft mit Energiebudgets kalkulieren, die sie nicht wieder »einbrin-gen« muss (zumindest solange davon abgesehen wird, dass die fossilen Brennstoffe bekanntlich limitiert sind). Der schrankenlose Einsatz fossiler Energieträger ermöglichte sukzessiv eine maschinelle Substitution zahlrei-cher Arbeitsleistungen der Tiere. Die Ochsen wurden durch motorisierte Traktoren, durch Mähdrescher und andere landwirtschaftliche Maschinen ersetzt, die Ziegen und Schafe durch die Produktion synthetischer Beklei-dung. Die Kavallerie wurde gegen Panzerdivisionen ausgetauscht; zuneh-mend wurden die ehemals »ritterlichen«, militärisch idealisierten Tiere zu Zugtieren degradiert, die allenfalls jene Gulaschkanonen schleppen durf-ten, in denen sie bei Bedarf selbst gekocht und an die Soldaten verfüttert werden konnten. Die Kutschen wichen den Eisenbahnen und Automobi-len, die Lasttiere den Kränen und Baggern, die Brieftauben den Computern und Telefonen. Sollte die Grundtendenz in gebotener Knappheit charakte-risiert werden, so müsste sie als Steigerung agrarischer Maschinen durch automatische, industrielle Maschinen erscheinen. Diese Verbesserung der agrarischen Maschinen lässt sich als progressive Eliminierung der Haustie-re beschreiben.[21]

Diese gesellschaftliche Eliminierung der Haustiere reduzierte die Tiere schlagartig auf eine einzige Funktion, die noch kein Wild- oder Haustier jemals zuvor in vergleichbarer Größenordnung erfüllen musste: auf die

54 Polizeischwein Luise und Hauptkommissar Wer-ner Franke bei der Drogenfahndung, 1985. *Die zur »Ehrensau« ernannte Luise ist Deutschlands erstes Polizeispürschwein. Sie wurde 1985 verbeamtet und offiziell in die Hundestaffel Hildesheim aufgenom-men. Dort erzielte sie bessere Leistungen als ihre Hun-dekollegen beim Aufspüren von Sprengstoff, Leichen und Rauschgift. Binnen kürzester Zeit wurde sie ein Medienstar und wirkte in zahlreichen TV-Sendungen, zwei Operetten und einem Kinofilm mit. Schweine*

Funktion des Massenschlachtviehs. Sobald die Tiere nicht mehr gebraucht wurden, konnten sie – zunehmend ambivalenzfrei – verzehrt werden; alle Züchtungsinteressen ließen sich auf einen einzigen Nenner bringen, sobald einmal feststand, dass die Tiere nichts anderes mehr leisten sollten, als möglichst rasch dick und fett zu werden, um als bratfertiges Kotelett oder Schnitzel in der Pfanne landen zu können. Der Schlachthof bildete das präzise Pendant jenes Überflusses, der durch die Nutzung fossiler Energieträger ermöglicht wurde: einen schier unermüdlichen Betrieb zur Herstellung von Fleischmahlzeiten, eine Opferungsmaschine ohne jegliches Opferritual. Der Fleischkonsum wurde gleichsam säkularisiert: Die Religionen gerieten gerade in ihrer Funktion als Ernährungsregulative – mit ihren Fastenzeiten und Fleischtabus – langsam in gesellschaftliche Randlagen. Auch die Erfahrung der raschen Verderblichkeit des Fleisches wurde nunmehr viel seltener gemacht: Konservierungsmittel, Kühlanlagen und Gesetze zur Fleischbeschau sorgten dafür, dass Fleisch heutzutage generell mit Frischfleisch gleichgesetzt werden kann.

Freilich stößt auch der Siegeszug des Fleischkonsums inzwischen an gewisse Grenzen. Offenbar provoziert das hemmungslose Recycling toter Tiere – und zwar sowohl in Gestalt fossiler Brennstoffe wie auch als Futtermittel – eine Reihe von Folgelasten, die noch nicht bewältigt werden konnten. Zu diesen Folgelasten zählen die absehbare Erschöpfung der fossilen Energiequellen, die Risiken der Nuklearenergienutzung oder die

setzten sich jedoch bei der Polizei aus Imagegründen nicht durch. Luise wurde 1987 aus Altersgründen in den Ruhestand versetzt. Sie starb vierzehnjährig eines natürlichen Todes.

54

Regenwaldrodungen für Rinderweiden, ganz abgesehen von den Gefahren neuer Seuchen, die beispielsweise durch Viehfütterung mit Knochenmehl ausgelöst zu werden scheinen. Nicht umsonst reagiert die »Ungläubige Konsumenten-Internationale« (nach einem treffenden Ausdruck Ernest Gellners) mit Skepsis und Misstrauen; die industrielle Tierproduktion und ihre Konsequenzen schrecken mittlerweile immer mehr potenzielle Käufer ab. Einerseits müssen Tausende Rinder aufgrund geltender BSE-Gesetze geschlachtet und verbrannt werden; andererseits entstehen durch die steigende Abstinenz der Kunden Überschüsse, die ebenfalls durch massenhafte Tötung reduziert werden sollen. Gesundheitsbewusstsein, Seuchenangst und ein neuer Typus von sentimentalischer Identifikation mit Schoßtieren und *pets* (Schweinchen Babe), die in einer Agrarkultur – bei aller Nähe zwischen Menschen und Tieren – niemals auftreten konnten, prägen kollektive Erregungen, in denen nicht selten von Massakern und Rinderopfern gesprochen wird.

Aber das Opfer gehört zur Agrarkultur wie die Hungersnot und die konstitutive Abhängigkeit von schicksalhaften Rahmenbedingungen (etwa vom Wetter). Geopfert wurde, was wertvoll war: etwa das Rind in den altgriechischen Buphonien. Im Rahmen der Buphonien wurde beispielsweise in Athen ein Ochse am Altar des Stadtbeschützers Zeus Polieus getötet, nachdem er vom dort ausgestreuten Opfergetreide gefressen hatte. Der jeweilige Ochsentöter floh nach seiner Tat, während das Beil angeklagt und

55 Der Tisch des Metzgers, 1969, Fernando Botero (geb. 1932)

6 – Industrie des Fleisches Seitdem Nahrungstiere als schier unerschöpfliche Ressource zur Verfügung stehen, hat der Fleischkonsum in den westlichen Industrienationen enorm zugenommen. Die Gründe dafür sind umstritten. Manche meinen, das Verlangen nach Fleisch sei biologischen Ursprungs, andere entgegnen, Fleischgenuss sei ein rein kulturell erzeugtes Bedürfnis. Die industrielle Tierproduktion jedenfalls scheint nur deshalb noch möglich, weil sie auf Distanz zum Menschen gebracht ist und den meisten den direkten moralischen Konflikt, den Akt des Tötens, erspart. Ist in Zukunft das »Steak aus dem Bioreaktor« eine Alternative? Prototypen existieren bereits.

im Anschluss an einen regelrechten Prozess ins Meer geworfen wurde. Davon kann heute keine Rede mehr sein. Wir opfern nicht, was wertvoll ist, sondern was wir nicht mehr brauchen können; nicht Verzicht, sondern Verschwendung kennzeichnet die Ernährungsgewohnheiten der westlichen Welt. Den Bauern wird für jedes geschlachtete männliche Kalb im Alter von weniger als zwanzig Tagen eine Herodesprämie durch die Europäische Union bezahlt – als ginge es nicht um getötete Rinder, sondern um getötete Kinder. Die Herodesprämie soll den Rindfleischmarkt entlasten; sie wird nur ausbezahlt, wenn garantiert wird, dass die getöteten Kälber nicht in die Supermärkte gelangen. Doch was soll die Erinnerung an den bethlehemitischen Kindermord, dieses überaus beliebte Sujet zahlreicher Gemälde und liturgischer Spiele der abendländischen Kulturgeschichte? Zitiert wird nicht das schlechte Gewissen des Ochsenhenkers der Buphonien, sondern eine Strategie des skrupellosen Machterhalts, in der sich die konstitutiv moderne Allianz zwischen Politik, Ökonomie und Konsum wieder erkennen mag.

55

Die Grenzen des guten Geschmacks Zur Logik des Fleischappetits

Nan Mellinger

Hund à la carte war bereits im Vorfeld der letzten Fußball-WM auch hierzulande in aller Munde,[1] und manchem Anwalt zivilisierter Kost wurde bereits elend nur bei dem Gedanken daran. Vergeblich der Hinweis eines koreanischen Abgeordneten auf das Toleranzgebot hinsichtlich kultureller Verschiedenheiten bei Tisch, sinnlos auch darauf hinzuweisen, dass noch während der Olympischen Spiele 1968 in Tokio das US-amerikanische Magazin *Time* die Japaner wegen ihrer Sitte, rohen Fisch zu essen, als Barbaren bezeichnet hat – inzwischen gehört Sushi längst zum globalen Savoir-vivre. Ob wir demnächst auf den Hund kommen werden?

De gustibus disputandum est! Der historische Topos des Barbarischen stammt bekanntlich aus der griechisch-römischen Welt. Seither ist es erlaubt, über Geschmäcker zu streiten. Bereits in jenen Tagen ging es ums

56 Motorisierte Rohrbahn für die Geflügelzerlegung, 2001. *Geflügelfleisch ist heute Massenware. Zucht, Brut, Haltung und Schlachtung sind extrem rationalisiert. 1952 lag der Pro-Kopf-Verbrauch von Geflügel bei 1,2 Kilogramm, 2000 sind es 15,2 Kilogramm. In-*dustrielle Großbetriebe verarbeiten am Tag bis zu 120 000 Hühner. **57** Fleischtheke im Supermarkt, 2002. *Die Ansprüche an Fleisch haben sich mit den Jahren geändert, heute soll es möglichst fettfrei sein. Dazu werden fleischbetonte Haustierrassen eingekreuzt,*

Fleisch und um den unkultivierten Lebensstil der keltischen und germanischen Nomadenvölker, deren gesamtes Betriebssystem auf das Tier, vor allem Schweine, Pferde und Rinder, und deren Nutzbarkeit und eben Geschmack eingestellt war. Ganz anders die sesshaften Gesellschaften des Mittelmeers mit ihrer Errungenschaft des Ackerbaus: Den, berichtet Cäsar, betreiben die Germanen wenig; anstelle von Brot und Polenta, Öl und Wein, lediglich in Ausnahmefällen Fleisch und Milch von Schafen oder Ziegen, bestünde »ihre Ernährung zum größten Teil aus Milch, Käse und Fleisch«.[2] Folgerichtig ist in den Ursprungsmythen dieser scheinbar so gegensätzlichen (Speise-)Kulturen einerseits von einem goldenen Zeitalter honigsüßer Genüsse zu lesen, in dem Menschen wie Götter sorgenfrei und gänzlich frugal lebten – während sich die Helden des germanischen Paradieses am unerschöpflichen Fleisch Saehrimnirs stärkten, dem Großen Schwein, das der Mythos als Ursprung des Lebens und als bevorzugte Nahrungsgrundlage bekräftigt: »Dieser Eber wird täglich von neuem gesotten und ist abends wieder heil«, so die *Snorra-Edda*.[3] Dass das Schwein in seiner realen und symbolischen Bedeutung als Schlacht- und Festsau sowie als Sinnbild des Lebens und der Fruchtbarkeit seinen festen Platz ebenso in der griechisch-römischen Mythologie und Kultur hat, ist bei Oskar Panizza nachzulesen.[4]

Doch während und noch lange nach der Invasion des römischen Kulturkreises durch die »barbarischen« Herrscher aus Europas Norden galten

die besonders hochgezüchtet sind. Um mehr Koteletts und anstatt zwei, vier Schinken zu gewinnen, hat ein modernes Hochleistungsschwein eine Rippe mehr und fleischige Schultern.

56

deren fleischlastige Speisevorlieben als geschmacklos und wurden demzufolge umgedichtet. So heißt es in der *Historia Augusta*, einem Biografienkompendium vermutlich aus dem 4. Jahrhundert, dass selbst Claudius Albinus seinen Hang zur Völlerei auf vegetabile Kost beschränkt haben soll, wenngleich das beschriebene Menü aus fünfhundert Sperlingsfeigen, die er nüchtern zu verspeisen wusste, hundert kampanischen Pfirsichen, zehn Ostiamelonen, zwanzig Pfund Labikanertrauben, hundert Feigendrosseln und vierhundert Austern[5] in besonderem Maße an die überladenden, durchaus fleischhaltigen Speisegelage der Zeit erinnert, wie sie etwa Petronius in *Trimalchios Fest* frei nach den üppigen Gelagen am kaiserlichen Hofe für die Nachwelt festgehalten hat.[6]

Ernährungsgeschichtlich war es möglicherweise die Invasion der Germanen, die maßlosen Fleischverzehr im griechisch-römischen Gebiet erst populär machte. Den Zeitraum »reziproker Kulturübernahme« datiert der italienische Ernährungshistoriker Massimo Montanari spätestens auf die Epoche zwischen dem 5. und 6. Jahrhundert zurück. Diätbücher dieser Zeit widmeten sich nun in extenso dem Fleisch und seiner Wirkung auf den menschlichen Organismus, während römische Ärzte wie Cornelius Celsus vormals noch keinen Zweifel hatten, dass Brot das absolut beste Nahrungsmittel sei.[7]

Tatsächlich geht es jedoch weniger um die verzehrten Mengen Fleisch oder um die verklärte Darstellung einer mehr oder weniger vegetabilen

58 Roboter-Eber »MS-Scippy« der Firma Schippers GmbH, Kerken, 2000. *Scippy ersetzt den Eber im Stall, um Sauen für den idealen Moment zur künstlichen Besamung zu erregen. Er grunzt und gibt Eberduft ab, erspart die Haltungskosten eines echten Tiers, ist hygienischer, macht weniger Schmutz und ist ausdauernder und effizienter als ein richtiger Eber. Um die Produktion zu beschleunigen, werden in Bayern beispielsweise 90 Prozent der Rinder und 50 Prozent der Schweine künstlich besamt.* **59** Sprungbock für Eber

58

Ernährungspraxis der Griechen und Römer vor der germanischen Kultur-
vermischung. Offensichtlich ist vielmehr die Bedeutung der »richtigen«
Nahrung[8] für das Selbstverständnis von Kultur und ihrer Frontstellung
gegen fremde beziehungsweise befremdliche Sitten.

Köstlich oder kostbar? Wie nun die Grenzen zwischen dem kostbar-
köstlichen Fleisch verliefen, lässt sich auch aus einer weiteren, zeitlich
weitaus früheren Situation herleiten: der Domestikation jener Tierarten,
mit der nach den ökologischen Umwälzungen der Neolithischen Revolution
vor etwa 10 000 Jahren in Eurasien und Amerika die Basis für ein agra-
risches Wirtschaftsmodell gelegt wurde, und die Versorgung der sesshaft
gewordenen Gesellschaften mit lebensnotwendigen Produkten, darunter
auch mit Fleisch.

Als sprichwörtlich »ältester Freund des Menschen« gilt wohl zurecht
der Hund, der als erster unter den wilden Tieren in den häuslichen Kontext
integriert wurde und nur in Ausnahmefällen im Kochtopf verschwand.
Denn mit seiner Hilfe wurden weitere Tiere, vor allem »einige der kleinen
Wiederkäuer, die von jeher einen wesentlichen Bestandteil der Nahrung
der Vorfahren des Hundes ausgemacht hatten, unter die Aufsicht der Menschen gebracht«.[9] Im Zuge des Übergangs zur Landwirtschaft folgten dann
im Westen Ziege, Pferd, Rind und Schwein sowie unter den Vogelarten
Huhn, Ente, Gans und Taube, im Osten außerdem das Yak, der Wasserbüffel,

der Firma Schippers GmbH, Kerken, 1990er Jahre. Der Sprungbock ersetzt den Geschlechtsverkehr. Er stimuliert den Eber und macht den Natursprung überflüssig. Das gewonnene Sperma des Besamungsebers wird verdünnt und in viele Portionen aufgeteilt. So *kann die Leistung von 20 bis 30 Natursprung-Ebern erbracht werden. Der Gen-Pool hochgezüchteter Rassen ist allerdings durch die wenigen Väter sehr eingeschränkt.* **60** *Moulage »Maul- und Klauenseuche«, Dresden, um 1960.*

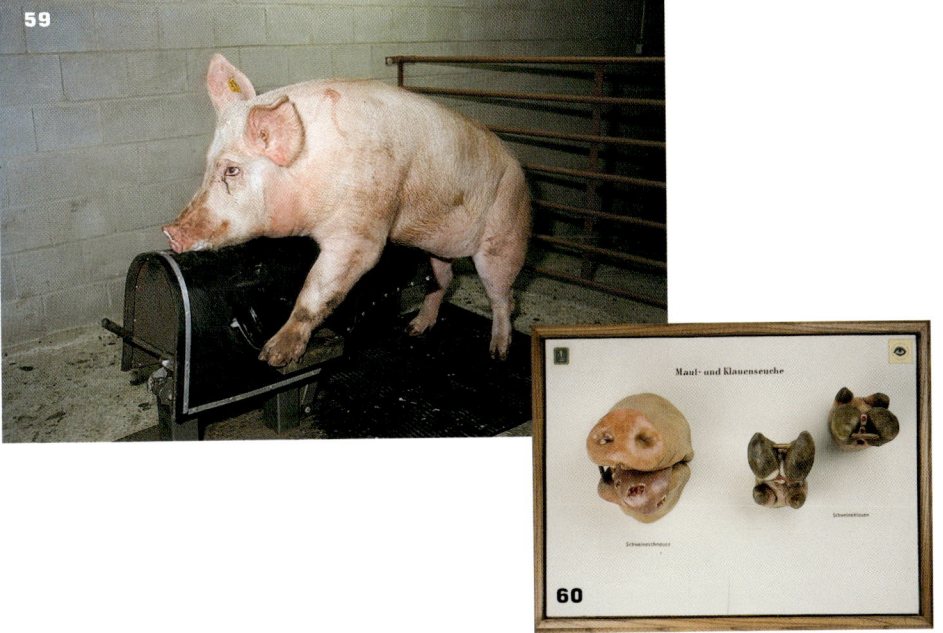

59

60

Gaur, Banteng und der Elefant. Mehrere Faktoren bestimmten die Verwandlung der wilden Tiere in Nutz- und Haustiere: Neben der grundsätzlichen Frage der Domestizierbarkeit entschied der jeweilige Tierbestand darüber, welche Arten in den gesellschaftlichen Produktionsprozess integriert und gezüchtet werden konnten, was wiederum von den anbaufähigen Pflanzenarten für Futterzwecke beziehungsweise dem Ausmaß fruchtbarer Flächen abhing. Vor allem der niedrige Wirkungsgrad bei der Bildung tierischer Biomasse macht die agrarische Fleischproduktion zu einem Rechenexempel, denn »nur ein Achtel bis ein Fünftel der in Futterpflanzen enthaltenen Energie wird letztlich in Fleisch umgesetzt«, sodass ein etwa fünf- bis achtfacher Flächenbedarf im Vergleich zu einer vegetarischen Lebensweise benötigt wird. Der Fleischanteil der Nahrung kann in Agrargesellschaften somit als Indikator für das Maß an Landknappheit und relativer Überbevölkerung gelten.[10]

Für das Agrarzeitalter gilt insgesamt, dass Fleisch nur selten gegessen wurde, meist ausschließlich zu festlichen Anlässen. Sowohl die religiöse Institution des antiken Tieropfers wie die Eingrenzung der essbaren Tierarten auf einige Fleischlieferanten müssen vor dem Hintergrund agrarischer Produktions- und Wirtschaftsweise als Strategien interpretiert werden, den gesellschaftlichen Fleischkonsum unter Kontrolle zu halten. Bis zur Epoche industrieller Produktionsweisen und der schrittweisen Ausgliederung der Tiere aus ihren ehemals zentralen Funktionen als landwirtschaftliche

61 Forschungsprojekt »Automatischer Ruferkenner für landwirtschaftliche Nutztiere«, 2002. *Auf dem wissenschaftlichen Arbeitsgebiet der Bioakustik beschäftigen sich Forscher mit dem Erkennen und Verstehen tierischer Lautäußerungen. Um die artgerechtere Haltung der Nutztiere zu verbessern und die Wirtschaftlichkeit der Betriebe zu erhöhen, entwickelten Wissenschaftler der Bundesforschungsanstalt für Landwirtschaft Braunschweig eine Anlage zur Ruferkennung von Tieren. Das Computersystem erkennt beispiels-*

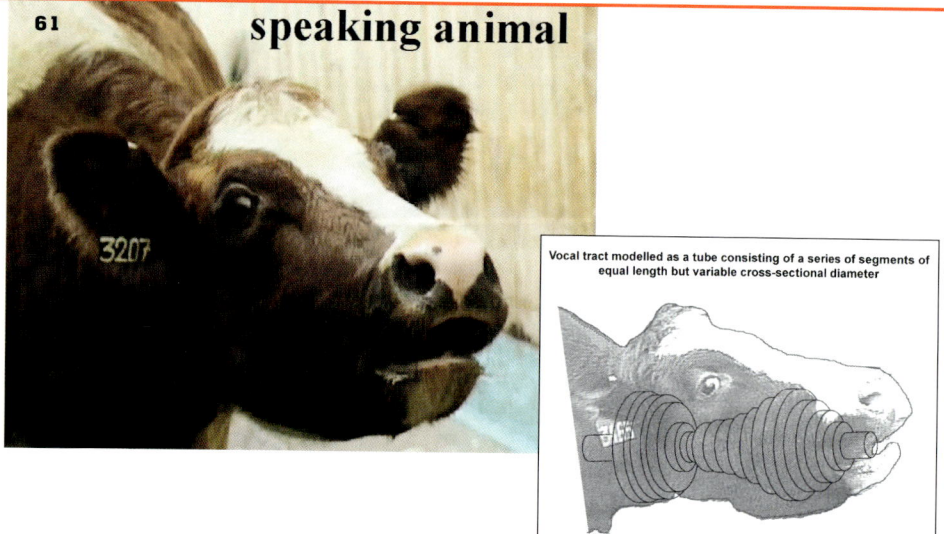

»Arbeitsmaschinen« oder als Lieferanten von Düngemittel und Eiweißprodukten waren Rinder, Pferde, Schafe und Ziegen lebendig von weitaus größerem Wert und Nutzen – ihre uneingeschränkte Verwandlung in Fleischmahlzeiten hätte sich nur über eine Steigerung der vorhandenen Flächen zum Zwecke der Futtermittelgewinnung umsetzen lassen. Doch gerade fruchtbarer Boden ist in sesshaften, agrarischen Kulturen ein hart umkämpftes Gut, das unter dem Druck einer anwachsenden Bevölkerung rasch eine Ertragsgrenze erreicht, die die Aufzucht und Haltung von Tieren rein aus dem Gedanken an ihren Verzehr verbietet. Ob, wie viele und welche Tiere als Fleischlieferanten genutzt werden, bestimmt sich daher innerhalb agrarischer Kulturen nicht zuletzt nach den regionalen Faktoren für eine möglichst effiziente Wirtschaftsweise – Kosten-Nutzen-Abwägungen also, wie sie der amerikanische Kulturtheoretiker Marvin Harris für die Tabuisierung einzelner Arten überzeugend zusammengestellt hat.[11]

So lassen sich gesellschaftlich verhängte Fleischtabus oftmals mit historischen Phasen einer ökologischen Mangel- oder Krisensituation in Verbindung bringen. Ein bekanntes Beispiel hierfür sind die weißen Kühe Indiens: Die Tabuisierung ihres Fleisches fiel etwa 600 v. Chr. zeitgleich mit dem Entstehen des Buddhismus in eine Epoche, in der sich die Lebensverhältnisse der Menschen durch Kriege, Überschwemmungen und Hungersnöte rapide verschlechtert hatten. Vor diesem Hintergrund erkannte Gautama Buddha die brahmanische Opferpraxis der vedischen Periode als Grund

weise Rufe von Kühen aufgrund von »verspätetem Melken«, »Hunger« und »Brunft« und ermöglicht so eine bessere automatisierte Überwachung. **62** *Kälbertrinkeimer Typ K der Firma Schippers GmbH, Kerken, 1990er Jahre. Die Zitze am Eimer soll den Euter der* *Mutterkuh ersetzen. Die meisten Kälber erhalten heute nach der Erstmilch als Ersatznahrung so genannten industriellen Milchaustauscher, der neben Milcheiweißen auch mit tierischen Fetten angereichert ist.*

62

für die herrschende soziale Not, sodass das Verhängen eines Schlachtverbots ein wirksames Sofortprogramm zur Bewältigung der Krise war.

Während im Hinduismus die Kuh als Gefährtin der Götter und Symbol für Leben und Fruchtbarkeit, als Mutter des leistungsstärksten Zugtiers für indische Böden und Klimaverhältnisse, verehrt wird, gehört das Schweinefleischverbot in den jüdischen und islamischen Kulturkreis. Gesellschaftliche Kosten-Nutzen-Erwägungen und Gründe wie die geringe Haltbarkeit von Schweinefleisch in heißen Ländern und die Anfälligkeit des Allesfressers für Krankheitserreger aller Art, die sich auf den Menschen übertragen können, mögen in den mittelöstlichen Regionen zu den bekannten Speisevorschriften des Korans und des Alten Testaments geführt haben, die bis heute von streng gläubigen Muslimen und orthodoxen Juden befolgt werden.

Die mitteleuropäische Kultur kennt dagegen kaum religiös verankerte Fleischverbote. Von den Einschränkungen der zum Verzehr bestimmten Tierarten, die im Wesentlichen in den fünf Büchern Mose festgehalten sind, erhielt sich im Christentum vor allem die Abneigung gegen Pferdefleisch. Der Zeitpunkt, an dem das Pferd als Fleischquelle ausschied, ist wahrscheinlich durch den Übergang zu einer landwirtschaftlichen, sesshaften Lebensweise markiert, denn von nomadisch lebenden Völkern ist bekannt, dass sie sich auf Pferden fortbewegten und dass sie diese aßen. Als landwirtschaftliche Nutztiere haben Pferde jedoch im Vergleich zu Ochsen einen entscheidenden Nachteil: Ihre Haltung ist sehr kostspielig. Bereits

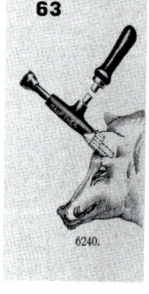

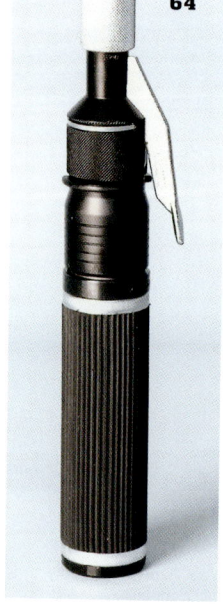

63 Federschlagbolzen-Apparat, 1929. *Bis heute ist es nicht möglich, Großtiere wie Schweine und Rinder vor dem Schlachtprozess maschinell zu töten oder zu betäuben. Kein Tier gleicht dem anderen – sie entziehen sich daher dem ansonsten weitgehend technisierten Prozess. Das Betäuben und Töten bleibt ein Akt zwischen Mensch und Tier. Seit Anfang des 20. Jahrhunderts werden dafür vor allem Bolzengeräte benutzt wie zum Beispiel dieser Federschlagbolzen-Apparat.* **64** Bolzenschussapparat ME, 2001. *Das Gerät schießt*

früh begann man aus diesem Grund, die natürlichen Vorteile der Rinder für den Ackerbau durch Züchtung zu verbessern, während das schnelle und lernfähige Pferd vor allem im Krieg eingesetzt wurde.[12] Seine militärische Funktion wurde durch die symbolische Bedeutung – zur Repräsentation und als Zeichen von Macht und Reichtum – ergänzt.

Zur Logik von Fleischtabus Was als Tabu eingestuft wird, variiert nach Kulturkreisen. Der Einteilung in essbare und verbotene Tiere liegt vielfach jenes anthropozentrische Klassifikationsprinzip zugrunde, nach dem all die Tiere von der Speisekarte gestrichen werden, die dem Menschen besonders nahe stehen und Teil des häuslichen Bereichs sind, oder aber jene, die als besonders niedrig und dem Menschen fern stehend eingestuft werden. Lieblingstiere wie Hund und Katze sind daher hierzulande tabu, und auch für den Insektenverzehr lassen sich eher literarische Nachweise finden; man denke etwa an die abnormen Gelüste des Dr. Katzenberger bei Jean Paul.

Bei einem kurz- seltener auch langfristigen Wandel der Fleischvorlieben können historische Not- und Ausnahmesituationen eine Rolle spielen. Sie erklären ebenso die Überschreitung von Nahrungstabus wie die soziale Rolle des Geschmacks als Mittel der Abgrenzung gegen die gängigen Nahrungsgewohnheiten. So konnte beispielsweise der Genuss von Pferdefleisch eine ganz besondere Kostbarkeit darstellen. Denn immer schon

einen etwa zehn Zentimeter langen Bolzen in den Schädel des Tiers. Der Schuss führt zu sofortiger Bewusstlosigkeit, nicht aber zum Tod. Um blutfreies Fleisch zu erhalten, muss das Herz des Tiers zur Entblutung noch schlagen. Sofern dies innerhalb von 60 Sekunden geschieht, gelangt das Tier nicht mehr zu Bewusstsein. **65** Spalt-Bandsäge für die Rinderzerlegung, 2001. Die halbautomatische Bandsäge dient dem Halbieren von Rindern. Fleischverarbeitung erfolgt heute weitgehend automatisch – von der Schlach-

65

kam es auch darauf an, wer zu Tische bat, wie das Beispiel des französischen Marschalls Louis François Herzog von Boufflers aus dem Jahre 1708 illustriert, der als Zeichen der Hochachtung und Anerkennung seiner Ebenbürtigkeit seinen Gegner Prinz Eugen von Savoyen bei der Übergabe der Zitadelle von Lille zu einem Diner einlud, bei dem das Pferd des Marschalls gemeinsam verspeist wurde.[13]

Tatsächlich konnte das »Filet Pegasus« vor allem in protestantischen Ländern beziehungsweise im nachrevolutionären Frankreich spätestens seit dem 19. Jahrhundert wieder zu einer Delikatesse aufsteigen. Für den letzteren Fall mag die Zeit der Belagerung von Paris 1871, in der zwischen 60 000 und 70 000 Pferde geschlachtet und verzehrt worden sein sollen, dem herrschenden Speisecodex entgegengewirkt haben.[14]

Die einen aus Zwang, die anderen aus freien Stücken – Armut und Reichtum erweitern gleichermaßen den Begriff der Essbarkeit, was anhand der wechselhaften, exotischen Fleischvorlieben der Aristokratie im 18. Jahrhundert ebenfalls bestens belegt werden könnte.[15] Der zeitgenössische europäische Fleischesser scheint dagegen trotz kurzzeitiger, seuchenbedingter Notstände in der Fleischversorgung eher konservativ eingestellt zu sein. Wenn überhaupt, dann werden wir nicht auf den Hund kommen, sondern – wie die Reaktionen auf den BSE-Skandal gezeigt haben – auf Straußen oder gar Krokodile.

tung bis zum Fertigprodukt. Eine Vollautomatisierung ist bisher noch nicht möglich, für komplexere Abläufe und um die Tiere individuell den Maschinen anzupassen, bleibt menschliche Arbeitskraft unersetzlich.
66 Schnitt durch das Gehirn einer Kuh mit BSE, Ve- *terinärpathologie der Universität Zürich, 2002. BSE-spezifische Veränderungen im Gehirngewebe. Flüssigkeitsgefüllte Bläschen lagern sich innerhalb von Nervenzellen ab (Pfeile). Daneben sieht man unveränderte Nervenzellen (Pfeilspitzen).*

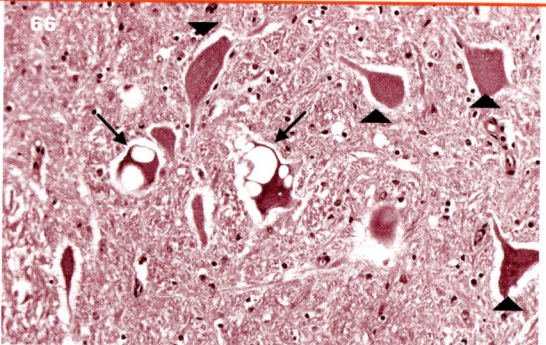

Gentechnologie und die Chimären des Labors
Veränderungen im Konzept des Experiments

Hans-Jörg Rheinberger

Die Geschichte des genetischen Versuchs ist immer auch eine Geschichte der Versuchung gewesen. Das Vererbungsexperiment war seit jeher ein Spiel mit der Grenze zwischen den Arten und mit der Plastizität der Arten selbst. Carl von Linné kennen wir als den Begründer der modernen botanischen Nomenklatur und Verkünder der Artkonstanz. Er hat aber nicht nur ein Pflanzensystem entwickelt, das auf den Sexualorganen der Gewächse aufbaute, sondern er hat in seinen späteren Jahren auch eine Art Evolutionstheorie vertreten: Sie beruhte auf der Annahme, dass neue Arten durch Bastardierung aus bereits vorhandenen entstehen können. Das blieb bei ihm jedoch weitgehend Konjektur und Spekulation. Keiner aber hat so wie Linnés etwas jüngerer Zeitgenosse Joseph Gottlieb Kölreuter das Thema um die Mitte des 18. Jahrhunderts von der experimentellen Seite her aufgegriffen. Der Sulzer Gelehrte wies in einer Reihe von Nachrichten

7 – Opfer und Lebensspender In frühen Religionen nutzten die Menschen Tieropfer als rituelle Gabe an eine Gottheit, verbunden mit der Erwartung einer Gegenleistung. Heute sind es die Naturwissenschaften, die – zu einer Art Ersatzreligion geworden – Tiere in Erwartung des medizinischen Fortschritts opfern. Die weitgehende Übereinstimmung auf der Ebene einzelner Gene, Zellen oder Organe mit denen des Menschen prädestiniert bestimmte Tierarten zu Testobjekten. Diese werden in der Forschung oft als »Modellsysteme« bezeichnet – ein Ersatz für das ethisch nicht vertretbare Menschenexperiment. Inzwischen ermöglichen neue Simulationsverfahren, den Verbrauch an Versuchstieren zu reduzieren. Experimente werden zum Beispiel in

über das Geschlecht der Pflanzen ausdrücklich darauf hin, dass in den systematisch angelegten botanischen Gärten Nachbarschaften zwischen Pflanzen geschaffen wurden, die in der Regel in der freien Natur nicht bestanden. Das Ergebnis waren zuweilen Mischwesen, von denen Linné bereits einige beschrieben hatte, die aber erst Kölreuter unter gezielte experimentelle Kontrolle zu bringen suchte. Dabei war als Ausgangspunkt immer noch das Bemühen mitgedacht, das Vorhandensein von Sexualität im Pflanzenreich definitiv unter Beweis zu stellen. So führte der Weg im 18. Jahrhundert vom *lusus naturae* der Antike mit seinen exuberanten Misch- und Fabelwesen über das Quasi-Experiment, das sich aus der Anlage eines botanischen Gartens ergab, schließlich zum Kreuzungsexperiment, wie es dann für beinahe zweihundert Jahre die experimentelle Naturgeschichte und noch die klassische Genetik des beginnenden 20. Jahrhunderts begleiten sollte.

Im September 1761 berichtete Kölreuter aus der Akademie der Wissenschaften, St. Petersburg, es sei ihm endlich gelungen, bei zwei »verschiedenen Gattungen eines natürlichen Geschlechts«, den Tabakpflanzen Nicotiana paniculata und Nicotiana rustica, eine künstliche Befruchtung durchzuführen. Stolz verkündete er, die hybride Pflanze sei »im eigentlichen Verstande ein wahrer, und, so viel mir bekannt ist, der erste botanische Maulesel«, der durch die Kunst, und das heißt durch das Experiment hervorgebracht worden sei. Später unterstrich er die Einzigartigkeit seiner

67 Virtueller Tierversuch »SimMuscle«, 1997. *Mit Hilfe des von der Firma Thieme entwickelten Programms lassen sich virtuell Froschmuskelstränge freilegen. Als Alternativ- und Ergänzungsmethoden zu Tierversuchen in der Lehre werden heute weltweit Software-simulationen eingesetzt. Um sich von ethischen Bedenken zu befreien, können Studenten realistische Versuchsbedingungen am Computer herstellen.* **68** Spalteholzpräparat »Frosch«, um 1960 **69** »Untersuchungen über Thierische Elektricität« von Emil Du Bois-

Zellkulturen oder virtuell per Computer durchgeführt. Andererseits steigert die Genforschung den Bedarf an Versuchstieren, denn jedes neu entdeckte Gen zieht eine ganze Reihe von Experimenten nach sich, die nur mit lebenden Tieren möglich sind.

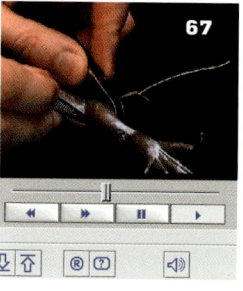

Entdeckung noch einmal: »[…] es ist aber meines Wissens noch niemand eingefallen, dass es möglich wäre, eine Pflanze in die andere, oder ein Thier in das andere zu verwandeln.«[1]

Was hatte Kölreuter gemacht? Er hatte eine Tabakhybride zwischen zwei nahe verwandten Arten erzeugt und diese so lange mit dem väterlichen Elternteil rückgekreuzt, bis er schließlich nach etlichen Generationen eine neue Mutterpflanze vor sich hatte, die der Vaterpflanze zum Verwechseln ähnlich war. Und was ihm mit seinen Pflanzen gelungen war, das hielt er auch im Tierreich für möglich: »Warum sollte man zum Beispiel einen Kanarienvogel nicht in einen Hänfling verwandeln können?«[2] Aufgrund seiner Erfahrungen mit Pflanzen und seiner parallel angestellten Vermutungen über Tiere gab Kölreuter den Alchemisten schließlich den Rat, es mit ihren Transmutationsversuchen doch auch so zu halten wie er und anstatt alles auf einmal haben zu wollen, es lieber schrittweise und mit Geduld zu versuchen.

Kölreuter wird Joseph Gärtner gekannt haben, der wie er selbst in Tübingen Medizin studierte und der ebenfalls einige Jahre, und zwar als Botanikprofessor, Direktor des Botanischen Gartens und des Naturalienkabinetts der Kaiserlichen Akademie der Wissenschaften in St. Petersburg verbrachte, bevor er sich als Privatgelehrter im württembergischen Calw zur Ruhe setzte. Doch erst sein Sohn Carl Friedrich Gärtner setzte ab 1825 Kölreuters experimentelle Bastardforschung fort. Seine *Versuche und Beobach-*

Reymond (1818–1896), 1848. Im 19. Jahrhundert entdeckten die Naturwissenschaften elektrische Phänomene im Organismus. Das Bild zeigt eine Anordnung zur elektrischen Reizung des Rückenmarks am lebenden Frosch. Der berühmte Physiologe Emil Du Bois-Reymond schrieb dazu: »Man kann sagen, wo es Frösche gab, und wo sich zwei Stücke ungleichartigen Metalls erschwingen ließen, wollte Jedermann sich von der wunderbaren Wiederbelebung der verstümmelten Gliedmaßen durch den Augenschein überzeugen.«

68

Frosch

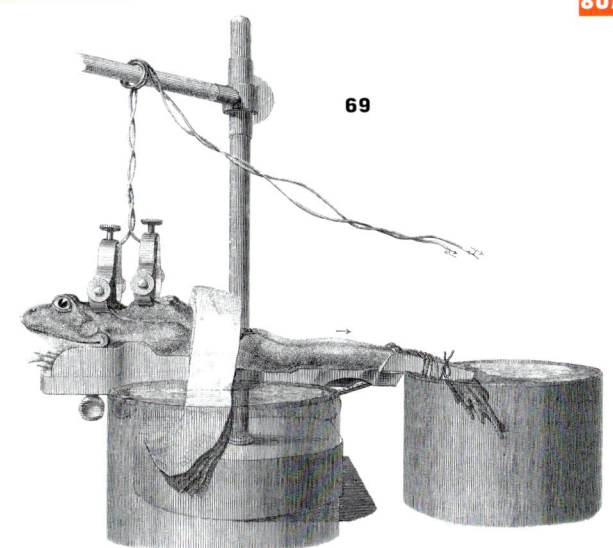

69

tungen über die Bastarderzeugung im Pflanzenreich von 1849 fassen die Ergebnisse Tausender von Kreuzungsversuchen zusammen, die er in seinem Privatgarten in Calw anstellte. Gärtner steht beispielhaft für die über das ganze 19. Jahrhundert hinweg betriebenen Bastardierungsversuche in naturhistorischer Absicht: Das hieß zumeist, auf der Suche nach Grenzen zu sein – jene Grenzen zu erkunden und möglichst weit hinauszuschieben, die die Natur der Möglichkeit gezogen hatte, unterschiedliche Arten zur Erzeugung von Nachkommen zusammenzuführen.

Gärtners Experimente waren allerdings eher aus der Sicht der Züchter angestellt. So beteiligte er sich 1838 an einem Preisausschreiben der Holländischen Akademie der Wissenschaften zu Haarlem, die wissen wollte, was die Befruchtung von Pflanzen mit Pollen anderer Sorten uns lehre und welche neuen Sorten gegebenenfalls dadurch erzeugt werden konnten.[3] Gärtner fiel in diesem Zusammenhang auf, dass man zwar in der Regel einheitliche Ergebnisse in der ersten Bastardgeneration erzielen konnte, dass unglücklicherweise jedoch in der Folgegeneration unter den Nachkommen ein, wie er sich ausdrückte, »unbestimmtes Wogen« statt hatte, das den züchterischen Bemühungen zu schaffen machte: Es war nicht leicht, neue Sorten mit konstanten Eigenschaften zu erzeugen. Man hatte jedoch einen interessanten Perspektivenwechsel vollzogen. Kölreuter hatte die Konstanz der Artformen, wie sie von Linné propagiert wurde, nicht angezweifelt, war aber fasziniert von dem Gedanken, eine gegebene Art-

70 »Der innersektorische Einfluss der Keimdrüsen auf die Körperentwicklung«, Glasplattendiapositiv, um 1923. *In Anlehnung an die berühmten Versuche von Prof. Steinach machte Prof. Brandes in Dresden mit Experimenten an jungen Meerschweinchen deut-* *lich, wie stark das gesamte Aussehen durch die Keimdrüsen bestimmt wird. Durch Kastration oder das Einpflanzen von Keimdrüsen erfuhren die Tiere fast vollständige Geschlechtsumwandlungen. Die Versuchsergebnisse ließen Rückschlüsse auf die Funktion der*

70

Normaler Bruder   2 Feminierte Brüder   Kastrierter Bruder

form in eine andere überführen, »transmutieren«, zu können. Gärtner hingegen war im Prinzip an neuen, konstant weiter vererbbaren Formen interessiert, die man durch Bastardierung hervorbringen konnte. Das Herstellen von Hybriden wurde zu einem Geschäft der Züchterpraxis; der dazugehörige Blick richtete sich auf das Detail und die einzelne Eigenschaft.

Diesen Blick hatte auch der Augustinerpater Gregor Mendel in Brünn, der das unbestimmte Wogen der Gärtnerschen Experimente in seinem Versuchsgarten bekanntlich mit seinen groß angelegten Erbsenversuchen in den 1860er Jahren zugunsten nur statistisch erfassbarer, aber konstanter Zahlenverhältnisse auflöste. Die Mendelschen Experimente wurden zunächst in ihrer prospektiven Bedeutung unterschätzt; erst dreieinhalb Jahrzehnte später, zu Beginn des 20. Jahrhunderts, avancierten sie mit den Arbeiten von Carl Correns in Tübingen, Hugo de Vries in Amsterdam, Erich Tschermak in Wien und William Bateson in Cambridge zum Ausgangspunkt der klassischen Genetik und zu einem Jahrhundertereignis in der Biologiegeschichte. Die experimentelle Einengung auf wenige alternative Merkmalspaare in diesen Versuchen und die Notwendigkeit, die Ergebnisse auf der Basis großer Zahlen auszuwerten, lenkte die Auswahl der Versuchspflanzen und Versuchstiere zwangsläufig in Richtung auf genetisch eng verwandte Varianten. Sie waren auch sicher bei der künstlichen Befruchtung zu handhaben. Mendel bezog seine Pisum-Sorten aus einer lokalen

*Geschlechtsdrüsen beim Menschen zu. **71** »Gläserner Wurm« Caenorhabditis elegans, 2002. Der nur ein Millimeter lange Wurm ist das erste mehrzellige Lebewesen, dessen Erbgut vollständig aufgeschlüsselt wurde. Etwa 40 Prozent der zirca 19 000 Gene des Wurms sind auch beim Menschen vertreten. Mithilfe der Gentechnik werden gezielt einzelne Gene abgeschaltet oder verändert, um herauszufinden, welche Auswirkungen diese Manipulationen auf seinen Organismus haben. Bis heute hat man etwa eine halbe Million verschie-*

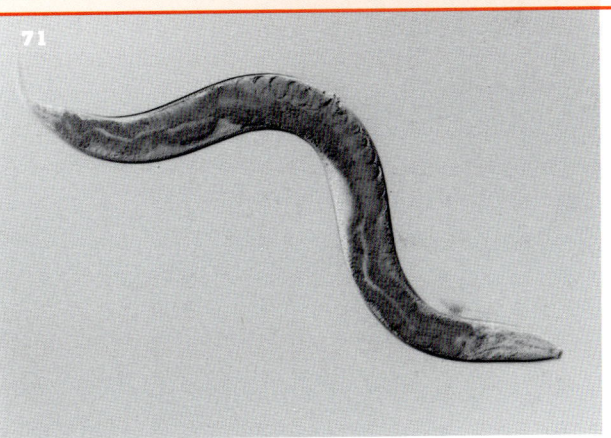

71

Samenhandlung. Die alte Fragestellung nach der Reichweite der Artgrenzen löste sich im experimentellen Raum der sich etablierenden formalen Genetik weitgehend auf. In eigenartiger Parallele dazu, aber in gegenläufiger Richtung, wurde im sozialpraktischen und ideologischen Raum der um die Jahrhundertwende zur gesellschaftlichen Bewegung werdenden Rassenhygiene der Abgrenzungsgedanke auf die Spitze getrieben und die »Vermischung« von Menschenrassen zu einem biologischen Menschheitsproblem hochstilisiert.

Die Labors und Versuchsfelder der klassischen Genetik brachten eine neue Art von Versuchstieren und Versuchspflanzen hervor. Um ihre experimentelle Praxis erfolgreich zu gestalten, benötigten sie standardisierte, genetisch homogene Stämme, die mit den entsprechenden konstanten Merkmalen ausgestattet waren. Die Fruchtfliege Drosophila von Thomas Hunt Morgan, die Nachtkerze Oenothera von Hugo de Vries, die Mehlmotte Ephestia von Alfred Kühn, das Löwenmäulchen Antirrhinum von Erwin Baur oder die Maissorten von Barbara McClintock, aber auch die Mäuse des Jackson Laboratory sind Beispiele für diese neue Art von Labortieren und Versuchspflanzen, kurz Experimentalorganismen, die in Massen gehalten werden konnten, die sich möglichst rasch und zahlreich vermehrten und deren Mutanten sich gegenüber den Wildtypen deutlich unterschieden und teilweise wie Monster ausnahmen. Viele von ihnen waren gerade noch unter den künstlichen Bedingungen lebensfähig, unter

dener Mutanten des Wurms erzeugt. Evolutionsbiologen, Gentechniker und Neurobiologen benutzen sie als »Modelltiere«, um Rückschlüsse auf den Menschen zu ziehen. **72** Bluttransfusion vom Tier zum Menschen, Falttafel aus der »Chirurgie« von Lorenz Heister, 1724. Die Transfusion von Tierblut auf den Menschen wurde im 17. und nochmals im 19. Jahrhundert von einigen Ärzten in Europa unternommen. Bei der Überschreitung der Artgrenze glaubten sie an das Prinzip der Eigenschaftsübertragung vom Tier auf

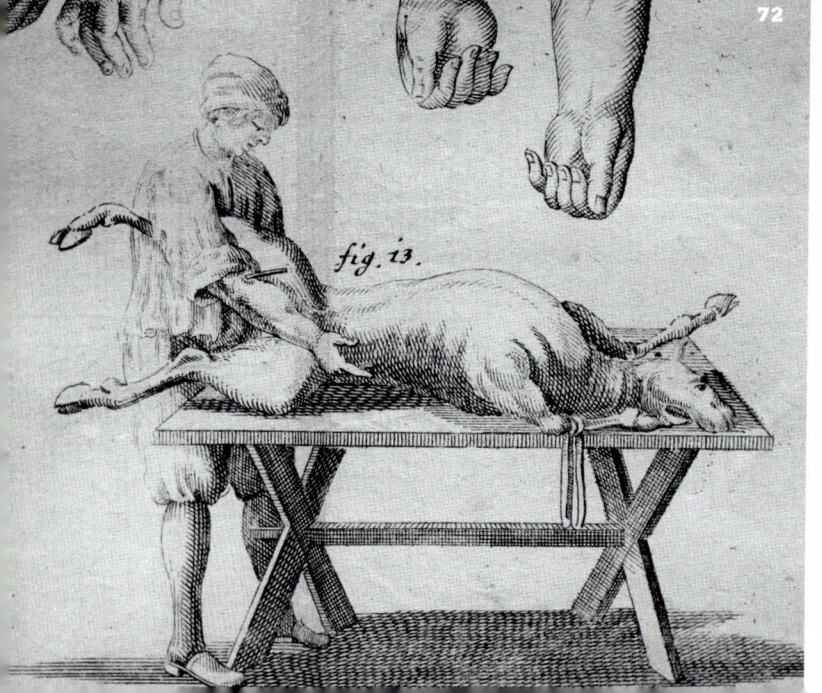

72

fig. 13.

denen sie in Zucht gehalten wurden. Der Fliegenraum von Morgan an der Columbia University in New York verkörperte den Stil dieser Arbeit in legendärer Form.

Die molekulare Genetik, die sich in den späten 1930er und in den 1940er Jahren anschickte, die klassische Genetik abzulösen, entwickelte noch einmal ein ganz anderes experimentelles Regime. Die Organismen wurden immer kleiner und vermehrten sich immer schneller: Man spezialisierte sich auf Pilze und Bakterien, die man in Petrischalen halten konnte. Dazu kamen die noch kleineren Viren wie das Tabakmosaikvirus und Phagen wie die der T-Serie. Die Nachweismethoden waren indirekt, da man den einzelnen Organismus mit dem bloßen Auge oder mit dem einfachen Mikroskop gar nicht mehr wahrnehmen konnte. Bakterien ließ man auf Nährmedien in Petrischalen wachsen. In großer Verdünnung aufgetragen, bildeten einzelne Zellen durch fortgesetzte Teilung sichtbare Kolonien. Phagen »fraßen« in einen gleichmäßig aufgetragenen Bakterienrasen Löcher. Die Maschinen hingegen, mit denen man die molekulare Struktur der Gene aufzuklären hoffte, wurden zunächst immer größer und begannen, einen mächtigen außerorganismischen Raum aufzuspannen, in dem die Zellen in ihre Bestandteile zerlegt und die Bestandteile voneinander isoliert werden konnten. In diesem Raum analytischer Instrumentierung sollten die an der Vererbung beteiligten Moleküle ihre physikalische und chemische Gestalt zur Darstellung bringen. Zu den Geräten, die zum Ein-

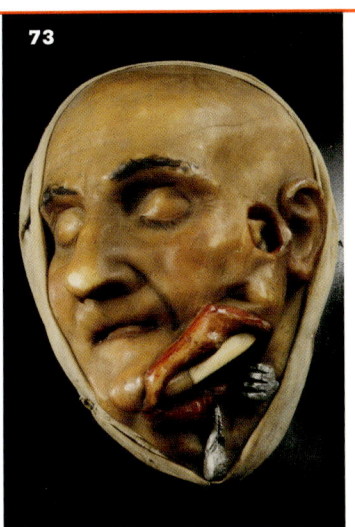

73

satz kamen, gehörten Röntgenstruktur-Analysatoren, analytische und präparative Ultrazentrifugen, Elektrophorese-Apparaturen, Elektronenmikroskope und Isotopenmessgeräte.

Die Struktur- und Funktionsaufklärung der an der Vererbung beteiligten Makromoleküle und Molekülkomplexe – unter ihnen DNAs, Boten-RNAs, Transfer-RNAs und Polypeptide, Operonen und Ribosomen, Polymerasen und Nukleasen, Restriktionsenzyme und Plasmide – erschloss eine völlig neue Welt molekularer Maschinen. Es war gewissermaßen ein molekulargenetischer Teilchenzoo, der sich in den Reagenzgläsern der Molekularbiologen breit machte. Für eine Weile schien es so, als wären die Lebewesen, mit denen sie umgingen, die sich selbst schon irgendwo an der Grenze zur Unsichtbarkeit bewegten und denen das alles entnommen war, als bloße Hüllen zum Verschwinden gebracht.

Das änderte sich schlagartig, als man in den 1970er Jahren begann, die soeben identifizierten molekularen Maschinen dazu zu nutzen, Erbmaterial verschiedener Organismen miteinander zu kombinieren und es in eigens dafür hergerichteten Bakterienstämmen umzusetzen, zu exprimieren. Zunächst waren diese molekularen Chimären Plasmide, Kombinationen aus bakteriellen Antibiotika-Resistenzgenen, Genen von Viren und schließlich auch genetischem Material höherer Organismen einschließlich des Menschen. So genannte rekombinante DNA wurde in diesen kleinen, ringförmigen Extrachromosomen in dafür geeigneten Bakterienstämmen ver-

74 Spalteholzpräparat »Herz mit Herzkranzgefäßen«, um 1960. *Xenotransplantation bezeichnet die Verpflanzung lebender tierischer Zellen, Gewebe und Organe in den Menschen. Menschen können durch ein Xenotransplantat zu einer Chimäre werden. Man versucht heute, Tiere gentechnisch so zu verändern, dass ihre Organe auf den Menschen übertragbar werden. Die Entwicklungen im Bereich der Xenotransplantation stehen noch am Anfang , werfen aber schon jetzt ganz neue bioethische Fragestellungen auf.* **75** »Baby

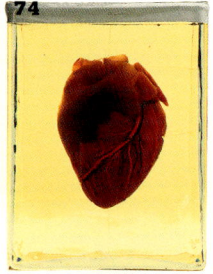

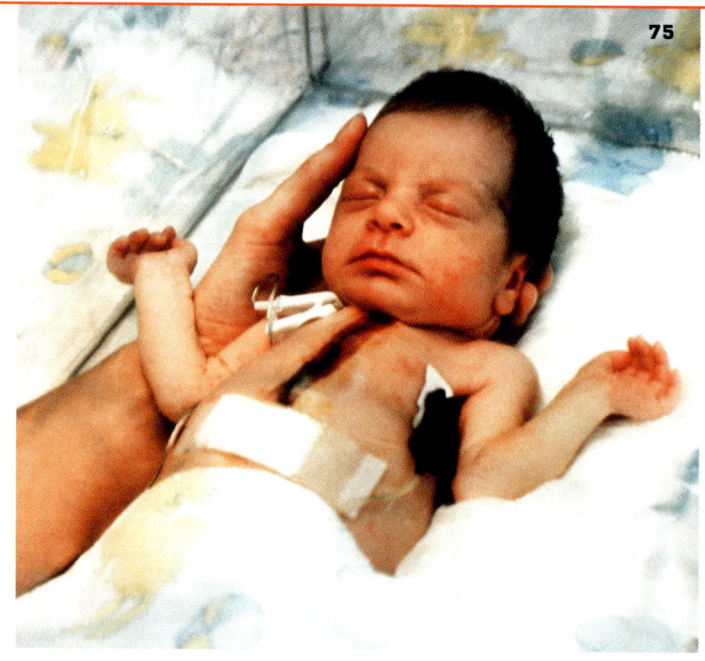

mehrt, das heißt kloniert. Die gentechnische Herstellung menschlichen Insulins ist das in diesem Zusammenhang immer wieder genannte Beispiel. Diese bakteriellen genetischen Mischwesen lösten eine weltweite Risikodebatte aus. Ein zunächst von beteiligten Wissenschaftlern selbst ausgerufenes Moratorium hatte allerdings nur kurzen Bestand. Gentechnisch veränderte Bakterien und Viren hielten bald Einzug in die molekularbiologischen Laboratorien sowie in die biotechnologisch-mikrobiologische Industrie.

Noch einmal veränderte sich damit der Experimentalraum der Genetik. Die Herstellung und Darstellung neuer Makromoleküle, insbesondere neuer Gene und Genkombinationen wurde in den zellulären Organismus zurückverlegt. Die Zelle selbst wurde damit gewissermaßen zum Produktionsraum, zur molekularen Fabrik, und zwar unter Ausnutzung der maßgeschneiderten makromolekularen Instrumente, die die biologische Evolution selbst zur Verfügung gestellt hatte. Den neuen Zugang zur Ebene der genetischen Instruktion und den entsprechenden Möglichkeiten der Zurichtung von Organismen hat David Jackson, Wissenschaftler beim Pharmaunternehmen DuPont Merck, anlässlich des 40. Jahrestages der Beschreibung der DNA-Doppelhelix durch Watson und Crick, in folgende Worte gefasst: »Ich möchte behaupten, dass die Fähigkeit, die DNA zu lesen, zu schreiben und zu redigieren etwas in der bisherigen Geschichte der Menschheit nicht Dagewesenes darstellt. Alles, was wir vorher zu tun

Fae«, das erste Baby mit dem Herzen eines Affen, 1984. *Baby Fae machte 1984 Schlagzeilen: Es wurde mit einem Herzfehler geboren und erhielt als erstes Neugeborenes ein Pavianherz-Transplantat. Seine Lebensdauer konnte dadurch jedoch nur um 20 Tage* *verlängert werden.* **76** Maria, 1998, Fleischskulptur, Iris Schieferstein (geb. 1966)

76

in der Lage waren, ist, zwischen verschiedenen Genkombinationen zu wählen, welche uns die Mechanismen der Genetik zuspielten. Und obwohl wir leistungsfähige und ausgeklügelte Selektionsverfahren entwickelt haben, ist doch die Auswahl zwischen einer Gruppe von Alternativen, über die man so gut wie keine Kontrolle hat, ganz und gar nicht zu vergleichen mit der Fähigkeit, seinen eigenen Text zu schreiben und zu bearbeiten.« Und er fügte hinzu: »Die Fähigkeit, DNA zu schreiben und zu editieren, ist die Grundlage für synthetische und kreative Möglichkeiten in der Biologie, die bisher nicht existiert haben.«[4] Diese Schrift- und Textmetaphern sind heute allesamt in leistungsfähigen Technologien implementiert: das Lesen als automatisierte DNA-Analyse; das Schreiben als automatisierte DNA-Synthese; das Kopieren als automatisierte Polymerase-Kettenreaktion; das Redigieren als gezieltes Verändern von Genabschnitten durch Punktmutation, durch Auslassen, Umkehren und Verdoppeln von Nukleotiden. Deren Produkte aber werden in der Zelle selbst getestet.

In den vergangenen zwanzig Jahren haben diese »synthetischen und kreativen Möglichkeiten« in den Bereich der höheren Lebewesen zurückgegriffen. Gentechnisch veränderte Pflanzen wie Mais und Soja werden längst großflächig angebaut. Systematische entwicklungsgenetische Studien mit dem kleinen Wurm Caenorhabditis, der Fruchtfliege Drosophila, dem Zebrafisch, der Maus, dem Unkraut Arabidopsis haben einerseits durch die Herstellung von Ausfallmutanten mit einer lückenlosen Serie

8 – Die zweite Haut Irgendwann verlor der Mensch seine Haare und war nackt. Seitdem bedient er sich der Haut, der Federn und des Fells anderer Arten. Diese Entwicklung war ein entscheidender Schritt in der Evolution des Menschen. Dahinter verbarg sich sehr wahrscheinlich der Zweck, Überhitzung bei der anstrengenden, lebenswichtigen Jagd zu vermeiden. Das Schwitzen und die damit verbundene Temperaturkontrolle stellt sich als Geniestreich der Evolution heraus. Beim Menschen ist es in einzigartiger Weise perfektioniert. Die Erfindung der Kleidung

von Monstern für jeden Verzweigungspunkt in der Embryonalentwicklung belegt, was schief gehen kann. Aus dem Mangel kann der genetische Entwicklungsbedarf erschlossen werden. Andererseits zeigt der Austausch von Genen zwischen evolutionär sehr weit auseinander liegenden Kreaturen wie Fliege und Maus, dass tief in die genetische Hierarchie eingebettete homologe Gene sich oft immer noch gegenseitig ersetzen können. Ein die Augenentwicklung auslösendes Gen der Maus funktioniert in Drosophila, wo es die Ausbildung ganz anders gebauter, aber eben Lichtsinnesorgane anstößt. Transgene Organismen bevölkern längst die Forschungslaboratorien, Tierställe und Äcker. Und sie zeigen, welche chimärenhaften Eigenschaftskombinationen möglich sind. Mischwesen am einen, Klone am anderen Extrem: Aus Körperzellen etwa von Schafen durch Kernübertragung in eine Eizelle hervorgebrachte neue, genetisch weitgehend identische Individuen haben der Bedeutung dessen, was wir unter Klonieren verstehen, ein neue Perspektive gegeben. »Dolly« steht für die Möglichkeit, den genetischen Zufall in der Vermehrung höherer Organismen zugunsten einer gänzlich homogenen Nachkommenschaft auszuschalten. Dieses Verfahren betrifft nicht mehr die Grenze zwischen den Arten, sondern zwischen den Generationen.

Vor dem Hintergrund der frühen Hybridenforschung und klassischen Genetik wird so erst deutlich, was das molekularbiologische und reproduktionsmedizinische Experimentierarsenal an neuen Laborformen von

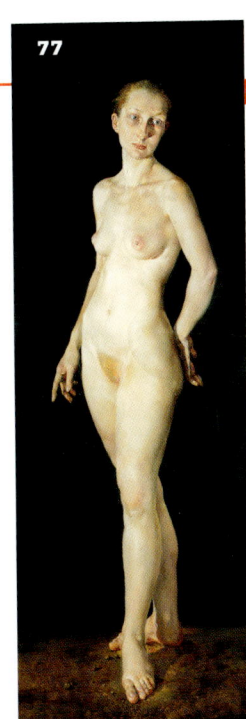

77 Erinnerung an Cranach I, 1997, Christoph Wetzel (geb. 1945)

bot Schutz vor Nässe, Kälte und Hitze. So konnte sich der Mensch über alle Klimazonen der Erde verbreiten. Längst bedienen wir uns der Kleidung nicht mehr nur zum Schutz. Sie dient der Selbstinszenierung und der Repräsentation. Und sie befriedigt das Verlangen nach Luxus wie nach Verwandlung und veränderter Selbstwahrnehmung in einer anderen Haut.

Experimentalorganismen, an neuen Grenzziehungen und Grenzverwischungen hervorgebracht hat. Zukunftsapologeten wie Freeman Dyson gehen längst davon aus, dass es nur eine Frage der Zeit ist, bis die Menschen sich selbst zum Gegenstand ihrer Gentechnik machen werden. »Zu Hause nach eigenen Vorstellungen reprogenetisch behandelte Kinder zu bekommen wird vielleicht eines Tages ein ebenso beliebtes Hobby sein wie heute das Desktop-Publishing.«[5] So und ähnlich lesen sich Dysons Ideen über wissenschaftliche Innovationen und Technologien des 21. Jahrhunderts. Er sieht die Menschheit sich in absehbarer Zeit durch eine »schöpferische Nutzung genetischer Isolation« in mehrere Hominidenarten aufspalten. Über reproduktives Klonen wird längst diskutiert, Chimärenvisionen, die die Grenze zwischen Mensch und Tier verwischen, flackern auf. Ein Horizont des Transhumanen hat sich aufgetan, und es wird an dieser und der nächsten Generation von Menschen sein zu entscheiden, was sein soll und was nicht sein darf.

78 Gelber Federmantel von Marlene Dietrich, 1950er Jahre. *Der Mantel ist eine Sonderanfertigung des Designers Jean Louis und besteht vermutlich aus eingefärbten Hahnenfedern. Marlene Dietrich besaß ihn sowohl in gelber als auch in schwarzer Ausführung.* Nach 1962 trug sie ihn bei Konzerten und Gala-Veranstaltungen. **79** Eskimoanorak aus vernähtem Robbendarm, 19. Jh. *Kaum ein Material ist so widerstandsfähig, robust und Wasser abweisend wie Robbendarm. Die Eskimos fertigten daraus viele Gebrauchsge-*

78

Das Tier als Lehrer

Über »tierische« Architektur, Technik, Kommunikation

Werner Nachtigall

Technik, Architektur und Kommunikation Technische Meisterleistungen der Tiere haben den Menschen seit jeher fasziniert. Sie wurden deshalb auch schon sehr früh genau unter die Lupe genommen. Das zeigen beispielsweise Darstellungen des Vogelflugs auf antiken Vasen, die zum Teil durchaus unter heutigen flugmechanischen Aspekten verstanden werden können. Fliegen zu können wie ein Vogel – das ist ein alter Menschheitstraum. Leonardo da Vinci, der im Jahre 1505 ein Traktat über den Vogelflug (*Sul volo degli uccelli*) abgeschlossen hat, verblüfft durch aussagekräftige Skizzen. So hat er beispielsweise dem Daumenfittich eine flugmechanische Rolle zugesprochen, die erst in unserer Zeit aufgeklärt werden konnte: Der Daumenfittich wirkt als Hochauftriebserzeuger, analog dem Vorflügel eines Flugzeugs. Genau diese aus der Naturbeobachtung abstrahierte Analogie hat in den 1920er Jahren in zwei unabhängigen Ansätzen – in

genstände, vor allem wasserdichte Parkas, die vor den klimatischen Verhältnissen und bei der Jagd gegen das Eindringen von Feuchtigkeit schützten. Gewissermaßen ein frühes Vorbild für die heutigen Wind- und Goretex-Jacken.

79

90/1

Deutschland durch Lachmann, in England durch Handley-Page – zur Vorflügelentwicklung geführt, wobei die Bedeutung des Daumenfittichs als Hochauftriebsmittel zunächst einmal qualitativ abstrahiert worden ist. Interessanterweise hat man die ersten Vorflügel auch nur mit kurzer Streckung an bestimmten Stellen von Tragflügelvorderkanten eingesetzt, so wie das Vögel mit den Daumenfittichen ja auch tun. Erst später sind durchgehende Vorflügel entstanden, die über einen großen Teil der Flügelspannweite reichen und entsprechend effektiver sind.

Damit ist bereits das Prinzip benannt, nach dem das Tier »als Lehrmeister wirken« kann. Es ist die Analogie zwischen Natur und Technik, die sich als Ideenskizze für den konstruierenden Ingenieur eignet. Dies versucht die moderne Bionik. Nach einer Definition des Vereins Deutscher Ingenieure (1993) kann man sagen: Bionik ist eine wissenschaftliche Disziplin, die sich mit der technischen Umsetzung und Anwendung von Konstruktions-, Verfahrens- und Entwicklungsprinzipien biologischer Systeme befasst. Die Bionik nutzt alle Vorbilder aus der belebten Welt, seien sie auf Pflanzen oder Tiere bezogen. Sie bereitet Grundlagenergebnisse der technisch orientierten biologischen Forschung (Technische Biologie) so auf, dass sie dem Ingenieur für ein eigenständiges Weiterkonstruieren als Konzeptskizzen vorgelegt werden können. Es kann also nicht darum gehen, dass die Bionik die Natur als »Ausschlachtsystem« anbietet, als eine Materialsammlung, die man einfach kopieren kann. Naturkopie ist Scharlata-

9 – Menschenrechte für Menschenaffen Im Mai 2002 hat der Deutsche Bundestag den Tierschutz im Grundgesetz als Staatsziel verankert. Damit ist er der Freiheit der Forschung gleichgestellt – ein Anliegen, das Tierschutzverbände seit Jahren verfolgt haben und das den heftigen Widerstand von Wissenschaftlern herausforderte. Was das neue Gesetz an konkreten Änderungen bringt und was es für den Konflikt zwischen Nutzen und Schutz bedeutet, bleibt abzuwarten. Noch weiter gehen die Philosophen Peter Singer und Tom Regan: ihr »Great Ape Project« fordert Menschenrechte für Menschenaffen. Wird die rechtliche Grenze zwischen Mensch und Tier in Zukunft nach dem biologischen Verwandschaftsgrad definiert werden?

nerie. Und doch hält die Natur eine unermesslich große Fülle von Anregungen für technisches Gestalten parat. Aus dieser Fülle seien hier drei Gesichtspunkte herausgegriffen: Technik bei der Ortsbewegung in Fluiden (Luft und Wasser), Nutzung der Umweltkraft »Wind« bei Tierbauten sowie Aspekte der Kommunikation bei Delfinen.

Ortsbewegung in Fluiden Drei Viertel aller Tierarten können fliegen oder schwimmen, und auch die sessilen Formen des Tier- und Pflanzenreichs sind Wind- oder Wasserströmungen ausgesetzt. Durch die Umströmung werden in jedem Fall Kräfte übertragen, die sich als Widerstand in Strömungsrichtung oder Auftrieb senkrecht zur Anströmungsrichtung manifestieren. Kraftübertragung durch Umströmung ist also in der Biologie ein ubiquitäres Phänomen. Analoges ist in der Technik der Fall.

Da dies in Biologie und Technik in gleicher Weise gilt, ist es nahe liegend, dass die Disziplinen voneinander lernen können. So sind Strömungsvorgänge als Umströmung oder Durchströmung zu charakterisieren. Umströmte Rümpfe sollen möglichst wenig Widerstand erzeugen, umströmte starre Flossen und Tragflügel möglichst viel Hub, umströmte Schlagflossen und Propeller möglichst viel Schub; jeweils gekoppelt mit möglichst wenig Widerstand. Durch geschickte Strömungslenkung sind alle diese Kraftkomponenten beeinflussbar, und darin liegt das Wesen biologischer und technischer Strömungsoptimierung. Analoges lässt sich

80 Die Arche Noahs, o. J., Jacopo Bassano (um 1517/18–1592, Werkstatt). *Es gibt auf der Erde Millionen von Arten. 1,75 Millionen davon sind bis heute wissenschaftlich erfasst. Möglicherweise befinden wir uns am Beginn eines neuen Artensterbens. Als moderne Archen begreifen sich daher Naturkundemuseen und Zoos, die bedrohte Arten dokumentieren und beherbergen.*

80

auch für die Durchströmung von Röhren sagen (Blutgefäße, technische Leitungen).

Aus der Vielzahl von Vergleichs- und Anwendungsmöglichkeiten seien hier – pars pro toto – Aspekte der Umströmung von Rümpfen ausgewählt. Untersuchungen an fossilen und rezenten Haien (Reif 1981) haben gezeigt, dass gerade schnell schwimmende Formen und deren fossile Verwandte einen Überzug von tief gerieften Schuppen tragen, die sich streichlinienartig um den Körper herumziehen. Technisch-biologische Überlegungen lassen erwarten, dass diese Riefen durch Grenzschichtführung die Querturbulenz und damit einen gewissen Anteil des Oberflächenwiderstands vermindern. Im Sinne einer bionischen Übertragung wurden technische Oberflächen generiert, die das Riefenprinzip der Haischuppen nachahmen. Technisch adäquat waren fein dreieckig geriefte Folien, die auf glatte Oberflächen geklebt werden können (Riefenfolien oder Ribletfolien). Differenzversuche zwischen glatten und derartig oberflächenveränderten Flächen (Bechert u. a. 1997) haben gezeigt, dass bei einer günstigen Geometrie von etwa zwei Dutzend feinen Dreiecksriefen pro Millimeter der Oberflächenwiderstand bis um etwa acht Prozent verringert werden kann. In einem Großversuch wurden die Airbusse A 320 der Lufthansa und A 340 der Cathay Pacific Airways, so weit möglich, mit derartigen Riefenfolien beklebt. Es hat sich gezeigt, dass sie durch die Verminderung des Oberflächenwiderstands bis zu drei Prozent an Treibstoff einsparen. (Die Einspa

81 Globales Infomationssystem der Zünslerfalter, 2000. Ein internationales Kooperationsprojekt befasst sich mit der Inventarisierung der rund 16000 Zünslerfalterarten der Erde (koordiniert von Dr. M. Nuß, Museum für Tierkunde Dresden). Naturkundemuseen auf der ganzen Welt verfolgen die Idee, ein globales Verzeichnis aller Arten zu erstellen und damit die gesamte Biosphäre zu kartieren. **82** Käfer-Präparat mit Strichcode, 1999. Um kostbare pflanzliche und tierische Wirkstoffe zu entdecken, die noch in den letz-

68	rhodoxanthinalis	sp.	1974f	1925	Odon	1130		5768	Noctueliopsis	Noctueliopsis	655-, figs. 1-3	USA, Texas, Brewste
69	rufistriatum	sp.	1917c	168	Odon	1071		5769	Clupeosoma	Clupeosoma	277	
70	iebelealis	sp.	1974g	1347	Odon	1169		5770	Trigonoorda	Trigonoorda	31-32, figs. 4, 13, 21	Western New Guinea
71	notodontalis	sp.	1899b	163	Odon	1163		5771	Sameodes	Sameodes	175	
13	chamylella	sp.	1899b	1695	Cram	629		5713			346	
14	dilatalis	sp.	1887	1499	Cram	629		5714			109, pl. 5 fig. 7, a, b	
15	arenella	sp.	1887c	1685	Cram	629		5715			138	
16	afra	sp.	1894a	1892	Cram	629		5716			49, pl. 1 fig. 20	Egypt, Alexandria
17	pallidella	ssp.	1916	67	Cram	629		3877	Talis quercella	Talis	5	Kuldja
18	suaedella	ssp.	1910a	1893	Cram	629		3877	Talis	Talis	366	Tunesien, Gafsa
19	occidentalis	syn.	1949a	704	Cram	629		5718	Talis	Talis	240, pl. 1 fig. 9	Algerien, Hassi-Bab
20	leucopeplalis	sp.	1900	164	Scop	3270		5720	Pionea	Pionea	396, pl. 3 fig. 7	Central Asia, Samar
28	philobrya	sp.	1937	565	Epip	811		5628	Oncobela	Oncobela	73	
29	truckealis	sp.	1917	958	Acen	133		5629	Elophila	Elophila	76	
30	gelechiella	sp.	1866b	687	Epip	629		5630	Phislia	Phislia	1736	
31	deformalis	sp.	1882	502	Pyraus	3042		5631	Pilemia		427, pl. 18 fig. 32	
32	gabalitella	syn. n.	1931	1539	Phyc	1666		1104	Pseudomegasis	Pseudomegasis	162, text-fig.	
33	iranalis	sp.	1950b	707	Phyc	2039		5633	Rhodophaea		238, fig. 27, 67	
34	sembris	sp.	[1808] c	1793	Acen	1		5634	Bombyx		pl. 51 fig. 222	
35	erasta	sp.	1913	562	Epip	818		5635	Sialocyttara	Sialocyttara	134	
36	coeldactyla	sp.	1863a	1585	Spil	2515		5636	Stenoptycha	Stenoptycha	154	
37	aperta	sp.	1920a	1794	Gall	963		5637	Suisharyona		188	
59	congrualis	sp.	1859d	579	Chrys	285		4569	Nachaba		835	
70	auriceps	sp.	1925	302	Pyraus	2842		4570	Nacoleiopsis		188, pl. 11 fig. 8	
71	demialis	sp.	[1866] 1	582	Pyraus	2844		4571	Nagia		1320	
72	laetalis	sp.	1900	164	Spil	2576		4572	Diasemia	Diasemia	390, pl. 3 fig. 27	
73	substituta	sp.	1939	928	Phyc	1769		4573	Nanaia		354, fig. 25 fig. 8; pl. 42 fig. 72; pl. 47 fig	
74	alychnops	sp.	1908	561	Spil	2440		4574	Nannomorpha		80	
75	venata	sp.	1930	917	Phyc	1770		4575	Nasutes		54	
76	hoplora	sp.	1887a	326	Spil	2839		4576	Myrmidonistis	Myrmidonistis	197	
77	serralinealis	sp.	1924	999	Acen	3421		4577	Nymphula	Nymphula	190	
78	hebetella	sp.	1887b	975	Phyc	1243		4578	Navasota		18	
79	lobata	sp.	1913	796	Chrys	286		4579	Navura		259	
95	absistalis	sp.	1859b	741	Spil	2884		4805	Nymphula		311	
80	extricalis	sp.	1854	152	Pyraus	2848		4580	Botys		338	
81	slossonalis	sp.	1906	114	Acen	96		4581	Elophila		93	
82	argyraspis	sp.	1879a	949	Cram	564		4582	Argyria		216	
83	aglaopis	sp.	1911	812	Cram	565		4583	Chilo		112	
84	nyctichroalis	sp.	1908	653	Pyraus	2849		4584	Neasarta		263	
85	oxyprora	sp.	1904	560	Cram	566		4585	Nechilo		167	
86	argyrosticta	sp.	1919a	169	Cram	567		4586	Neerupa		279	
87	candida	sp.	1960	1438	Phyc	1771		4587	Nefertitia		413, text-fig. 1a, 1c, 2a, 2b	
88	fumalis	sp.	1913a	1051	Chrys	287		4588	Negalasa		136, text-fig., pl. 9 fig. 3, 4	
89	excellens	sp.	1974b	1922	Spil	2850		4589	Nehydriris	Nehydriris	12, figs. 1, 8	Brazil, Rio de Janeir
90	aglossoodes	sp.	1919b	169	Cram	97		4590	Neobanepa		311	

81

rung kann nicht so groß sein wie im Versuch mit technischen Platten, da am Flugzeug noch andere Widerstandsanteile auftreten, welche die Riefung nicht beeinflusst.) Kaufmännische Überlegungen zeigen, dass damit eine Gewinnsteigerung von bis zu sechs Prozent möglich ist (Bechert u. a. 2000). Der Ribleteffekt erweist sich damit als eine ökologisch (Verringerung des Schadstoffausstoßes durch Treibstoffeinsparung) wichtige Größe. Er ist aber auch kaufmännisch hochinteressant, denn er bringt im Jahr für ein einziges Großflugzeug etwa eine Million Dollar mehr Gewinn (!). Nebenbei erwähnt: So viel etwa kostet die gesamt Ribletforschung weltweit pro Jahr – ein geradezu phänomenaler Multiplikatoreffekt bionischer Forschung.

Die grundlegende Idee dazu kam aus der Biologie und ging von einer Untersuchung der Schuppen schnell schwimmender Haie aus. Die technische Realisation erfolgte dagegen lege artis der Ingenieurwissenschaften. Es kommt dabei auf die Verringerung eines gewissen Turbulenzanteils an, nicht darauf, mit welchen Mitteln diese Verringerung bewerkstelligt wird. Der Hai tut das durch Riefen in den Schuppen, die er ja bauplanmäßig besitzt. Flugzeuge können dies durch Riefenfolien erreichen, aber auch durch Einfräsungen in die Aluminiumhaut, durch Einbrennen von Dukten oder Punktreihen mit Hochenergielasern und durch sonstige, völlig andere Verfahren. Haie und Flugzeuge erreichen damit Widerstandsverminderungen mit ihren jeweilig adäquaten Methoden; sie sind in dieser Beziehung analog.

ten Winkeln des Regenwaldes von Costa Rica vermutet werden, inventarisiert das Instituto Nacional de Biodiversidad in einem Artenverzeichnis alles Leben der Region. Ziel ist es, aus bisher unbekannten Arten wirkungsvolle pharmazeutische Stoffe zu gewinnen, wodurch wiederum Naturschutzprojekte für diese Gebiete finanziert werden können. **83** Präparat eines Beutelwolfs, 1901. Der Beutelwolf gehört zu den kostbarsten Stücken der Dresdner Naturhistorischen Sammlung. Um 1900 geschossen, wurde er 1901 ange-

83

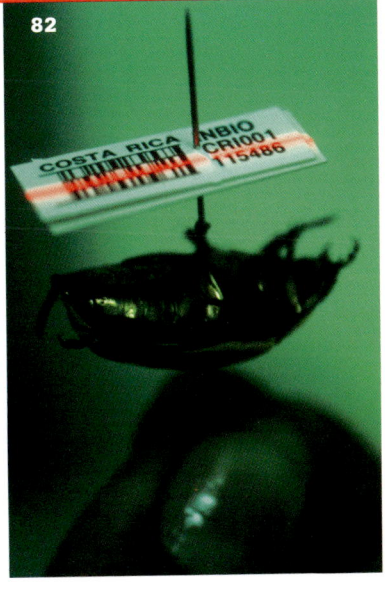

82

Nutzung der Umweltkraft »Wind« In einer Düse wird bekanntlich Unterdruck erzeugt (Zerstäuberprinzip, Prinzip der Wasserstrahlpumpe). Nach Bernoulli ist in einem horizontal gelagerten durchströmten System der Gesamtdruck, die Summe aus Wanddruck (p) und Staudruck (q), konstant: $p_{ges} = p + q = const.$

Verengt sich eine derartige durchströmte Röhre, so muss infolge des Kontinuitätsgesetzes die Strömungsgeschwindigkeit und damit der Staudruck an der Engstelle steigen, folglich sinkt der Wanddruck im Verhältnis zum Außendruck, und es kann an dieser Stelle Fluid aus dem Bereich des Außenfluids angesaugt werden.

Stufen in einem durchströmten System wirken wie »halbe Düsen«. Pierwürmer der Gattung Arenicola bauen ihre u-förmigen Röhren so, dass der eine Ausgang auf dem niederen, der andere auf dem höheren Plateau eines Sandribbels im Flachwasser liegt. Strömung, die senkrecht zur Ribbellinie verläuft, erzeugt damit an der höher gelegenen Stelle einen Unterdruck, der Frischwasser durch die Röhre saugt, womit der Wurm seinen Sauerstoffbedarf deckt. Bei Schräganströmung des Ribbels verringert sich der Effekt nach dem Sinusgesetz.

Bekannte Beispiele finden sich bei grabenden Wirbeltieren. Präriehunde, Cynomys ludovicianus, fertigen ihre im Prinzip ebenfalls u-förmig ausgebildeten Röhrenbauten so, dass sie das Aushubmaterial stets an einem der beiden Ausgänge in Form eines »Vesuvkegels« anhäufen; die gegenüber-

kauft. Am 13. Mai 1930 schoss der Farmer Wilfred Batty den zuletzt gesichteten frei lebenden Beutelwolf Tasmaniens. Der letzte Vertreter in einem Zoo starb 1936 in Australien. Die Fangprämie, die die Regierung auf den Beutelwolf aussetzte, weil er Schafherden anfiel, bedeutete sein Todesurteil. Noch jahrzehntelang hat man vergeblich nach letzten Exemplaren seiner Art gesucht. Im Mai 2002 haben Wissenschaftler Beutelwolf-DNA von Museumspräparaten extrahiert und planen nun Wiederbelebungsversuche durch Klonen.

liegende Öffnung wird plattgetreten. Präriewinde durchlüften den Bau nach dem Bernoulli-Prinzip; das durchströmende Fluid tritt am Vesuvkegel aus. Da der Vesuvkegel drehrund ist, ist dieser Durchströmungseffekt unabhängig von der Windrichtung. S. Vogel und Koautoren von der Duke-University, Durham, haben den Effekt an Modellen gemessen, die einen Präriehundbau etwa in einem Zehntel der natürlichen Größe simulierten. Das zeitliche Durchflussvolumen ist nach einem Einschwingvorgang in weiten Grenzen proportional zur Windgeschwindigkeit. Umgerechnet auf den natürlichen Bau von etwa 20 Metern Länge ergibt sich, dass bereits kleine Windgeschwindigkeiten große Effekte haben; ein Wind von 0,4 Metern pro Sekunde Geschwindigkeit durchlüftet den gesamten Bau in zehn Minuten; für 1,2 Meter pro Sekunde beträgt die Austauschzeit nur fünf Minuten. Ohne eine solche Zwangslüftung unter Nutzung des Bernoulli-Prinzips wäre ein Leben in derartigen Bauten nicht möglich, und damit würde auch das gesamte Ökosystem der nordamerikanischen Prärien anders aussehen.

Wie J. Olszewski und S. Skozen gezeigt haben, wird auch das verzweigte Gangsystem von Maulwürfen, Talpa europaea, zwangsbelüftet. Die Durchströmgeschwindigkeit folgt den Schwankungen der Windgeschwindigkeit.

Das gleiche Prinzip wurde im alten Iran (und heute noch in vielen nordafrikanischen Regionen) zur Zwangslüftung von Zisternen benutzt.

84 Elfenbeinverbrennung in Kenia, 1989. *Um die Ausrottung afrikanischer Elefanten durch die Elfenbeinwilderei zu verhindern, entschloss sich die kenianische Regierung zu einem ungewöhnlichen Schritt: Am frühen Nachmittag des 18. Juli 1989 ließ Präsident Daniel arap Moi 2 500 beschlagnahmte Elefantenstoßzähne verbrennen und vernichtete damit Elfenbein im Wert von drei Millionen Dollar. 850 Millionen Menschen weltweit wurden in Presse und Fernsehen Zeugen dieser Aktion.*

Wenn der Wind über Kuppelbauten strömt, an deren höchster Stelle ein Loch ist, wird nach Bernoulli Luft abgesaugt, die verdunstendes Zisternenwasser enthält. Da ein Gramm verdunstendes Wasser bei 20 Grad Celsius Lufttemperatur 2,3 Kilojoule an Wärmeenergie abführen kann, wird das Zisternenwasser auf diese Weise effektiv gekühlt. Dachreiter verstärken den Effekt; sie sind nicht nur Zieraufsätze. Der Architekt Thomas Herzog hat eine Zwangslüftung nach dem Bernoulli-Prinzip für sein Design-Center in Linz, Oberösterreich, vorgesehen. Die gewölbte Hallenkontur erzeugt mit der gegenläufigen Wölbung an der Unterseite eines aufgesetzten lang gezogenen »Profils« einen Düseneffekt, welcher der Entlüftung dient.

Im Serengeti-Nationalpark, Tansania, haben Feldforschungen gezeigt, dass Termitenbauten – ähnlich wie die oben geschilderten Präriehundbauten – Bernoulli- beziehungsweise Venturi-Effekte zur Durchströmung benutzen. Die Termiten errichten Bauten mit Öffnungen. Kleinere Bauten besitzen nur zwei davon, etwas größere besitzen zusätzlich noch Nebenöffnungen, Großbauten haben bis zu zwölf Öffnungen. Die Öffnungen sind unterschiedlich geformt und stehen auch auf unterschiedlicher Höhe. Messungen haben beachtliche Durchströmungen ergeben, die auf Bernoulli-Effekte zurückzuführen sind. Durch Wasserverdunstung wird zusätzlich gekühlt. Für die Luftgeschwindigkeiten im Bau wurden maximal 2,7 Meter pro Minute bestimmt, üblicherweise aber weniger als ein Meter pro Minute, im Durchschnitt nur 0,12 Meter pro Minute.

85 Vom Hauptzollamt Frankfurt Flughafen beschlagnahmtes Kaimanpräparat mit Topf, 2000. *1973 wurde das Washingtoner Artenschutzabkommen (CITES) beschlossen, um das illegale Geschäft mit exotischen Tier- und Pflanzenarten zu unterbinden. An Flughäfen werden jährlich Tausende Tiersouvenirs von Touristen beschlagnahmt, die sich – oftmals ahnungslos – mit der Ausfuhr strafbar machen.* **86** Großkatzenfelle, teilweise vom Zoll beschlagnahmt, in der Sammlung der Naturforschenden Gesellschaft Senckenberg,

85

86

Die offenen Tunnel klimatisieren zwar den Bau, haben aber keine direkte Verbindung zur eigentlichen Nestregion. Auch kleine Durchbrüche nach außen oder zum luftfördernden System werden von den Termiten rasch geschlossen. Die erhöhten Öffnungen können weiter aufgebaut werden und dann den Charakter von Kaminen erhalten, in denen Heißluft hochsteigt (Abb. 1). Beobachtungen haben gezeigt, dass solche Kamine bei frei besonnten Bauten häufig sind, bei Bauten der gleichen Art, die im Schatten stehen, jedoch kaum gebaut werden. Bionische Anregungen, die von solchen Kaminen ausgehen, wurden beispielsweise in ein Bürogebäude in Harare eingebracht. Die aufsteigende Warmluft zieht kühle, bodennahe Luft ein, welche die Büroräume effektiv kühlt. Man spart damit rund 50 Prozent der sonst nötigen (elektrischen) Kühlleistung. Derartige Forschungsergebnisse führen dazu, dass Biologen mehr und mehr Anregungen in die ökologische Baugestaltung hineingeben, so der Leiter des Wiener Naturhistorischen Museums, B. Lötsch.

»Delfinsprache« und Unterwasserkommunikation Eine Kommunikation über Schallwellen ist unter Wasser weniger einfach als über Wasser. Insbesondere in engen Kanälen oder Flachwasser überlagern sich die direkten Schallwellen zwischen Sender und Empfänger mit Reflexen von der Oberfläche und vom Boden, von den Wänden und durch Unebenheiten. Es ist schwierig, aus dem am Empfänger ankommenden Wellengemisch die

Frankfurt a. M. 2001 **87** Schmuggeltasche, Zollfahndungsamt Frankfurt a. M. 2000. *In dieser und einer zweiten Tasche versuchte eine Frau 52 seltene Papageien und zehn Affen aus Afrika zu schmuggeln. Es überlebten nur sechs Affen, die dem Zoo Leipzig über-* geben wurden. Der Schmuggel von exotischen Tieren ist ein lukratives Geschäft. Im Jahr 2000 wurden am Frankfurter Flughafen 1846 lebende Tiere sichergestellt.

87

1 *Termiten-Lüftungssysteme. »Kamine« am Bau der Termite Macrotermes spec, Avash-Nationalpark, Abessinien.*

ursprüngliche Information wieder herauszufiltern. Delfine scheinen das Problem gelöst zu haben. Das Studium ihrer Kommunikationslaute hat den russischen Biophysiker K. G. Kebkal und den Berliner Bioniker R. Bannasch zu einem Vorschlag für ein neuartiges, störungsarmes, akustisches Unterwasserkommunikationssystem geführt.

Das Sonogramm (Abb. 2) zeigt, dass ein in der Frequenz ansteigender oder abfallender Chirplaut gesendet wird, der reich an Oberwellen ist. Die Information scheint nicht eigentlich in der veränderten Tonhöhe des Lautes zu liegen; diese bietet vielmehr eine variierende Trägerfrequenz für die überlagernden Informationen. Die Abstraktion zweier verbundener Chirplaute mit zwei zeitversetzten Echos zeigt, dass die drei Wellen zu jeder beliebigen Zeit unterschiedliche Frequenzen besitzen, die selbst wieder variabel bleiben. Da deren Analyse durch einen Empfänger schwierig ist, muss vorher eine angemessene Transformation (Demodulation) durchgeführt werden. Nach Abzug des frequenzvariablen Trägers und nach Tiefpassfilterung der höheren Frequenzkomponente lässt sich aus dem Signalgemisch im Empfänger ein geeignetes Frequenzband leicht abgreifen. Man kann aber auch jedes Band für sich verarbeiten und in geeigneter Weise wieder zusammenführen, wodurch man die Energie des gesamten Übertragungskanals nutzt, nicht nur die eines ausgeblendeten Frequenzbereichs. Es rentiert sich also durchaus, Bionik zu betreiben, die Natur auf übertragbare Lösungen hin abzuklopfen und das Potenzial der meist mehr oder

88 Goldfische im Mixer, Installation von Marco Evaristti, 2000. *Wegen Verstoßes gegen das Tierschutzgesetz wurde das dänische Kunstmuseum Trapholt mit einer Strafe von 2000 Kronen belegt. Evaristti hatte im Februar 2002 zehn Mixer ausgestellt, in denen jeweils ein lebender Goldfisch zerhackt werden konnte und damit weltweit ethische Debatten ausgelöst. Evaristti wollte bewusst machen, »dass wir in jedem Augenblick in der Lage sind, über Leben und Tod zu entscheiden«. Zwei Mixer wurden von Besuchern in Be-*

89

minder versteckten, aber vielfältigen und sehr unterschiedlichen Anregungen systematisch zu nutzen. Dies versucht die Wissenschaftsdisziplin Bionik. Es sei nochmals betont, dass es sich hier nicht um Naturkopie handelt. Der konstruierende Ingenieur wird auch dann lege artis seiner Disziplinen arbeiten, wenn die Anregung für ein bestimmtes Projekt aus der Natur kommt.

Solche Anregungen führen in schöner Regelmäßigkeit zu Strukturen, Funktionen und Entwicklungsprinzipien, die ein gegebenes Problem mit geringerem Aufwand, aber überlegterer Verteilung von Material lösen. Insgesamt sind sie – von der Fertigung über den Betrieb bis zum Recycling – weitaus energiegünstiger als die meisten heutigen technischen Systeme.

Material und Energie einsparen, wo immer es geht, Umweltkräfte nutzen, wo es sinnvoll ist, das System nach Ablauf seiner Nutzzeit rückstandsfrei recyceln, wo es machbar ist. Das sind die allgemeinen Leitlinien, die das Naturstudium einer Technik der Zukunft mitgeben kann.

wegung gesetzt. **89** Greenpeace-Demonstration vor dem Europäischen Patentamt in München aus *Anlass eines für Mischwesen aus Mensch und Tier erteilten Patents. Inzwischen ist das Patent, das die Kreuzung aus Mensch, Fisch, Vogel und Maus erlaubte, zurückge-* *nommen worden. Das erste Patent auf ein Säugetier erhielt 1985 die Havard University für die Oncomaus – eine gentechnisch hergestellte Krebsmaus. Mittlerweile gibt es 36 Patente auf Säugetiere.*

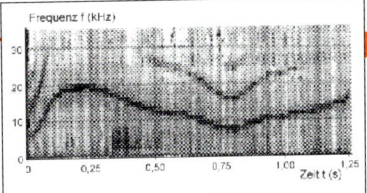

2 *Beispiel eines Sonogramms für den Chirplaut eines Delfins. Diese Meeressäuger können ihre obertonreichen Laute modulieren und übermitteln so unterschiedliche Botschaften. Innerhalb eines Signals unterscheiden sich die Informationen nach »digitalen« Mustern. Die Bioniker R. Bannasch und K. Kebkal entwickelten auf der Basis dieser Delfin-Biosonare ein neuartiges Verfahren für die telemetrische Übertragung von Steuersignalen, digitalen Daten und Bildern unter Wasser. (nach Kebkal, Bannasch, Kulagin 1998)*

Abgrenzu

n g

Von Io zu BSE

Sodom oder die übersprungene Grenze Ralph Zahn

Die Menschheitsgeschichte ist geprägt von Infektionskrankheiten. Wissenschaftlich unterscheidet man drei Klassen: Die Anthroponosen wie Lepra oder der Befall mit der Menschenlaus sind ausschließlich von Mensch zu Mensch übertragbar. Die Anthropozoonosen – dazu gehören Milzbrand (Anthrax), Tollwut, Salmonellenkrankheiten, sowie gewisse Formen der Tuberkulose – können auch vom Tier auf den Menschen oder umgekehrt übertragen werden. Schließlich gibt es die für den Menschen meist harmlosen Zoonosen, bei denen der Erreger nur zwischen Tieren übertragen wird. So kann ein Katzenbesitzer nicht mit dem Katzenimmunschwächevirus angesteckt werden, obwohl dieser dem menschlichen Immunschwächevirus, im Englischen abgekürzt HIV, in seiner Grundstruktur sehr ähnlich ist.

Diese Einteilung ist allerdings recht willkürlich, da ein Krankheitserreger weniger zwischen Mensch und Tier unterscheidet, sondern vielmehr

90 Häusliche Toilette, um 1670–1675, Bartolomé Estébán Murillo (1618–1682). *Schon Goethe meinte: »Die Flöhe und die Wanzen gehören auch zum Ganzen.« Ungeziefer wie Flöhe, Wanzen und Läuse gehörten lange Zeit zum Alltag des Menschen. Sich gegenseitig zu lausen, galt als Ausdruck von Achtung und Zärtlichkeit.*

auf Arten und Gattungen spezialisiert ist. Ein Erreger, der eine Tierart befällt, lässt sich unter Umständen auf eine andere übertragen, den Menschen eingeschlossen. Es dauert aber dann gewöhnlich länger, bis die Krankheit ausbricht. Die Artenbarriere für die Übertragung von Infektionskrankheiten entscheidet demnach, in welcher Spezies sich ein Erreger mit welcher Geschwindigkeit vermehren kann.

Die Natur der infektiösen Krankheitserreger kann sehr unterschiedlich sein; so gibt es die Bakterien, Parasiten, Pilze und Viren. Allen gemeinsam ist, dass sie im Verlauf der Evolution eine Strategie gefunden haben, in einen anderen Organismus einzudringen, um sich dort möglichst effizient zu vermehren. Eine weitere Gemeinsamkeit dieser klassischen Krankheitserreger liegt in der Verwendung von Nucleinsäuren als Erbmaterial. Entfernt man die Erbmoleküle aus den Bakterien, Parasiten, Pilzen oder Viren, sind diese nicht mehr in der Lage, sich zu vermehren und damit nicht mehr infektiös. Diese Erkenntnis macht sich die Medizin bei der Impfung gegen Infektionskrankheiten zunutze.

Bei den von Antonie van Leeuwenhoek bereits im 17. Jahrhundert beschriebenen Bakterien handelt es sich um mikroskopisch kleine, einzellige Mikroorganismen, die nach der Teilung in einfachen Zellverbänden, also als selbstständige Individuen, vereint leben können. Bakterien sind fast überall auf der Erde nachweisbar. In einem Gramm Komposterde oder einem Kubikmeter verschmutzter Luft befinden sich mehrere Milliarden

10 – Heimliche Mitbewohner

Menschen nutzen Tiere. Aber das Umgekehrte gilt auch: Tiere nutzen Menschen. Die Menschheit sowie ihre Produkte und Behausungen stellen ein einzigartiges »Biotop« für andere Organismen dar. Diese heimlichen Untermieter sind uns nicht immer geheuer, vor allem weil manche Krankheiten übertragen oder Vorräte zerstören. Andere sind einfach lästig. Der Mensch hat über die Jahrhunderte hinweg Schädlingen und Parasiten den Kampf angesagt. Dennoch Viele dieser Geschöpfe können durchaus nützlich sein, und sie haben uns im Laufe der Evolution entscheidend mitgeprägt.

Bakterien. Die meisten von ihnen sind für den Menschen harmlos und manche sogar lebensnotwendig, indem sie als wichtige Symbiosepartner beim Aufschluss der Nahrung – wie der Zellulose – behilflich sind oder unseren Körper mit lebenswichtigen Vitaminen versogen. Andere Bakterien wie der Milzbranderreger Bacillus anthracis produzieren jedoch tödliche Toxine.

Als Parasiten oder Schmarotzer bezeichnet man Organismen, die aus einem anderen Organismus, dem Wirt, die Nahrung beziehen. Im eigenen Interesse töten Parasiten ihren Wirt nicht oder höchstens zu einem späten Zeitpunkt. Die Bedeutung des Parasitismus für den Menschen ist groß. Obschon seine Gefahren in gemäßigten Breiten einigermaßen eingedämmt sind, nimmt die Zahl parasitär Erkrankter in tropischen Ländern eher zu als ab. Intensive Bemühungen der Weltgesundheitsorganisation gelten beispielsweise der Erforschung und Bekämpfung der durch Mykobakterien hervorgerufenen Lepra und der Malaria, bei der die Erreger (Plasmodien) durch Stechmücken übertragen werden.

Seit etwa dem 19. Jahrhundert gelten die Viren als infektiöse Agenzien, die durch Bakterienfilter hindurchgehen, sich nicht auf Bakteriennährböden vermehren können und im Lichtmikroskop nicht sichtbar sind. Die Viren besitzen keinen eigenen Stoffwechsel und können sich deshalb nur in »echten Organismen« wie den Bakterien, Tieren oder Menschen vermehren. Die Virusvermehrung erfolgt nicht durch Wachstum, sondern

91 Modell eines medizinischen Blutegels, 1885, Leopold und Rudolf Blaschka. *Das Modell der berühmten Dresdner Glashandwerkerfamilie Blaschka zeigt die natürliche Größe, Färbung sowie eine vergrößerte Darstellung der inneren Anatomie eines Blutegels.*

Wegen seiner heilenden Wirkung wird der Blutsauger seit Jahrtausenden als eine Art lebende Apotheke in der Medizin verwendet. Er gibt den Stoff Hirudin ab, der das Blut flüssig hält. **92** Lehrtafel »Die Darmparasiten«, um 1930, Werkstätten des Deutschen Hygiene-

91

einfach durch die Verdopplung des Erbmaterials, die Nucleinsäuren, die im fertigen Virus von einer schützenden Eiweißhülle umgeben sind. Entscheiden sich Viren, ihre Wirtszellen zu verlassen, führt dies zu deren Zerstörung und zum Ausbruch der Krankheit. Eine Vielzahl von Infektionen wird durch solche Eiweiß-Nucleinsäure-Partikel verursacht, dazu gehören die Masern, Röteln, Grippe, Aids und Tollwut.

Prionen als neuartige Krankheitserreger Im Jahre 1967 entdeckte die Biologin Tikvah Alper vom Hammersmith-Hospital in London, dass Hirnextrakte an Scrapie erkrankter Schafe selbst nach dem Einwirken kurzwelliger ionisierender Strahlung noch infektiös blieben. Die gewählte Strahlendosis hätte normalerweise jegliche aus Nucleinsäuren bestehende Erbsubstanz zerstört oder zumindest geschädigt. Dieses Ergebnis war erstaunlich, da nach damaligem Verständnis alle Krankheitserreger, einschließlich der Viren und Bakterien, ein Erbgut aus Nucleinsäuren enthalten sollten. John S. Griffith, ein am Bedford College in London forschender Mathematiker und Biochemiker, unterbreitete daraufhin eine Hypothese, die für Aufsehen sorgte. Die Erreger der Scrapie bestünden überwiegend oder sogar ausschließlich aus Eiweißstoffen, den Proteinen. Spätere ähnliche Experimente mit Gehirnextrakten von Patienten, die an der damals bekannten Form der Creutzfeldt-Jakob-Krankheit (CJK) gestorben waren, legten dasselbe nahe. Die meisten Fachleute glaubten aber seinerzeit eher

Museums. *Die Tafel stellt Kopf, Glieder, Entwicklungsstadien sowie die Zwischenwirte (blau) und Endwirte (rot) verschiedener Bandwürmer dar. Der Mensch infiziert sich in der Regel durch den Verzehr von rohem oder unzureichend gegartem Fleisch, das mit Larven* befallen ist. **93** *Der Arzt Koichiro Fujita mit aufgerolltem Fischbandwurm, 2002. Der Körper des 61-Jährigen beherbergt drei Fischbandwürmer, die ihn von seinem Heuschnupfen befreit haben sollen. Nach seiner These helfen Parasiten, Allergien zu mildern, in-*

92

93

an eine besondere Sorte von Viren. Aufgrund der langen Inkubationszeit bezeichneten sie diese als »langsam wirkende« Viren.

Bahnbrechende Aufklärungsarbeit zur biochemischen Natur der Scrapie-Erreger leistete Stanley B. Prusiner an der Universität von Kalifornien in San Francisco, für die er 1997 mit dem Nobelpreis für Medizin und Physiologie ausgezeichnet wurde. Anfang der 1980er Jahre konnte der Neurologe und Biochemiker mit seinen Mitarbeitern erstmals das infektiöse Agens anreichern, um es biochemisch zu charakterisieren. Tatsächlich bestand das Material überwiegend aus Eiweiß, zu einem geringen Anteil auch aus Kohlehydrat. Folglich bezeichnete Prusiner die Erreger von nun an als *prions*, im Deutschen Prionen, abgeleitet vom englischen *proteinaceous infectious agent*, proteinartiges infektiöses Agens. Das gereinigte Protein nannte er entsprechend Prion-Protein oder kurz PrP. Selbst mit hoch empfindlichen Verfahren konnte darin später Detlev Riesner mit seinen Kollegen an der Universität Düsseldorf kein aus Nucleinsäuren bestehendes Erbmaterial nachweisen.

Die Prionen haben demnach einen Weg gefunden, sich ohne herkömmliche Erbinformation zu vermehren. Im Jahre 1985 entdeckte Charles Weissmann, dass befallene, aber auch gesunde Hamster ein körpereigenes PrP herstellen. Von da an unterschieden die Anhänger der Protein-Hypothese zwei Formen: das normale, zelluläre PrP^c und das krankmachende, infektiöse PrP^{Sc}; »c« steht für *cell*, Zelle, und »Sc« ursprünglich nur für

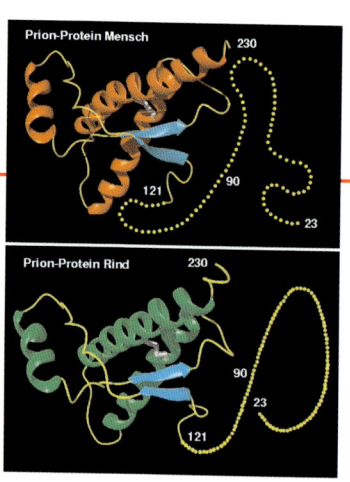
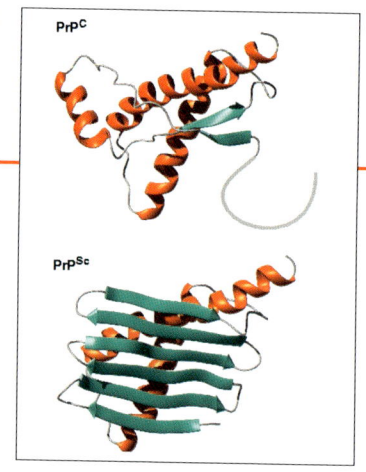

1 Gesunde Prion-Proteine von Mensch und Rind. *Der kugelige Körper dieser Moleküle enthält drei schraubige Abschnitte (Mensch rot, Rind grün) und eine so genannte Beta-Faltblatt-Struktur (blau). Der frei bewegliche Schwanz der Prion-Proteine ist mit gelben Punkten dargestellt, von denen jeder für eine Aminosäure steht. Die Zahlen bezeichnen die Reihenfolge dieser Bausteine. Die Aminosäuren 1 bis 22 dienen als eine Art Adresskleber, der entfernt wird, sobald der Bestimmungsort erreicht ist.* **2 Modell für die Umwandlung von normalem PrP^C in krankmachendes PrP^{Sc}.** *Die schraubigen Abschnitte sind rot, das Beta-Faltblatt blau und die anderweitig geschlungenen Bereiche silbrig. Nach dem Umklappen in die krankmachende Form sind einer der schraubigen Abschnitte und weite Bereiche der unregelmässigen Strukturen in ein großes, antiparalleles Beta-Faltblatt umgewandelt worden. Nur etwa 30 der 107 Aminosäuren im flexiblen Schwanz werden für das Umklappen benötigt.*

Scrapie, aber inzwischen für jegliche Prionen-Erkrankung. In den folgenden Jahren wurde intensiv nach irgendwelchen Unterschieden in der chemischen Zusammensetzung der beiden Formen gesucht. Als verschieden erwies sich allerdings lediglich ihr biochemisches Verhalten, nicht aber ihr linearer Aufbau.

Während »gesundes«, harmloses Prion-Protein sich gut in Wasser löst, lagern »kranke« Moleküle sich darin zu fadenförmigen Amyloid-Fibrillen zusammen. Im Gehirn von CJK-Patienten oder von Tieren mit Prionen-Erkrankungen können solche Fibrillen ihrerseits regelrechte Verklumpungen ausbilden. Diese meist kreisförmigen Amyloid-Ablagerungen lösen möglicherweise die Krankheit oder ihre Symptome mit aus. Krankmachende Prion-Proteine sind zudem sehr widerstandsfähig gegenüber Enzymen, die Eiweißstoffe abbauen. Einmal mit der Nahrung aufgenommen, werden sie im Magen-Darm-Trakt nicht zu ungefährlich kleinen Stücken verdaut. Ebenso werden im Gehirn entstandene Amyloid-Plaques nur sehr langsam abgebaut.

Umklappen körpereigener Proteine Verhalten sich zwei chemisch gleich gebaute Protein-Moleküle derart verschieden, dann muss die räumliche Anordnung ihrer linearen Aminosäureketten unterschiedlich sein. Man sagt auch, die Proteine sind unterschiedlich »gefaltet«. Eine Krankheit entstünde dann, indem körpereigenes Prion-Protein eine für den

*dem sie das Immunsystem beschäftigen. **94** Fünfter Streich aus Max & Moritz, 1865, Wilhelm Busch (1832–1908). Unsere Betten teilen wir seit der Steinzeit mit Bettwanzen. Nachts schlüpfen sie aus ihren Verstecken in den Ritzen von Wänden und Matratzen, um das Blut des schlafenden Wirtes zu saugen. Ihre Stiche sind schmerzhaft und können zu großflächigen Quaddelbildungen führen. Allerdings spielen diese winzigen Parasiten für die Verbreitung von Krankheiten kaum eine Rolle.*

94

„Bau!" schreit er — „Was ist das hier?"
Und erfaßt das Ungetier.

Und den Onkel voller Grausen
Sieht man aus dem Bette sausen.

Organismus schädliche Gestalt annimmt. Dies könnte gelegentlich »von selbst« geschehen, ohne äußere Einwirkungen. Die Anfälligkeit würde sich aber erhöhen, wenn das ererbte PrP-Gen in einer Weise mutiert ist, dass das resultierende Protein-Molekül aufgrund seiner nun ohnehin etwas veränderten Gestalt eher in die »kranke« Form umklappt. Wie Prusiner 1987 außerdem vorschlug, könnte ein einmal entartetes Prion-Protein selbsttätig gesundes in weiteres krankes Prion-Protein umwandeln und so für seine Vermehrung sorgen. Dies würde erklären, warum Prionen-Erkrankungen übertragbar sind und sich entlang des Nervensystems bis zum Gehirn hin ausbreiten können.

Nach Prusiners Schablonenmodell lagern sich je ein gesundes und ein abweichendes Prion-Proteinmolekül zu einem »gemischten Doppel« zusammen und trennen sich nach vollzogener Umwandlung wieder. Mit jeder neuen Runde sollten sich so die krankmachenden Einzelmoleküle weiter verdoppeln. Aber erst wenn ihre Konzentration eine kritische Grenze erreicht, bilden sich daraus auch lange Ketten, also Amyloid-Fibrillen.

Peter R. Lansbury und seine Kollegen an der medizinischen Fakultät der Harvard-Universität in Cambridge, Massachusetts, haben dagegen das so genannte Kernbildungsmodell vorgeschlagen. Ihnen zufolge würde das reguläre Einzelmolekül hin und wieder umklappen, sehr viel leichter aber wieder zurück. Erst wenn mehrere krankmachende Einzelmoleküle einen so genannten Polymerisationskern ausbilden können, was sehr selten ist,

95 Ein Sandfloh, der aus dem großen Zeh des Kapitains George Hyde entfernt wurde, S. S. Malvesen, 1896. *Die im trockenen Sandgebiet wohnenden Sandflöhe stechen manche Barfußläufer am Fuß, Zehen oder Nagelbett.* **96** Flohfallen aus Elfenbein, 18. Jh. *Um sich die lästigen Blutsauger vom Leibe zu halten, hängten sich die feinen Damen des 18. Jahrhunderts Flohfallen um. Ein mit Blut durchtränktes Stück Watte im Inneren des durchlöcherten Gefäßes lockte die Flöhe hinein. Durch verbesserte Hygiene ist heute der*

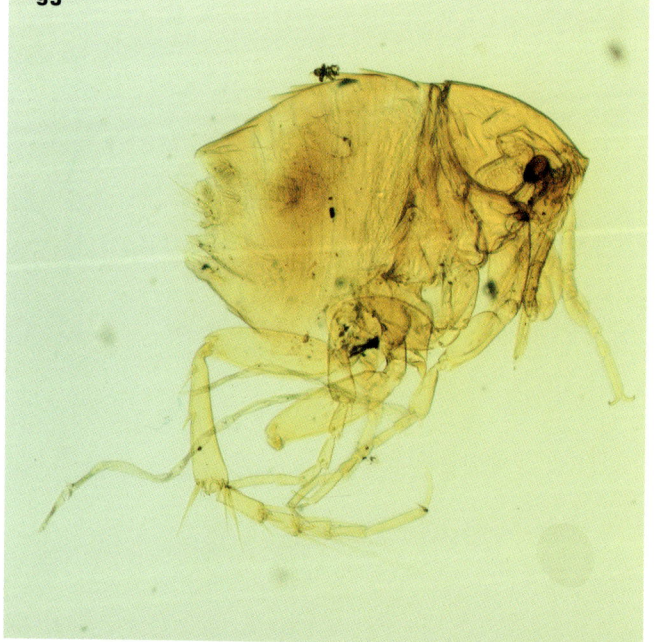

95

96

würden sich schnell weitere umgefaltete Moleküle anlagern. Jede heranwachsende Amyloid-Fibrille müsste dann zumindest teilweise wieder zerfallen, um neue Polymerisationskerne zu bilden.

Versuche mit genmanipulierten Mäusen weisen mittlerweile auf einen nötigen Zusatzfaktor für die Vermehrung von Prionen hin. Entdeckt werden konnte dieser trotz achtjähriger Forschung noch nicht. Als mögliche Kandidaten für den Faktor X werden häufig die Chaperone genannt. Hierbei handelt es sich um eine Familie von Eiweißstoffen, die anderen Proteinen beim Falten assistieren und Fehler gewissermaßen auszubügeln versuchen, indem sie fehlgefaltete Moleküle wieder entwirren. In Gegenwart einer Schablone wie dem krankmachendem Prion-Protein könnten die entfalteten Prion-Proteinmoleküle statt einer besseren auch ihrerseits eine gefährliche Gestalt annehmen. Aber auch andere biologische Moleküle wie die Lipide könnten eine derartige Wirkung haben. Schließlich findet die Umfaltung des Prion-Proteins in Gegenwart einer zellulären Lipidmembran statt.

Radiosignale aus dem Prion-Protein Der Schlüssel zum Verständnis der Prionen-Erkrankungen liegt in der genauen räumlichen Gestalt beider Formen des Prion-Proteins. Dann ließe sich auf molekularer Ebene untersuchen, warum und unter welchen Umständen die reguläre in die krankmachende Variante umkippt. An der Strukturanalyse arbeitet unser Labor

*Menschenfloh zur bedrohten Tierart geworden. **97** Eine 900-fach vergrößerte Hausstaubmilbe. Hausstaubmilben bewohnen meist unbemerkt unsere Betten, Teppiche und andere Textilien. Diese 0,1 bis 0,5 mm großen Wesen ernähren sich von Schimmelpilzen, die auf Hautschuppen wachsen. Der Mensch verliert am Tag etwa ein Gramm davon, genügend Nahrung für 1 Million Milben. Ihre Ausscheidungen lösen bei vielen Menschen Allergien aus.*

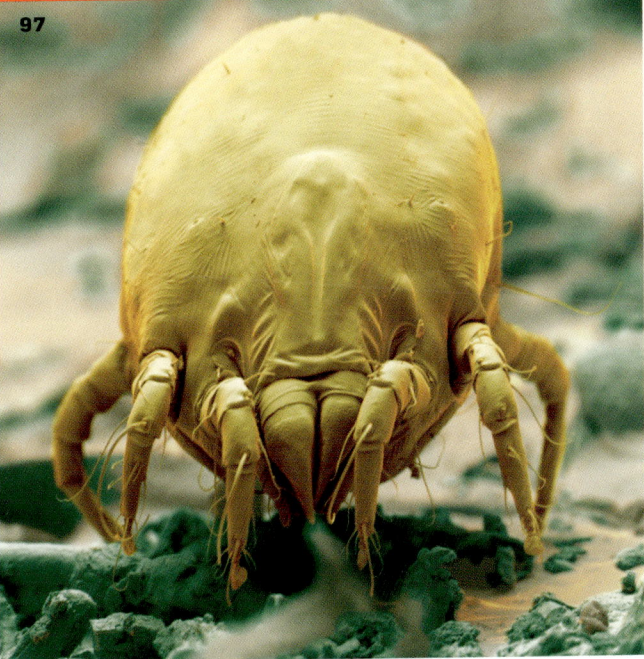

97

an der Eidgenössischen Technischen Hochschule in Zürich seit 1996. Als Grundmaterial dient Prion-Protein, das uns genmanipulierte Bakterien herstellen. Für die strukturelle Analyse von Proteinen benutzen wir die Kernmagnetische Resonanzspektroskopie, nach dem englischen Begriff hierfür kurz NMR-Spektroskopie genannt. In einem homogenen Magnetfeld eines supraleitenden Magneten richten sich alle im Molekül befindlichen Wasserstoffkerne ähnlich kleinen Kompassnadeln aus. Wird die Probe kurzzeitig einer elektromagnetischen Strahlung ausgesetzt, wechseln Kerne in eine energetisch höhere Ausrichtung und senden beim Zurückschnellen charakteristische Radiowellen aus. Diese Art von Spektroskopie erlaubt es derzeit als einzige Methode, die genaue Struktur eines in Wasser gelösten Proteins zu ermitteln. Darüber hinaus lässt sich mit ihr der Faltungsvorgang selbst sowie eine Wechselwirkung mit anderen Proteinen oder Biomolekülen untersuchen.

Unsere Arbeitsgruppe konnte kürzlich erstmals die dreidimensionale Struktur der »gesunden« Prion-Proteine von Rind und Mensch entschlüsseln. Wie die erste Abbildung (S. 108) zeigt, trägt das gesunde Molekül einen langen, frei beweglichen Schwanz; er sitzt an einem eher kugelig geformten »Körper« mit drei schraubig gewundenen Abschnitten (Alpha-Helices) und einem wellblechartigen Element (Beta-Faltblatt). Die NMR-Spektroskopie verschaffte uns auch Einblicke in die Bewegungen des Schwanzes.

98 Modell einer Haarbalgmilbe, 1884. *Der häufigste Hautparasit des Menschen ist die Haarbalgmilbe. Sie lebt zu Hunderten auf dem Gesicht beinahe eines jeden von uns. Das etwa 0,3 mm große Tier sitzt zu dritt oder viert in den Haarbälgen, winzigen Spalten in* *der Gesichtshaut, aus welchen die Haare wachsen. Dort ernährt sie sich vom Talg. Die oft ungeahnten Gäste sind harmlose Mitbewohner des Menschen.* **99–100** Modelle »Holzbock, nüchtern«, und »Holzbock, vollgesogen,« Werkstätten des Deutschen Hy-

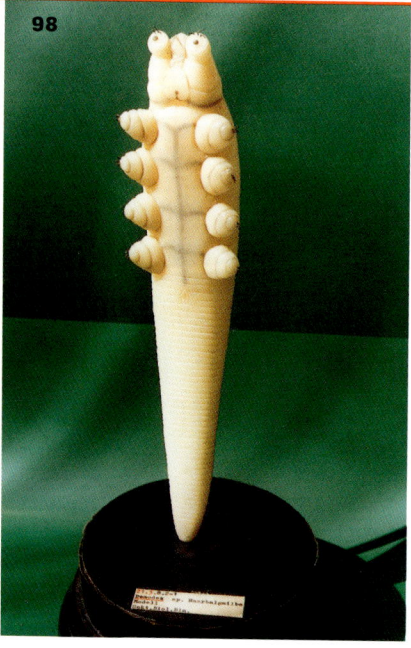

98

Wir wissen bisher recht wenig darüber, wozu der Organismus das normale Prion-Protein überhaupt braucht. Es kommt überwiegend im Nervensystem vor und ist dort über ein Kohlehydrat an der Außenseite von Nervenzellen verankert. Das Protein könnte etwas mit der Übertragung von Signalen zwischen benachbarten Nervenzellen zu tun haben. Vielleicht beteiligt es sich, wie Hans Kretzschmar vom Institut für Neuropathologie der Universität München vermutet, am synaptischen Transport von Kupfer-Ionen durch die Zellmembran; denn der bewegliche Schwanz weist eine hohe Affinität zu diesen Metall-Ionen auf. Kupfer-Ionen wiederum sind wichtig für die Funktion von Enzymen, welche die Zelle vor oxidativem Stress schützen.

Leider hat sich das krankmachende Prion-Protein bisher einer genauen Strukturanalyse widersetzt, vor allem aus technischen Gründen. Die NMR-Spektroskopie in Lösung lässt sich nur auf recht kleine Proteine (bis etwa 40 000 Dalton) anwenden. Die Fibrillen sind vergleichsweise riesig und zudem in Wasser unlöslich. Auf biologischem Wege aber ermittelte das Labor von Weissmann immerhin, welche Teile das normale Prion-Protein nicht braucht, um in die krankmachende Form umklappen zu können. Die Forscher züchteten dazu Mäuse, in deren Prion-Protein-Gen unterschiedliche Abschnitte fehlten. Ein langes Stück im flexiblen Schwanz des Prion-Proteins erwies sich als entbehrlich. Die Tiere konnten immer noch mit Prionen infiziert werden. Erst nach einer weiteren Verkürzung waren die

giene-Museums, um 1950–1954. *Der Holzbock ist die häufigste Zeckenart in Deutschland. Er lebt in Büschen und Gräsern und speist an warmblutigen Wirten, wie Mäusen, Vögeln, Rehen, Hunden, Katzen oder Menschen. Bei einer Blutmahlzeit kann die weibliche Zecke das 200-fache ihres Körpergewichts aufnehmen. In Mitteleuropa treten zwei durch Zecken übertragene Erkrankungen auf: die Lyme-Borreliose und die Hirnhautentzündung, die so genannte Frühsommer-Meningoenzephalitis (FSME).*

99

Holzbock, nüchtern
ca 25 fach linear vergrößert
(schematisch)

100

Holzbock, vollgesogen
ca 15 fach linear vergrößert
(schematisch)

Mäuse widerstandsfähig, genauso als besäßen sie gar kein Prion-Protein. Biophysikalische Untersuchungen weisen daraufhin, dass weite Teile des normalen Prion-Proteins eine Beta-Faltblattstruktur annehmen, wenn es in die pathologische Form übergeht. Darunter fällt wahrscheinlich auch ein an den kugeligen Körper angrenzender Abschnitt im frei beweglichen Schwanz, der nach der Umfaltung nicht mehr durch proteolytische Enzyme abgebaut werden kann, da dieser dann unbeweglich ist. Die zweite Abbildung (S. 108) zeigt ein entsprechendes Modell des menschlichen Prion-Proteins vor und nach einer solchen Umwandlung in die krankmachende Form.

Prionen überspringen die Artgrenzen Die Entdeckung einer Arten-barriere für die Übertragung von Prionen-Erkrankungen machte bereits vor über dreißig Jahren Iain H. Pattison vom britischen landwirtschaftlichen Forschungsrat in Compton als er den damals unbekannten Erreger der Scrapie von Schafen auf Ziegen zu übertragen versuchte. Inzwischen haben verschiedene Froschergruppen die Frage der Artenbarriere untersucht, indem sie eine definierte Menge Prionen direkt in das Gehirn verschiedener Labortiere injizierten. Aus Mäusehirn stammende Prionen lassen beispielsweise Syrische Goldhamster erst nach einer Inkubationszeit von ungefähr 380 Tagen erkranken. Das ist etwa sechsmal länger, als wenn man Hamster-Prionen in Hamster injiziert.

Die Existenz einer Artenbarriere diente den Gegnern der Protein-Hypothese lange als ein Argument dafür, dass hier doch Viren am Werk sein mussten. Eine Barriere lässt sich aber auch mittels der Protein-Hypothese erklären. Jedes der hier vorgestellten Vermehrungsmodelle setzt ja eine Wechselwirkung zwischen übertragenem und körpereigenem Prion-Protein voraus, und die erfolgt vermutlich nur dann effizient, wenn beide Formen des Proteins von derselben Tierart stammen, also dieselbe Abfolge an Bausteinen, an Aminosäuren, aufweisen.

Wird ein klassischer Erreger aus einem erkrankten Tier auf ein artfremdes Tier oder den Menschen übertragen, verkürzt sich nach mehreren Passagen des Erregers in derselben Art gelegentlich die Inkubationszeit. Der Grund liegt darin, dass solche Virusvarianten, die dem fremden Wirt zufällig besser angepasst sind, sich allmählich durchsetzen. Auch bei Prionen verkürzt sich die Inkubationszeit nach mehrmaliger Passage. Dies wiederum könnte darin begründet sein, dass der Anteil an körpereigenem Prion-Protein in den sich vermehrenden Prionen bei jeder Passage zunimmt.

Unsere Arbeitsgruppe ist der Frage nachgegangen, ob möglicherweise lokale Unterschiede in der räumlichen Struktur von gesunden Prion-Proteinen zu einer Artenbarriere beitragen können. Dazu verglichen wir mithilfe des Computers die bisher bekannten Molekülstrukturen der Prion-Proteine von Maus, Hamster, Rind und Mensch miteinander. Wie der Vergleich zeigt, bestehen zwischen dem normalen Prion-Protein von

101 Gesundheitliche Aufklärungskampagne, vor 1950. »Gesucht wegen Mordes: Die Stubenfliege überträgt die Keime tödlicher Erkrankungen. Rotte sie aus!« ist auf dem Plakat zu lesen. Erst vor wenigen hundert Jahren wurde der Zusammenhang zwischen Hygiene, Ungeziefer und Krankheit erkannt. Dies führte weltweit zu gesundheitlichen Aufklärungskampagnen und zur Entwicklung mechanischer und chemischer Bekämpfungsmethoden. **102** Mit Arsen vergiftete Stubenfliegen, 1919, R.O. Neumann'sche Sammlung.

Maus oder Hamster und dem vom Rind sehr wohl lokale räumliche Unterschiede. Damit ließe sich auf molekularer Ebene erklären, warum die bovine spongiforme Enzephalopathie (BSE) in Laborversuchen auf Mäuse und Hamster übertragen werden kann, aber eben doch eine moderate Artenbarriere besteht. Die Proteine von Rind und Mensch hingegen sind in der Form ihres Rückgrats nahezu identisch. Dies könnte auf eine erleichterte Übertragung von BSE auf den Menschen hinweisen.

Glücklicherweise besteht ein Protein nicht bloß aus »Knochen«, sondern auch aus »Fleisch«, den so genannten Aminosäureresten. Das echte Molekül ist also deutlich fülliger. Prion-Proteine von Mensch und Rind unterscheiden sich etwas in der Abfolge ihrer Aminosäuren, und zwar genau an 21 Positionen. Das reguläre Rinder-Prion-Protein trägt an einer Stelle eine negative Ladung, die bei der menschlichen Version nicht vorkommt. Umgekehrt gibt es im menschlichen Molekül einige negative Ladungen, die dem Rinder-Protein fehlen. Sofern eine Artgrenze besteht, welche die Übertragung von BSE auf den Menschen erschwert, wäre sie somit bei diesen unterschiedlichen Oberflächenladungen zu suchen.

Prionen und Anti-Prionen Wie gefährlich BSE für den Menschen ist, kann im Augenblick niemand vorhersagen. Statistische Abschätzungen über das zu erwartende Ausmaß der CJK-Epidemie gehen weit auseinander. Im günstigsten Fall werden am Ende nur wenige hundert Personen

103 Silberfisch, 1995. *In den feuchten Ecken von Badezimmern, Speisekammern, Waschküchen und Kellern richtet der Silberfisch sich gern ein. Für die menschliche Gesundheit ist das lichtscheue silbergraue Insekt harmlos. Allerdings knabbert es an Koh-* lenhydraten jeglicher Art: von Haferflocken über Kleister, bis hin zu gestärkten Hemden und Bucheinbänden. **104** Großer Abendsegler aus der Dresdener Frauenkirche, 1933. *Im Jahre 1933 entdeckte der berühmte Fledermauskundler Martin Eisentraut die-*

103

betroffen sein, im schlimmsten Fall hätten sich bereits einige hunderttausend Menschen mit BSE angesteckt.

Was können wir also tun, um der BSE-Krise ein Ende zu bereiten? Die beste Strategie ist sicher, den Erreger zu untersuchen, um seine innere Struktur und seine Vermehrungsmechanismen zu entschlüsseln. Auf dieser Grundlage lassen sich effizientere diagnostische Verfahren sowie Medikamente gegen diese neuartigen Krankheiten entwickeln.

Die gegenwärtig genutzten BSE-Schnelltests bieten keine Sicherheit, da diese den Erreger erst nachweisen können, wenn er in hohen Konzentrationen im Gehirn vorliegt. Zukünftige Nachweisverfahren am lebenden Tier müssten um ein vielfaches sensitiver sein. Die minimale Empfindlichkeit eines nützlichen Tests hängt davon ab, wie viele BSE-Erreger vorhanden sein müssen, um einen Menschen zu infizieren. Selbst dies ist aber noch nicht bekannt.

Ein wirksames Medikament für die Bekämpfung von Prionen-Erkrankungen ist zurzeit nicht in Sicht. Verschiedene Strategien erscheinen viel versprechend, zumindest auf dem Papier. Denkbar wäre eine Substanz, die das gesunde Prion-Protein bindet, ohne dessen normale Funktion zu beeinflussen, aber ein Umklappen in die krankmachende Form verhindert. Auf diese Weise könnte eine Ausbreitung der Prionen im Körper von Tieren und Menschen wirkungsvoll gestoppt werden. Die Erreger wären damit bei ihren Wurzeln gepackt. Denkbar wäre auch eine Variante des Prion-

sen großen Abendsegler (Nyctalus noctula) an der Dresdener Frauenkirche. Vor dem Zweiten Weltkrieg sammelten sich dort bis zu 1200 Fledermäuse, um zu überwintern. Fledermäuse leben traditionell in Bäumen, Höhlen und Felsspalten. Mit der Entwicklung menschlicher Siedlungen wurden auch einige von ihnen zu Stadtbewohnern. Beliebte Quartiere sind Kirchtürme, Dachböden und Mauerspalten. In der rekonstruierten Frauenkirche sollen auch die Fledermäuse wieder Platz finden können.

104

Proteins, die selber nicht mehr umklappen, sich aber trotzdem in die Zusammenlagerung von krankmachenden Prion-Proteinen »einschmuggeln« und so die vorhandenen Prionen inaktivieren kann. Würden solche Anti-Prionen beispielsweise durch somatische Gentherapie direkt in das Gehirn eines CJK-Patienten eingebracht, könnte eine weitere Vermehrung der vorhandenen Prionen verhindert werden. Diese und ähnliche Therapieansätze lassen sich wohlmöglich auf andere, bisher nicht in Erscheinung getretene Prionen anwenden; denn theoretisch kann jedes der 40 000 menschlichen Proteine in ein Prion umklappen.

105 Hutwespennest, um 1997. *An einem alten, mit Hüten behängten Ständer auf dem Dachboden eines Frankfurter Hutmachers haben Wespen ein einzigartiges Sommerhaus errichtet: ein Hutwespennest. Dieses kunstvolle Unikat ist Ausdruck der neuen Lebensräume, die menschliche Behausungen manchen Tierarten bieten.*

105

Artenschutz – Umgang mit anderen Formen des Lebens

Eine Frage der Kultur?

Josef H. Reichholf

Unsere nächsten Verwandten »Der Affenleib zeigt … äußerlich und innerlich so viele Eigenthümlichkeiten, dass die Unähnlichkeit zwischen Affe und Mensch größer erscheinen muss, als die Ähnlichkeit. Ein einziger Blick auf den vollendeten Menschen, auf Denjenigen, welchen der Künstler vor sich sah, als er das Götterbild seines Apollo schuf: – ein einziger Blick auf ihn genügt, um die unübersteigliche Schranke festzustellen, welche Mensch und Thier auf ewig scheidet.« So heißt es in *Brehms Tierleben*, erschienen im Jahre 1864. Die Erniedrigung, die empfunden wurde, als Charles Darwin mit erdrückender Last bester Befunde und Argumente unwiderlegbar klargestellt hatte, dass sich der Mensch aus seiner Affenverwandtschaft heraus entwickelt hat, steckt auch in dieser Formulierung für das breite Volk, für das *Brehms Tierleben* lange Zeit das Hausbuch war. Heute wissen wir, dass uns nicht mehr als ein gutes Prozent Gene im Erb-

Pflanzenvielfalt im brasilianischen Regenwald: 1 Baum mit Brettwurzeln, 1999, Rita Mühlbauer, Aquarell **2** Details vom Bodenbereich, 1999, Rita Mühlbauer, Aquarell. *Die Bilder entstanden während eines Studienaufenthalts der Malerin in der* Estação Cientifica Ferreira Penna *im Amazonasgebiet Caxiuanã, Pra, Brasilien.*

gut von den Schimpansen, unseren nächststehenden Affenverwandten trennt, und passend zur Jahrtausendwende hat man im Münchner Stadtforum mit wissenschaftlichem und gesellschaftspolitischem Ernst die Frage diskutiert: »Menschenrechte für Menschenaffen?« Dass dabei keine Lösung gefunden wurde, verwundert nicht und bedeutet auch weit weniger als die bloße Tatsache, dass darüber überhaupt ernsthaft gesprochen wurde, wo es doch genug Gebiete auf unserer Erde gibt, in denen Menschenrechte für Menschen noch nichts Selbstverständliches sind, wo Frauen noch eine andere Kategorie Mensch darstellen oder so genannte Naturvölker von nicht weniger so genannten Zivilisierten bis zur Auslöschung ganzer Ethnien aktiv oder passiv dezimiert werden. Und wie allgemein bekannt ist, bedeutet Mensch sein nicht automatisch auch menschlich sein.

Müsste nicht erst die (ganze) Menschheit wirklich zivilisiert sein im besten Sinne dieses Ausdrucks, bevor ein menschlicher Umgang mit den anderen Lebewesen überhaupt möglich wird? Oder, anders gefragt, wie kann die Art Mensch, zoologisch-wissenschaftlich Homo sapiens genannt, mit anderen Arten friedlich und zukunftsfähig leben (wollen), wenn sie sich selbst nach wie vor der größte Feind ist: Homo hominis lupus, so brachten es die alten Römer vor zwei Jahrtausenden auf den Punkt. Die Fortschritte fielen seither dürftig aus; die Menge der von Menschen getöteten Menschen hingegen nahm in den zehn Jahrhunderten nach der Pax

11 – Nackter Affe oder Krone der Schöpfung

Abendländische Philosophie und Religion kürten den Menschen zur »Krone der Schöpfung« – bis Darwin ihn vom Thron stieß. Aus evolutionärer Sicht ist der Mensch jung, denn noch vor wenigen Millionen Jahren war unser Vorläufer ein Tier unter vielen. Wann wurde der Mensch zum Menschen? Wie kam es zum »Urknall der Kultur« vor etwa 40000 Jahren, als der Mensch erstmals Kunst, Kleidung oder Religion hervorbrachte? Wissenschaftler zeigten, dass wir ungefähr 98 Prozent unserer Gene mit dem Schimpansen teilen. Ist der Mensch nur ein nackter Affe? Wo liegt der kleine, aber so folgenreiche Unterschied?

Romana massiv zu. Mit Tieren gingen sie höchst brutal um, jene vornehmen Römer, die die Welt zivilisierten, wenn sie im Circus maximus grauenhafte Gemetzel zwischen Löwen, Tigern, Stieren und anderen Tieren unter dem Motto »panem et circenses« zur Volksbelustigung veranstalteten.

Sprung in die Gegenwart Nie zuvor in der gesamten überlieferten Geschichte des Menschen gab es so viel und so umfänglichen Schutz für Tiere. Sie müssen, so sie der Mensch in seine Obhut nehmen will, artgerecht untergebracht, tiergerecht (beinahe menschenwürdig) behandelt werden, und viele, so sie selten (geworden) sind, bleiben vor dieser menschlichen Inobhutnahme geschützt. Es gibt für sie klare Haltungs- und Handelsverbote. Auch internationale, die fast überall auf der Erde gültig sind. Eines der umfassendsten und auch mit am besten umgesetzten internationalen Abkommen ist das Washingtoner Artenschutzabkommen. Kein Fellstück eines Jaguars, keine Feder eines Hyazintharas oder anderer Großpapageien darf man sich aneignen oder erwerben, wenn nicht – was höchst unwahrscheinlich ist – eine entsprechende Ausnahmegenehmigung erteilt wird. Von lebenden Tieren dieser Arten ganz zu schweigen. Selbst Zoo-Nachzuchten müssen genauestens registriert und überprüfbar gehalten werden, falls vielleicht doch eine Weitergabe erfolgen sollte. Gestorbene Tiere dieser Arten sind gleichfalls zu registrieren; ihr Verbleib, etwa in staatlichen Museen, muss behördlich mit Kennmarken versehen werden.

abendländische Menschenbild. In sechs Tagen schöpft Gott das Leben. Der Mensch, sein endgültiges Werk, erhält den göttlichen Auftrag, über die Natur zu herrschen. Darin gründet der Mensch seine Sonderstellung als Krone der Schöpfung über Jahrhunderte hinweg.

106

107

120/1

Etwas mildere Stufen des Artenschutzes stellen die nationalen oder übernationalen Artenschutzgesetze und -verordnungen dar, wie etwa die Europäische Vogelschutzrichtlinie. Alle Singvogelarten, die in der Europäischen Union vorkommen, sind danach mit ganz wenigen, nahezu bedeutungslosen Ausnahmen geschützt. Niemand darf eine Amsel einfangen, in den (artgerecht geräumig eingerichteten) Käfig sperren und sie darin, so es sich um ein Männchen handelt, singen lassen. Nachtigallen auch nicht. Nach deutschem Artenschutzrecht ist es auch verboten, Froschlaich einzusammeln, um daheim im großen Einweckglas oder in einem schönen Aquarium (in dem jedoch tropische Fische schwimmen dürfen!) die wunderbare Verwandlung von der fischähnlichen Kaulquappe zum fertigen, vierbeinigen Frosch ganz unmittelbar erleben zu können. Oder wie aus einer grünbunten Raupe zunächst eine merkwürdige Puppe wird, aus der dann ein so wunderschöner Schmetterling wie der Schwalbenschwanz hervorkommt. Solch Wundersames mitverfolgen zu können, bleibt – in entsprechend kurzweilig geraffter Form – Naturfilmen vorbehalten. Tausende von Tierarten stehen solcherart unter Schutz. Für die bekannteren Tiergruppen wie etwa für Säugetiere, Tagschmetterlinge, Eidechsen oder Frösche und insbesondere für die Vögel ist es mittlerweile leichter, Listen derjenigen Arten anzulegen, die nicht geschützt sind.

Es müsste der geschützten Tierwelt also gut gehen! Sehr gut sogar in unseren zivilisierten Regionen, wo das Recht gilt und im Bedarfsfalle viel-

108 Darstellung der Stufenleiter der Natur, 1781. Bis zur Mitte des 19. Jahrhunderts herrscht in der Wissenschaft die Idee von der »großen Kette des Seins«: eine von Gott festgelegte hierarchische Naturordnung, gekennzeichnet durch eine kontinuierliche Zunahme der Formvollkommenheit unveränderlich erschaffener Wesen. Die einfachen Tiere besetzen die niederen Stufen, der Mensch, als vollkommenste irdische Lebensform, steht an höchster Stelle, übertroffen nur von den Engeln und von Gott. 109 Systematischer

leicht sogar geltend gemacht werden kann. Hin- und hergerissen zwischen Gesetzes- und Verordnungslage einerseits und dem Bedürfnis, menschlich zu handeln andererseits, sind nur jene Menschen, die so ein hilfloses kleines Tier wie einen zu früh aus dem Nest gesprungenen Jungvogel vor sich haben und helfen möchten. Ihn füttern, ihn versorgen, ihn zum (Aus)Fliegen zu bringen, gebietet die innere Natur, während das äußere Gesetz dies verbietet. Der Tod gehört zum Kreislauf der Natur, wird man womöglich noch vom Vertreter dieses Artenschutzes aufgeklärt, und auch das tote Tier gehöre dazu. Man darf es sich nicht aneignen. Man muss es liegen und sterben lassen. Menschlichkeit ist im Artenschutz nicht vorgesehen. Dazu sind die Menschen mit ihrer individuellen Menschlichkeit auch zu verschieden, um in die Schablone einer juristisch doch so sonnenklaren Verordnung zu passen. Der Schutz will ja doch im Endeffekt das Beste für die geschützten Arten – auch wenn er offenbar bei vielen, bei der großen Mehrzahl der geschützten Arten, gar nicht ankommt oder nichts bewirkt. Wie sonst könnten sie, nach Jahrzehnten unter Vollschutz, denn immer noch bedroht sein oder sogar immer seltener werden? So sieht sich in unserer Gegenwart der wohlgesonnene Naturfreund praktisch ausgeschlossen von beiden Lagern, vom Naturschutz wie auch von den Nutzern (und Bekämpfern). Denn solange die geschützte Art ihren Schutzstatus hat, darf er nur mit gehörigem Abstand an ihrem Dasein teilhaben. Ist sie aber doch häufig genug geworden, muss sie (selbstverständlich rechtmäßig) dezimiert, auf

Stammbaum des Menschen nach Ernst Haeckel (1834–1919). Darwins bahnbrechende Evolutionstheorie führt zur Einordnung des Menschen als Teil eines natürlichen, mit den Tieren geteilten Entwicklungsprozesses. Allerdings bleiben wesentliche Ansichten über die

Stellung des Menschen unangetastet: Wie der Stammbaum zeigt, wird die statische göttliche Stufenleiter durch Evolutionsvorgänge erklärt: Homo sapiens gilt nach wie vor als höchste Entwicklungsstufe.

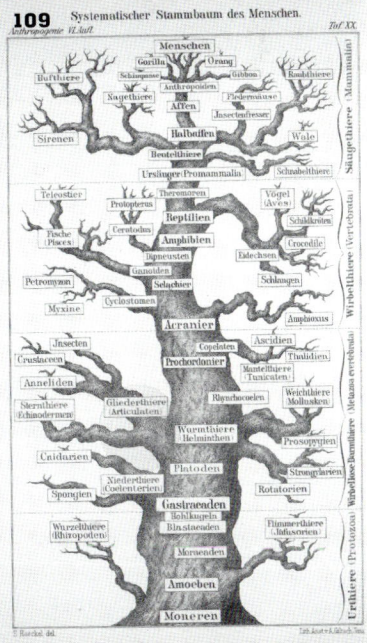

jeden Fall aber »reguliert« werden. Unzugänglich bleibt sie den Naturfreunden auf jeden Fall. Winzige Minderheiten von Naturschützern wie Naturreglern befinden über den Status der Arten. Der große Rest von mehr als 95 Prozent aller Menschen bleibt außen vor. Dieser große Rest weiß auch nicht wirklich, warum so viele Arten so selten (geworden) sind und warum ausgerechnet die Naturfreunde die offenbar größte Bedrohung für die geschützten Arten darstellen sollten. Und irgendwo kommt in nachdenklichen Augenblicken der Verdacht auf, man wird als die große Mitte einfach von den jeweiligen Extremen übergangen. Entweder Tabu oder Vernichtung; Arten, die nicht in dieses Schema passen, sind unbedeutend, uninteressant und weithin unbekannt. Artenschutz für (zu) selten gewordene Stechmückenarten ist nicht zu erwarten. Für den weithin rar gewordenen Menschenfloh auch nicht. Unsere Urteile werden doch nach wie vor recht stark von unserer emotionalen Haltung beeinflusst. Kaum irgendwo sonst gilt das so sehr wie für unser Verhältnis »zum Tier« und für das, was uns mit Tieren zu machen erlaubt ist oder zugemutet wird.

Wer oder was gefährdet Arten? Natürlich die Menschen! Gäbe es diesen Irrwisch der Evolution nicht, dann wäre die Erde jungfräulich-paradiesisch, und alles Leben würde im Einklang mit der Natur stehen. Nun, erstens hat diese Erde diesen Menschen und zweitens denkt der Rest der Natur nicht daran, sich so, wie gewünscht, im Einklang mit sich selbst zu

110 Präparat eines afrikanischen Menschen, aus dem Film Der ausgestopfte Mohr – der Mensch als Exponat, 2002. *Die Betrachtung dunkelhäutiger Völker als minderwertig führte auch in der Wissenschaft zu heute unvorstellbarer Behandlung: Ohne ihre vor-* *herige Einwilligung und gegen Proteste der Verwandtschaft wurden manche »Fremde« nach ihrem Tod präpariert und als Kuriositäten in Sammlungen und Museen ausgestellt. Bis 1997 stand dieses Humanpräparat eines »afrikanischen Kriegers« in ei-*

verhalten. Parasiten und Krankheiten, gewaltsamer Tod, Siechtum, Hunger und Elend gehören auch ohne Zutun des Menschen zum Gang des Lebens. Ob er daran etwas nachhaltig verbessern könnte, sei dahin gestellt. Dass die Erde »vor dem Menschen« kein Paradies in menschlichem Sinne war, ist Gewissheit. Löwe und Lamm lagen nicht friedlich nebeneinander; sie sind im Verlauf der Evolution zum Raubtier und zum Pflanzenverwerter geworden, wie viele Würmer zu Parasiten, Einzeller zu Krankheitserregern und »friedliche« Pflanzen zu hemmungslosen Wucherern.

Das Aussterben von Arten gab es, seit es Leben auf der Erde gibt. Das ist der eindeutige Befund der Paläontologie. Die Beweise liegen versteinert weltweit verteilt in den jeweiligen Schichten der Geschichte der Erde. Seltenheit ist ein natürliches Phänomen. Der Mensch selbst war den größten Teil seiner Geschichte als Art eine große Seltenheit, die beständig ums Überleben zu kämpfen hatte. Dass die Art Mensch dennoch überlebte und sich zur Beherrscherin aufschwingen konnte, grenzt an ein Wunder. Hat sie doch zu fast 99 Prozent all ihre Erbanlagen mit den so selten gewordenen, von unserer Mildtätigkeit völlig abhängigen Schimpansen gemeinsam. Überlebensfähigkeit steht höchstwahrscheinlich nicht in den Genen festgeschrieben. Zufälle können viel bewirken – und zur endgültigen Auslöschung führen. Wozu also das Gejammere um die aussterbenden, die bedrohten Arten? Manche würden wir ohnehin lieber heute als morgen von der Bildfläche verschwinden sehen. Ihre ökologische Notwendigkeit darf vom gesunden Menschenverstand angezweifelt werden. Außerdem erholte sich nach kurzen Phasen wahrlich katastrophalen Aussterbens das Leben auf der Erde sichtlich wieder. Die heutige Vielfalt der Arten ist vielleicht auch nicht schlechter als die am Ende der Ära der Dinosaurier. Auch wenn es irgendwie schade ist, dass keiner dieser Riesen in unsere Zeit hinein überlebt hat. So ein friedlicher Gigant wie ein Brachiosaurus, der mit seinem kleinen Kopf und noch kleineren Gehirn wohl nicht schwer zu handhaben gewesen wäre. Dass all die großen Dinos aussterben durften, ohne dass das Ökosystem Erde zusammenbrach, passt nicht in die Vorstellungswelt von der globalen Harmonie des Lebens vor dem Menschen. Dass der Mensch allein in den letzten paar Jahrtausenden seines Daseins den größeren Teil der Großtierwelt ausgerottet hat, ziehen die Klimaforscher nicht ernstlich als eine Ursache für den Klimawandel in Betracht, der mit dem Ende der letzten Vereisung eingesetzt hat. Es muss schon eine andere Bewandtnis haben mit dem Menschen, mit dem Artensterben und unserer so schwankenden Einstellung zum Tier.

Liegt es also an unserer veränderten Einstellung zum Tier, das nicht mehr als Bestie, Feind oder Schädling gesehen wird, sondern als Mitlebewesen in einer gemeinsamen Welt der Natur? Schön wäre es. Die nähere Betrachtung zeigt, dass eine solch romantische Vorstellung nicht viel mehr als eine Illusion ist. Auch wenn einige Menschen diese Sicht von Natur und Tierwelt ernst nehmen, bleiben sie eine hoffnungslose Minderheit. Hoff-

zielgerichteten Evolution den Platz des Menschen in der Natur verzerrt. Allmählich löst das Bild eines sprießenden Buschs das Modell der Stufenleiter ab: Der Mensch erscheint nicht mehr als vorläufiges Ende oder Höhepunkt, sondern ist Teil von vielen zierlichen Entwicklungszweigen. **112** Keimesgeschichte des Antlitzes nach Ernst Haeckel (1834–1919). Obwohl von Haeckel etwas »verschönert«, verdeutlichen seine Entwicklungsstudien des Gesichts im embryonalen Stadium die anatomische Verwandtschaft zwi-

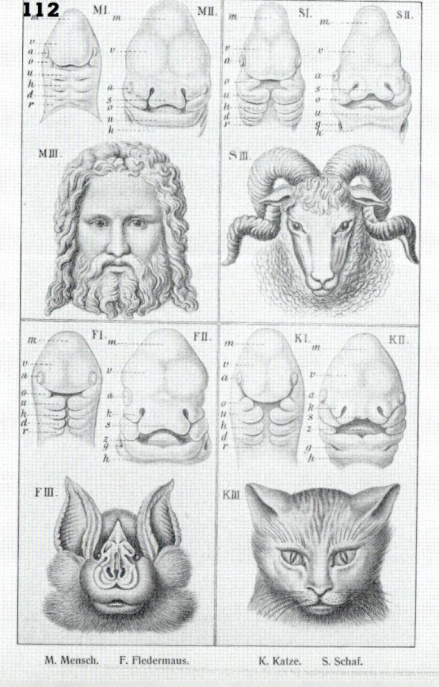

M. Mensch. F. Fledermaus. K. Katze. S. Schaf.

nungslos für die bedrohten Tiere, von denen nur einige spektakuläre Arten wie der Große Panda, der zum Symbol des weltweiten Artenschutzes geworden ist, so viel Aufsehen erregen, dass ihrer Gefährdung massiv entgegen gewirkt wird. Oder jene, die das Glück hatten, in einem der von Touristen gut besuchten Nationalparks zu leben. Der großen Mehrheit der Tierarten geht es global so wie in Mitteleuropa: Die wirklichen Verursacher ihres Verschwindens werden nicht genannt. Denn das sind Tiere der besonderen Art. Nutztiere der Menschen!

Betrachtet man zum Beispiel die so genannten Roten Listen der gefährdeten Arten, wie sie in Deutschland, auch auf Länderebene, und vielen anderen Staaten und Regionen der Erde aufgestellt worden sind und regelmäßig »fortgeschrieben« werden, so wird schlagartig klar: Es liegt weder an der (Un)Zahl von Menschen, die im betreffenden Gebiet leben, noch an Industrie, Verkehr oder Bau- und Siedlungstätigkeit, dass immer mehr Arten gefährdet sind. Mit weitem Abstand vor allen Wirkgrößen ist es die Landwirtschaft, die den Schwund der Artenvielfalt verursacht. In Deutschland gehen rund drei Viertel aller Arten von Säugetieren und Vögeln, deren Bestände rückläufig geworden sind und die als gefährdet in die Roten Listen aufgenommen werden mussten, auf das Konto der Landwirtschaft. Zwölf Prozent der Arten sind selten oder können sich nicht wieder erholen, weil sie gejagt, verfolgt und scheu gehalten werden. Menschen lösen ihre Flucht aus und werden damit zu Störenfrieden in der Natur.

schen Mensch und Tier. Die frühen Stadien gleichen sich bei Wirbeltieren, weil sie ähnliche übergeordnete Gengruppen besitzen. Erst nachgeschaltete Gengruppen sorgen für die Unterschiede. **113** *Modelle zur Gesichtsentwicklung beim menschlichen Embryo,* 1911, Friedrich Ziegler (1820–1889) nach Plattenmodellen von Karl Peter. **a** *ca. 26 Tage alt* **b** *ca. 30–31 Tage alt* **c** *37–38 Tage alt* **d** *ca. 60 Tage alt(?)*

113

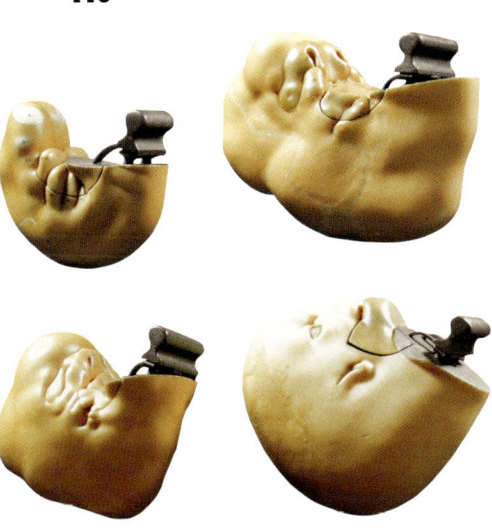

Menschen waren und sind ihrer Natur nach jedoch für keine Tierart ein natürlicher Feind. Die Tiere sollten sich den Menschen gegenüber deswegen indifferent-vertraut verhalten, ohne zahm zu sein. Nicht nur auf entlegenen Inseln wie Galapagos ist diese natürliche Vertrautheit zu sehen und als Besonderheit erlebbar, sondern auch in weiten anderen Regionen, wo aus religiösen oder kulturellen Gründen die allermeisten frei lebenden Tiere nicht verfolgt werden. So etwa in Indien. In dortigen Nationalparks lassen sich fast alle in Mitteleuropa auch vorkommenden, scheuen Vogel- und Säugetierarten in vertrauter Nähe und Nachbarschaft zum Menschen erleben.

Noch eindrucksvoller zeigt sich das Verhältnis von Menschen zu Tieren in den Großstädten. Dort leben in naturnah gestalteten Parkanlagen, auf die Flächengröße der Städte bezogen, mittlerweile weitaus mehr Tiere und erheblich mehr Arten als auf gleich großen Flächen »in der freien Natur«, selbst wenn diese Naturschutzgebiete darstellen sollten. (Groß)Städte sind zu Inseln des Artenreichtums geworden. Draußen aber, im freien Umland, nehmen die Arten ab. So unglaublich es klingen mag und so bizarr es auch aussieht: Je mehr Menschen, desto mehr Tiere! Das ist die heutige Lage der frei lebenden Tierwelt in Mitteleuropa und darüber hinaus in vielen Regionen der Erde. Der größte Feind der Artenvielfalt versteckt sich in der Bewirtschaftung des Landes. Die moderne Landwirtschaft entzieht den Arten Lebensraum, düngt die Vielfalt der Wildpflanzen zu Tode und spritzt das Insektenleben weg. Was übrig bleibt, ist eine kleine Gruppe von Arten,

114 Skelett eines Menschen, Anfang 20. Jh., Firma Meusel. *Der aufrechte Gang ist eines der wesentlichen anatomischen Merkmale der Menschwerdung. Seine Entwicklung reicht mehrere Millionen Jahre zurück. Lange wurde angenommen, dass er mit der Be-* siedlung der afrikanischen Savanne entstand. Neue wissenschaftliche Funde stellen diese Theorie jedoch wieder in Frage. **115** Skelett eines Gorillas in der Haltung des Knöchelgangs, um 1980.

die hart im Nehmen sind oder allzu rasch dann auch Schäden in der Landwirtschaft verursachen. Dann werden auch sie bekämpft. Die einseitige Förderung bestimmter Wildarten und die Bekämpfung all jener, die diesen nachstellen (könnten), tun ihr Übriges, die frühere so artenreiche Kulturlandschaft verarmen zu lassen. 80 bis 90 Prozent der Artenrückgänge in Mitteleuropa wurden auf diese Weise verursacht. Und unser landwirtschaftlicher und jagdlicher Umgang mit der Natur wird diesen Rückgang auch weiterhin aufrecht erhalten. Schließt man die übrigen Tiergruppen und die Rückgänge bei Pflanzenarten mit ein, so kommt diesen beiden Hauptfaktoren ein Anteil von mehr als 95 Prozent zu. Die wenigen Restprozente verteilen sich auf die gewöhnlich als Hauptursachen für den Artenschwund angesehenen Bereiche Industrie, Verkehr, Bau- und Siedlungstätigkeit. Es sind nicht die von Autos tot gefahrenen Hasen, die den Rückgang der Hasenbestände bedingen, und nicht der Lärm von Autobahnen, weshalb die Lerchen keine Lust mehr haben zu singen. Es sind die Aus- und Nebenwirkungen der Hochleistungslandwirtschaft, denen sie und all die anderen in ihren Beständen rückläufigen Arten zum Opfer fallen oder bereits zum Opfer gefallen sind.

Und es ist auch nicht der wachsende Landbedarf einer sich stark vermehrenden Menschheit, dem in so erschreckender Weise die besonders artenreichen Tropenwälder geopfert werden. Dort, wo, wie in Brasilien, schier unvorstellbar große Flächen der Brandrodung anheim gefallen sind

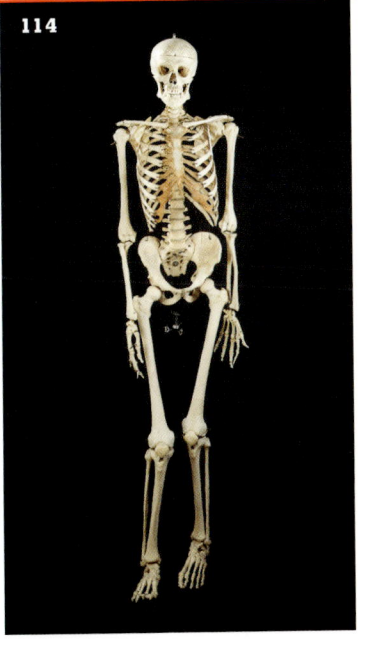

114

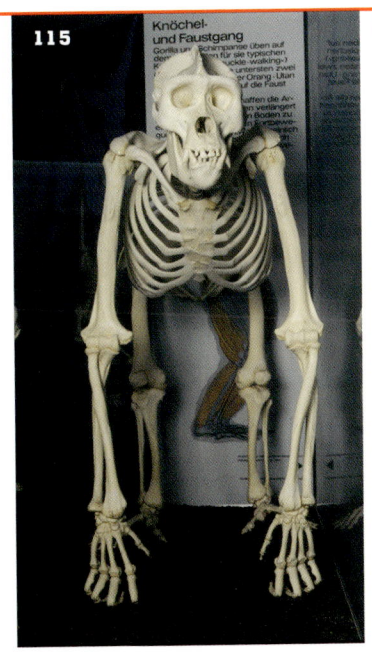

115

Knöchel- und Faustgang

und in den vergangenen Jahrzehnten und Jahr für Jahr das Land weithin brennt, sodass zu Recht von einem »flambierten Planeten« gesprochen wird, pflanzen nicht Menschen, sondern weiden Rinderherden. Von dort kommen auch die Futtermittel, die unsere Massentierhaltung in der Europäischen Union braucht, da die hierzulande verfügbaren Flächen bei weitem nicht das produzieren können, was der Viehbestand benötigt und verbraucht. Der Landkreis Vechta in Südniedersachsen zum Beispiel weist eine mehr als zwanzigfach höhere Großtierdichte auf als die weltberühmte Serengeti; die dort zudem lebenden zwölf Millionen Hühner übertreffen die größten Vogelkolonien auf Inseln im Nordmeer oder an der Westküste Südamerikas. Selbst auf die gesamte landwirtschaftliche Nutzfläche bezogen, übertrifft der Viehbestand in Deutschland die Serengeti pro Quadratkilometer um das Zweieinhalbfache. Das ganze Land eine Super-Serengeti?! Und was merken wir davon? Wenn überhaupt, dann werden wir gewahr, dass so eine extreme Nutztierdichte nicht zum Nulltarif zu haben ist, sondern uns sehr viel Geld an Trinkwasserbereitstellungs- und Abwasserentsorgungsgebühren kostet. Gelegentlich merken wir es auch an den mit unschöner Regelmäßigkeit wiederkehrenden Skandalen wie BSE oder verbotenen Substanzen in Futtermitteln. Als auf dem Höhepunkt der BSE-Krise Hunderttausende Rinder getötet werden mussten, schien dies eine Katastrophe zu sein. Wer wusste schon, dass ganz regulär in einem einzigen Jahr, 2000 zum Beispiel, zur Erzeugung der 5,25 Millionen Tonnen

116 Gehirne von *Elefant, Pferd, Schimpanse, Fleckenhyäne, Nilkrokodil, Hügel-Mynahs, Fledermaus (v. l.) aus der größten Tiergehirnsammlung der Welt, 1904–1918. Anhand von Untersuchungen an Gehirnen entwickelte der Hirnforscher Ludwig Edinger die Regel* der Zerebralisation: *Die Vergrößerung des Groß- und Kleinhirns im Laufe der Evolution ging einher mit einer steigenden Abhängigkeit sensorischer und motorischer Funktionen von der Großhirnrinde. Sie gilt zusammen mit dem aufrechten Gang und der*

116

Fleisch in Deutschland 3 865 600 Rinder und 43 234 200 Schweine geschlachtet worden sind. Doppelt so viele Schweine wie durchschnittlich im Lande leben (gut 25 Millionen und damit mehr als in ganz Russland!), weil ein Schwein in einem halben Jahr schlachtreif gefüttert wird. Jeder Mensch in Deutschland aß im Jahre 2000 durchschnittlich 63 Kilogramm Fleisch. Den Preis dafür bezahlen wir mit exorbitanten Umweltbelastungen, und als Begleiterscheinung haben wir den Artenschwund – hierzulande wie global. Denn auch Deutschlands Rinder fressen die Tropenwälder weg, weil für ihren Futterbedarf entsprechende Flächen benötigt werden, die wir hier nicht haben.

Nicht ohne Grund verzeichnen die internationalen Naturschutzorganisationen die größte Artengefährdung in Amazonien, einer Region von der Größe ganz Europas, in der nur ein paar Millionen Menschen leben. Was in den Tropen und Subtropen alljährlich abgebrannt wird, um Weideland zu schaffen, entspricht dem durchschnittlichen Energiejahresumsatz der drittgrößten Industrienation der Erde, Deutschland, nämlich rund 500 Millionen Tonnen Steinkohleeinheiten. Auf dass der europäische Rinderwahn weiter lebe und gedeihe!

Wegsehen und verdrängen Von alldem bekommt der Durchschnitts-(mit)bürger so gut wie nichts zu sehen. Wir sehen nicht die Masse der lebenden Tiere beim Preisvergleich an der Kühltheke der Supermärkte. Wir

freien Beweglichkeit der Hand als eine Basis der Menschwerdung. **117** 3-D-Gehirnrekonstruktionen von Schimpanse und Mensch, 2002. *Viele Geistesleistungen des Menschen werden auf die Vergrößerung des Stirnhirns während der Evolution zurückgeführt.* Diese Studie zeigt, dass dieser Gehirnbereich bei Menschen und Menschenaffen ähnlich groß ist. Die unterschiedlichen Geistesfähigkeiten von Mensch und Affe könnten in der relativen Größe spezialisierter Hirnbereiche und einer dichteren neuronalen Vernetzung liegen.

117

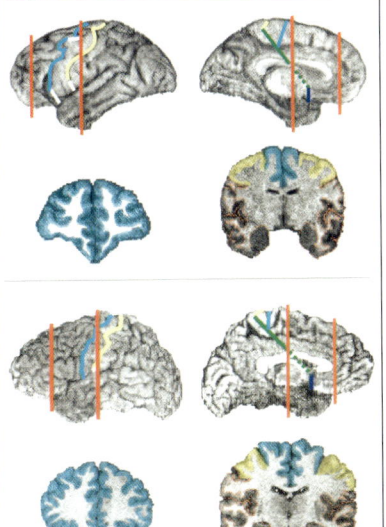

wollen nichts darüber wissen, am besten überhaupt nichts, wie dieses billige Fleisch produziert worden ist und zu welchem »Preis« für die Umwelt und für andere Arten. Dass wir, die wir rund 240 Menschen auf jedem Durchschnittsquadratkilometer Deutschland zählen, mehr Lebendgewicht an Nutztieren zu ertragen haben als wir alle zusammen, alle 82 Millionen Menschen, selbst wiegen, wird kaum jemandem bewusst. Mehr als das Doppelte wiegen unsere Nutztiere, verglichen mit uns selbst! Mit dem hohen Umsatz, mit dem sie gehalten, herangezogen und verwertet werden, steigert sich der tatsächliche Bedarf dieser Super-Serengeti auf das wohl inzwischen mehr als Fünffache der Menschen. Ein Schwein lebt eben nur durchschnittlich ein halbes Jahr bei uns und nicht zehn oder zwanzig Jahre, wie Wildschweine dies in der freien Natur tun würden. Die Folgen sind Artenschwund und globale Umweltbelastung. Allein die Rindfleischerzeugung bei uns »kostet« so viel Energie in Form fossiler Brennstoffe wie der Jahresbetrieb von wenigstens 20 Millionen Privat-PKWs. Schuldzuweisungen sind in dieser Situation weder angebracht noch weiterführend. Es ist nicht »der Landwirt« oder »die Landwirtschaftspolitik«, die diesen Zustand jahrzehntelang gefördert und herbeigeführt haben. Beteiligt sind wir alle, als Verbraucher wie als Geber der Subventionen. Wir alle, die wir nicht sehen wollen, was eigentlich geschieht. Auch die ansonsten gegen alles und jedes, was Arten und Artenvielfalt bedrohen könnte, so engagierten Naturschutzverbände haben sich an diesem Wegsehen betei-

118 Das erste Gen, das direkt mit der Sprachentwicklung verknüpft ist. *Durch Untersuchungen an Familien mit einer bestimmten Sprachstörung fanden Forscher das Gen FOXP2, von dem zwei funktionierende Kopien nötig sind, um gesprochene Sprache zu beherrschen.*

Diese Entdeckung könnte helfen zu verstehen, wie Sprache im Gehirn verarbeitet wird und wann sie entstand. **119** Die erste Spur der molekulearen Evolution der Sprache, 2002. *Das »Sprach-Gen« FOXP2 taucht in leicht abgewandelter Form auch bei Affen*

118

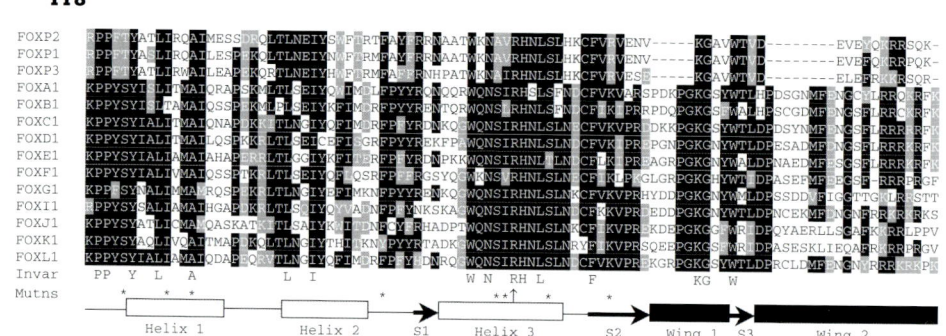

119

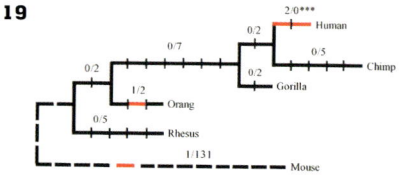

ligt. Das Land war grün, und das ist gut. Die Städte sind schlecht, der Verkehr noch übler. Deshalb müssen sie bekämpft werden in ihrer Entwicklung. Auf das eigenständige »Urteil« der Tiere und Pflanzen, die in die Millionenstädte einzogen und das »Land« mehr und mehr mieden, wollten auch Naturschützer nicht so recht achten. Bis es nicht mehr zu übersehen war, dass Berlin artenreicher als viele große Naturschutzgebiete geworden ist und alle näher untersuchten Städte, auch recht dicht bebaute, erheblich über dem Landesdurchschnitt liegen, was Artenvielfalt betrifft. Warum bloß verdrängen wir und schauen weg?

Warum sorgen wir uns um die Artenvielfalt, erheben ihren Rückgang zu einem zentralen Stück eines Weltuntergangsszenarios, füttern unabhängig von der Härte des Winters Vögel an Futterhäusern in Massen oder fahren in ferne Schutzgebiete um dort Tiere »hautnah« erleben zu können, die wir, wären sie bloß vertrauter, auch hierzulande als Naturbeobachter genießen könnten? Warum ist uns der schlecht behandelte Pudel des Nachbarn womöglich einen Tierschutzprozess wert, das Elend der Massentierhaltung aber nicht einmal so viel, dass wir uns über die Folgekosten, die wir alle zu tragen haben, aufregen und gegen sie auflehnen würden?

Wir lieben Tiere und lassen sie (für uns) töten! Natürlich ist es nicht möglich, »die Tiere« ganz ohne persönliche Anteilnahme, ohne Emotionen zu betrachten. Das können auch Zoologen in aller Regel nicht. Aber

und Mäusen auf. Die spezifisch menschliche Version entstand vor etwa 200 000 Jahren. Diese beeinflusst vermutlich die Fähigkeit zur feinmotorischen Kontrolle des Sprachapparats, eine typisch menschliche Fähigkeit, die bei Menschenaffen nicht vorhanden ist. **120** Stammbaum der genetischen Verwandtschaft der Menschheit, 2000. Wissenschaftler vermuten anhand von paläoanthropologischen Untersuchungen die Wiege der Menschheit in Afrika. Aktuelle genetische Studien unterstützen diese These.

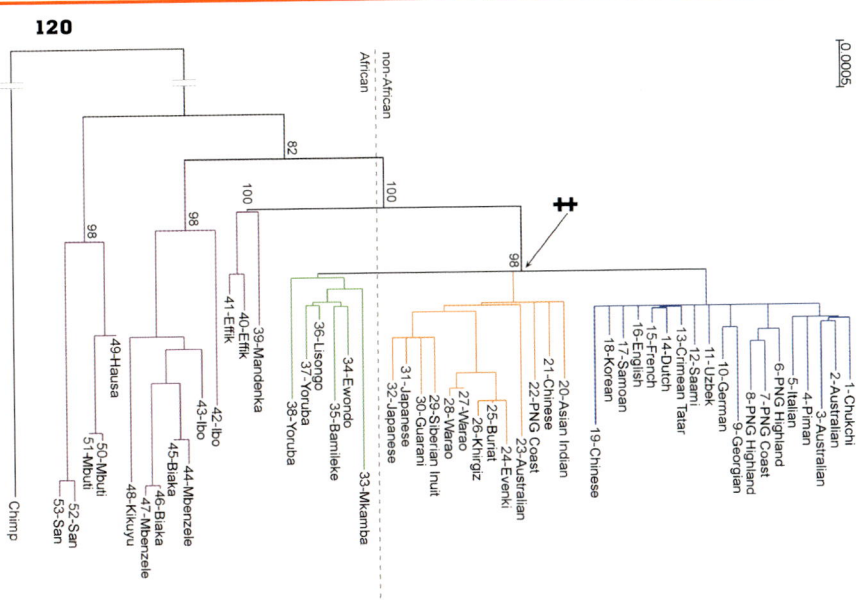

120

mit ein bisschen mehr Distanz in der Betrachtung schälen sich zwei Grundmuster heraus, die uns Einiges über uns selbst und auch über die Tiere vermitteln, mit denen wir in so unterschiedlicher Weise umgehen. An sich geht diese Betrachtung auf ganz einfache Art vor: Nutztiere werden vom großen Rest der Tierwelt geschieden. Dazu gehören auch solche, die wie Reh und Hirsch hierzulande jagdlich direkt genutzt werden. Die »Bestimmung« der Nutztiere liegt in ihrer Verwertbarkeit für uns, zuerst als Lieferanten von Fleisch. Dies war aller Wahrscheinlichkeit nach das entscheidende Mittel, das uns in der fernen Vorzeit unserer Entwicklungsgeschichte, der Evolution, aus schimpansenähnlichen Primaten zu Menschen hat werden lassen. Die wilde, ja blutrünstige Gier, die Schimpansen mitunter nach Fleisch überkommt und sie in unseren Augen zu Bestien werden lässt, drückt dies in der Gegenwart noch aus und öffnet ein Fensterchen in jene mehrere Jahrmillionen zurückliegende Vergangenheit. Ohne tödliche, krallenbewehrte Pranken zum Zuschlagen wie Löwen oder dolchartige Eckzähne für den Tötungsbiss waren unsere einstigen Primatenahnen darauf angewiesen, von frisch getöteten Großtieren so schnell wie möglich so viel wie möglich Fleisch abzubekommen, ehe Raubkatzen und Geier ihr Werk vollbringen konnten. Aasjägerei, allerdings nicht nach solchen Kadavern, deren Fleisch schon in Verwesung übergegangen ist, stand mit aller Wahrscheinlichkeit am Anfang der Menschwerdung. Frischfleisch »jagen« wir auch heute noch und können kaum genug davon bekommen. Was für

121 Schädelabgüsse von *Homo habilis* und *Paranthropus boisei*. Betrachtet man die Evolutionsgeschichte, so wurde *Homo sapiens* erst vor kurzem einziger Vertreter seiner Gattung. Zuvor lebten mehrere Urmenschen nebeneinander: zum Beispiel vor etwa 2 Millionen Jahren *H. habilis* und *P. boisei*. Bis in die 1970er Jahre hinein herrschte die Idee, ein affenähnlicher Vorfahre habe Rang für Rang die Leiter der Evolution erklommen, um als intelligenter aufrechter Mensch in der Gegenwart zu landen. Tatsächlich aber sah die

121

kleine Gruppen oder Horden noch reichlich unbedeutend gewesen sein musste, wirkt sich in einer Millionen Köpfe zählenden Bevölkerung ganz anders aus. In perfekter Aufgabenteilung haben wir die »Produktion« von Fleisch von der Verwertung getrennt und dazwischen jenen in vielen Kulturen gering geachteten »Stand der Fleischer« eingeschoben, die das »schmutzige Werk« der Tötung vollbringen. Wir lassen töten, wie unsere Vormenschenahnen Löwe & Co haben töten lassen, ehe das Fleisch verwertet wurde. Die alte Gier nach Fleisch aber ist geblieben. Sie lebt auf, wo immer die Umstände dies ermöglichen, und macht aus weitgehend vegetarischen Bevölkerungen Fleischesser.

Emotional sind wir wohl aufgrund unserer biologischen Vergangenheit allzu leicht bereit, die schlimmen Umstände zu tolerieren und zu akzeptieren, die mit der Befriedigung unserer Fleischgier verbunden sind. Vielleicht auch deswegen, weil beim eigenhändigen Töten die Gefahr auftauchen würde, dass die urzeitlichen Instinkte und Reaktionen auf Blut und frisches, noch zuckendes Fleisch wieder wach werden könnten. Wer das täglich und unablässig macht und mit ansieht, stumpft ab, reagiert nicht mehr. Wir lassen töten, um dieses »schmutzige Geschäft« nicht selbst erledigen zu müssen.

Jahrhunderte, wohl viele Jahrtausende, lang wurde im Zusammenhang mit dem Töten geopfert. Jetzt sehen wir weg. Die Opfer erbringen wir anderweitig: In den Folgekosten für die Gesellschaft, in der Belastung der Umwelt, in der Vernichtung der Natur und ihres Reichtums.

Menschwerdung eher wie ein unübersichtliches Geflecht von Entwicklungszweigen aus. **122** Moderne Chronologie der Hominiden, 2002. *Seit Jahrhunderten fahnden Paläoanthropologen nach unserem Ursprung. Doch ein eindeutiger Übergang vom Tier zum Menschen – das so genannte »missing link« – lässt sich bisher nicht nachweisen.* **123** Toumaï (*Sahelanthropus tchadensis*), 2002, der älteste bisher bekannte Urahn des Menschen. *Der im Tschad gefundene Schädel stellt die gängigen Thesen zur Menschheitsge-*

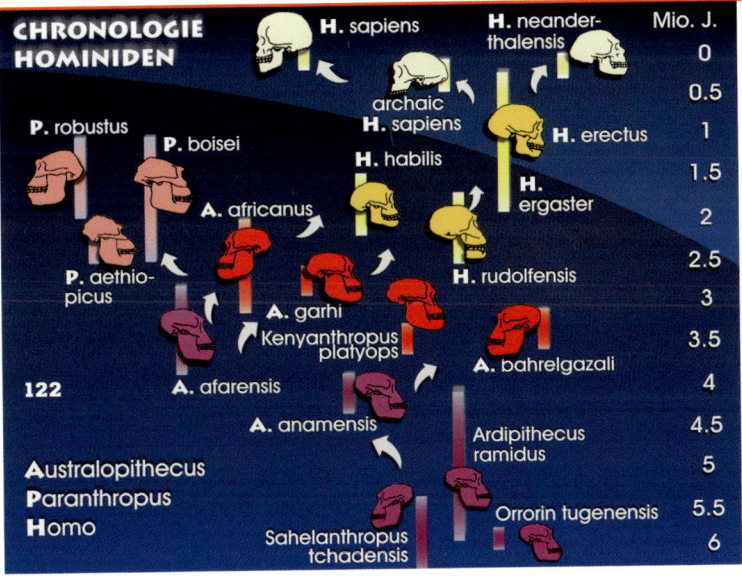

CHRONOLOGIE HOMINIDEN

H. sapiens
H. neanderthalensis
Mio. J.
0
0.5
archaic H. sapiens
H. erectus
1
P. robustus
P. boisei
H. habilis
1.5
H. ergaster
2
A. africanus
2.5
P. aethiopicus
A. garhi
H. rudolfensis
3
Kenyanthropus platyops
3.5
A. bahrelgazali
4
A. afarensis
A. anamensis
4.5
Ardipithecus ramidus
5
Australopithecus
Paranthropus
Homo
Orrorin tugenensis
5.5
122
Sahelanthropus tchadensis
6

123

Mehr noch: Die Nutztiere fallen auch heute noch weitgehend unverändert in dieselben Kategorien wie in jenen fernen Urzeiten. Es handelt sich um Großtiere vom Typ der Rinder, der Schweine, der Antilopen und Gazellen (Schafe und Ziegen). Und um Vögel der Hühnergröße. Es sind dieselben Vertreter der Wirbeltiere, die einst die fleischliche Nahrungsgrundlage abgegeben hatten. Alle anderen Tiere treten gegenüber diesen an Bedeutung sehr stark zurück. Diesen anderen Tieren gegenüber zeigen wir dann Hemmungen. Sogar gegenüber solchen, bei denen es rational betrachtet gar keinen so augenfälligen Grund gäbe, sie nicht wie Rinder, Schafe und Schweine als Fleischlieferanten zu verwerten. Wie zum Beispiel die Pferde. Oder – neuerdings – die großen australischen Kängurus, deren hervorragendes Fleisch lieber zu Tierfutter verwertet als für die menschliche Ernährung genutzt wird. Auf dem Höhepunkt der BSE-Krise war Kängurufleisch preiswert zu haben.

Welche Arten wollen wir schützen? Betrachten wir nun die andere Seite, die Seite der nicht direkt genutzten Arten. Mit der einzigen, vielleicht inzwischen überwundenen Ausnahme der Menschenaffen lässt sich einheitlich über alle Kulturen hinweg feststellen, dass sie emotional umso mehr angenommen und gegebenenfalls gehegt und umsorgt werden, je näher sie mit uns verwandt sind. Die »kleinen Affen« finden wir niedlich, auch wenn sie unfassbar frech sind. Sicher nicht nur deswegen, weil sie

schichte auf den Kopf. Diese Chimäre aus menschlichen und äffischen Merkmalen lebte vor sechs bis sieben Millionen Jahren. Er deutet darauf hin, dass sich die Linien zwischen Menschen und Schimpansen früher getrennt haben als bisher gedacht. **124** Mitfühlende Nervenzellen als Motor für die soziale Entwicklung des Menschen? Es gibt Nervenzellen, die aktiv sind, nicht nur wenn eine Handlung ausgeführt, sondern auch wenn diese Handlung bei einem Anderen beobachtet wird. Sie heißen Spiegelneuronen und

mit ihren rundlichen Köpfchen an das menschentypische Kindchenschema appellieren, sondern eben auch, weil sie uns nahe stehen. Wir »wissen« das intuitiv: Bei (zu) großer Nähe setzt eine gewisse, mitunter sehr harte Abwehrreaktion ein. Sie ist wohl bekannt und hochgradig geächtet, gleichwohl nicht aus der Welt zu schaffen, in der Ablehnung der »Fremden« bei uns Menschen selbst. Die gegenwärtige Wertschätzung, die Schimpanse, Gorilla und Orang-Utan finden, beruht möglicherweise weit mehr auf der bewussten Tatsache ihrer Seltenheit und Unbedenklichkeit, als auf der emotionalen Annahme ihres andersartigen Wesens. Das findet wohl nur bei Jungtieren dieser Arten statt. Bei den Erwachsenen wissen wir, dass sie in unserer Hand sind und keine Chance mehr haben, selbstständig ohne unser Wohlwollen zu überleben.

Dann aber wirkt die Empathie der verwandtschaftlichen Nähe so gut wie ungebrochen. Ein Rehkitz kommt uns verlassener vor als ein Jungvogel, der das Nest verlassen hat; das Reh selbst als leidensfähiger als der Fasan. Säugetiere empfinden wir ganz allgemein »näherstehend« als Vögel (was biologisch richtig ist) und Eidechsen »näher« als Schlangen (was nicht richtig ist), weil Letzteren unsere Vierfüßigkeit fehlt. Kaltblüter scheiden wir von Warmblütern, sogar bis tief hinein in religiöse Vorschriften (Fischfleisch versus Tierfleisch mit warmem Blut, auch wenn der Tunfisch im schnellen Schwimmen fast Warmblütertemperaturen erreicht). Schließlich sieht kaum noch jemand eine engere Verbindung zu Insekten, außer dass

kommen beim Menschen und beim Affen vor. Forscher glauben, dass sie beim Lernen durch Nachahmung – ein besonders ausgeprägtes Merkmal des Menschen – und beim Verstehen der Gedanken und Absichten eines Gegenübers eine tragende Rolle spielen. Da sie beim Menschen in dem Gehirnbereich vorkommen, der für die Sprachproduktion wichtig ist, vermutet man, dass sie dem Homo sapiens zu ihrer Sprache verholfen haben könnten. Einige sehen in ihnen sogar den biologischen Motor der kulturellen Evolution.

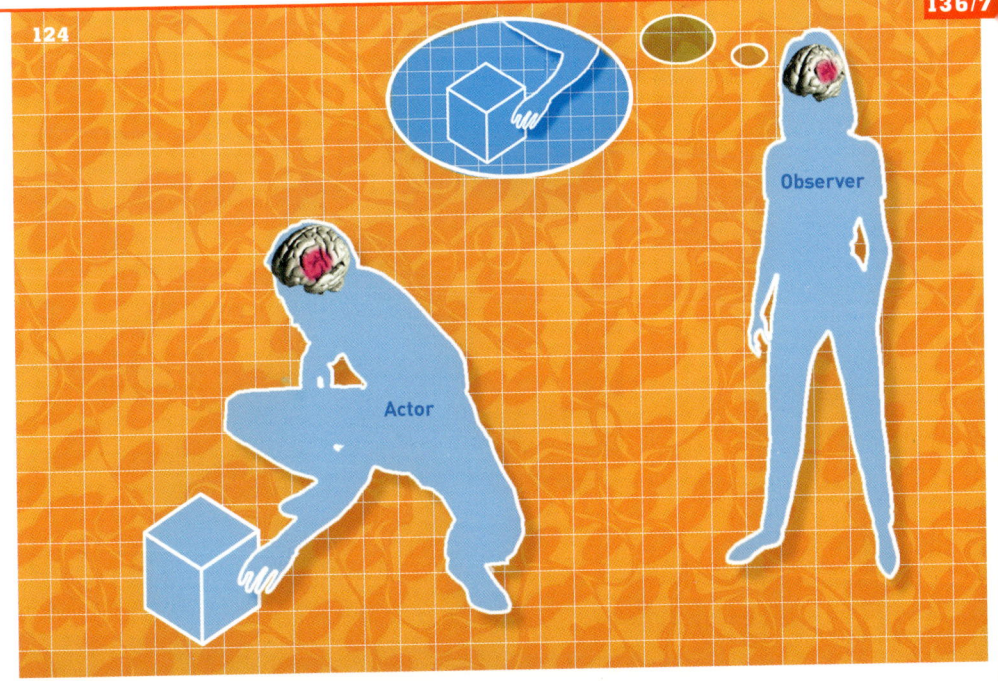

124

Observer

Actor

manche Schmetterlinge und Käfer »einfach schön« sind. Die Mücke, die tot geschlagen wird, ruft befriedigende und keine befremdlichen Emotionen hervor. Bei Nacktschnecken im Garten greifen auch kultivierteste Hausfrauen zu Messer oder Schere und zu »Schneckentod«. Schließlich und endlich schneiden wir ganz ohne Bedenken blühenden Pflanzen ihre Fortpflanzungsorgane (die Blüten) ab, um sie zu unserem Vergnügen zur Schau zu stellen. Wohl niemand würde Gleiches mit dem bunten Penis eines Mandrill-Affen machen (wollen).

Je tiefer die moderne Genetik in die verwandtschaftlich-stammesgeschichtlichen Verhältnisse eindringt, umso deutlicher wird diese Grundhaltung: Je näher sie uns selbst steht, desto eher sind wir geneigt und bereit, die betreffende Art zu akzeptieren, zu schützen oder wenigstens gut zu behandeln – und umgekehrt. Das derzeit stark zu vermutende Massensterben von Kleintierarten, allen voran unscheinbare Insekten in den niedergemachten Tropenwäldern, beunruhigt die Naturschützer, nicht so sehr aber die große Masse der Bevölkerung. Die sieht den Wald und seine Vernichtung, weit weniger (oder überhaupt nicht) aber die Vielzahl der Arten, die darin leb(t)en.

Deswegen braucht der Artenschutz auch in unserer so »aufgeklärt« erscheinenden Zeit jene besonderen Arten von Säugetieren und Vögeln, die auch jene emotionale Bereitschaft erwecken können, die für den Artenschutz vonnöten ist. Großer Panda und Tigerbaby (nicht die von ihren Jun-

125 *Faustkeil aus Markkleeberg in Sachsen, um 280 000 v. Chr. Dieses Steinwerkzeug stellte eine Spätform des Homo erectus oder eine Frühform des Homo sapiens her. Die ersten Werkzeuge tauchten vor etwa 2,6 Millionen Jahren in Afrika auf und gelten als ein* *bedeutender Schritt in der Evolution der Kultur. Allerdings zeigt ein Blick ins Tierreich, dass diese Gabe nicht so einzigartig menschlich ist, wie früher vermutet.* **126** *Fundstücke aus einem Kindergrab, 3 500 v. Chr. Mit seinen zahlreichen Beigaben wie*

125

126

gen ausgezehrte alte Tigerin, die einen schönen jungen Axishirsch tötet, um für sie selbst und ihre Jungen das Überleben zu ermöglichen), Äffchengesicht oder »schmunzelnder« Delfin wirken. Bunte Vögel auch. Wer aber setzt sich in der breiten Öffentlichkeit für den »mordenden« Habicht mit den stechend gelben Augen und den todbringenden Krallen ein, der auf einem Häschen steht, auch wenn das Habichtsnatur ist?

Einen vorwiegend »rationalen« Artenschutz kann es gar nicht geben. Da spielen weder unsere Emotionen mit noch die Arten selbst, die mit ihrer Lebensweise und ihren Lebens»interessen« oft genug einander entgegengerichtet sind. Alle Versuche, die Notwendigkeit des Artenschutzes rational zu begründen, scheitern deswegen, weil zu wenige, viel zu wenige Menschen in der Lage sind, auf dieser rationalen Ebene zu denken und zu handeln.

Vielleicht brauchte der heutige, der »moderne« Artenschutz auch jene Emotionalisierung auf der Basis der Kenntnisse und Vorstellungen unserer Zeit? Wie wir mit Tieren umgehen, was gut und richtig, was falsch oder gar grausam ist, legt nach wie vor kein allgemeines »Tierrecht« fest. Die Bewertungen unterliegen den Zeitströmungen – und sie fallen dementsprechend in den verschiedenen Kulturregionen der Erde auch recht unterschiedlich aus.

Eine Zukunftsvision Guter Umgang mit Tieren, gleich welcher Art, braucht Nähe. Wer das Leben und Leiden von Tieren nicht (mehr) un-

einer bewusst zerschlagenen Tontrommel, Resten von Schildkrötenpanzern, Tierknochen sowie vier Muschelschichten, deutet dieses Grab aus Zauschwitz in Sachsen auf eine komplexe Bestattung oder kultische Handlung hin. Als wichtiger Meilenstein in der Menschheitsentwicklung gilt das seit 80 000 v.Chr. praktizierte Beerdigungsritual. **127** Das älteste Kunstwerk Sachsens, 12 000–11 000 v. Chr. Aus Groitzsch (Delitzsch) stammt die gravierte Schieferplatte mit drei Pferdekopfdarstellungen. Erste Ritzzeichnungen die-

127

mittelbar erlebt, kann nicht wirklich schützen wollen. Es ist nicht anders als bei den Menschen untereinander. Emotionale Nähe, die Fähigkeit Mit-Leid und Mit-Freud' empfinden zu können, wie auch die Bereitschaft, »für andere« etwas zu tun, hängen von Nähe und Kontakt ab. Die derzeitigen Entwicklungen, insbesondere im Artenschutz, sind diesen Grundgegebenheiten und -bedürfnissen jedoch in hohem Maße abträglich. Wer kein Tier, außer den üblichen Standardhaustieren mehr halten darf oder auch nur eine Weile pflegen und versorgen kann, wird vielleicht nach außen auch Natur- und Artenschützer sein wollen. Aber wirkliche Bereitschaft wird so ein Mensch, zumal von Kindheit an und durch die Jugendzeit hindurch, nicht entwickeln können. Die Artenschutzgesetze entfremden mehr von den zu schützenden Arten als dass sie deren Schutz bewirken, wo es um Persönliches und nicht um kommerzielle Verwertung von Tieren geht. Tiere nur noch über die Medien kennen zu lernen (und gleich wieder abschalten zu können), führt zu einer ähnlichen Trennung wie bei den Nutztieren. Sie werden mit ihrem Dasein und den Formen ihrer Massenhaltung bestens ausgeblendet. Für die Folgen sind wir, um des späteren Genusses der aus ihnen gewonnenen Produkte willen, bereit, anonym zu zahlen. Wie auch für einen Artenschutz irgendwo, ob draußen im Naturschutzgebiet oder auf fernen Kontinenten. Ablasshandel wurde so ein System früher genannt. Artenschutz darf nicht zur Ablasszahlung verkommen, selbst dann nicht, wenn wir den Wert der Artenvielfalt (derzeit noch)

ser Art erscheinen um 35000 v. Chr. in Europa. Tierformen waren die beliebtesten Motive der frühen Kunst. **128** Die »Venus von Zauschwitz«, um 5000–4500 v. Chr. In den Anfängen künstlerischer Darstellung kommt die menschliche Form selten vor. Die weibliche Ton-plastik ist ein archäologisches Unikat auf sächsischem Gebiet. Sie ist eine von mehreren stilisierten weiblichen Skulpturen, auch bekannt als »Venusfiguren«. Sie tauchten zwischen 25000–28000 v. Chr. auf und dienten wahrscheinlich als Fruchtbarkeitssym-

128

nicht so recht erfassen und beurteilen können. Es wird ja auch noch Menschen nach uns geben, die das vielleicht besser bewerten können. Natur ist eine Kulturleistung!

129

Vereinigu

142/3

ng

Primatenforschung und die Lehre vom Ähnlichen

Das Max-Planck-Institut für evolutionäre Anthropologie in Leipzig

Diemut Klärner

Als Charles Darwin seine Evolutionstheorie präsentierte, stieß er vielfach auf Ablehnung. Kein Wunder, schließlich lieferte er für die sinnreiche Vielfalt der Tier- und Pflanzenwelt eine plausible Erklärung, ohne dabei höhere Mächte ins Spiel zu bringen. Damit versetzte er dem Selbstwertgefühl seiner Zeitgenossen einen herben Schlag. Denn wer die belebte Natur nicht mehr als Produkt eines planvollen Schöpfungsaktes betrachtet, kann sich auch nicht mehr so ohne weiteres als Krone der Schöpfung empfinden. Folgt man der Evolutionstheorie, so führt die Frage nach der Herkunft des Menschen zu demselben Geschlecht, dem auch Wollaffen und Seidenäffchen, Gorillas und Paviane entstammen. Wie eng die verwandtschaftlichen Beziehungen sind, zeigte sich freilich erst in jüngster Zeit. Die Schimpansen, das ergaben molekularbiologische Analysen, sind mit uns Menschen näher verwandt als mit dem Gorilla und allen übrigen Menschenaffen.

Dass sie uns in ihrer genetischen Ausstattung so sehr gleichen, lässt darauf schließen, dass unsere Vorfahren erst vor fünf bis sechs Millionen Jahren getrennte Wege gegangen sind.

Nach den Maßstäben der Evolution war der Zeitrahmen für eine eigenständige Entwicklung also sehr kurz bemessen. Umso rätselhafter scheint der Werdegang des Menschengeschlechts. Ihn zu erforschen, den spezifisch menschlichen Eigenarten nachzuspüren und deren biologische Basis zu erkunden, das haben sich die Wissenschaftler am Max-Planck-Institut für evolutionäre Anthropologie in Leipzig vorgenommen. In diesem noch jungen, erst 1997 gegründeten Institut setzt man auf interdisziplinäre Zusammenarbeit: Die vier Direktoren des Instituts kommen aus vier ganz unterschiedlichen Fachrichtungen – Genetik, Primatologie, Psychologie und Linguistik. Entsprechend vielfältig sind die Blickwinkel, unter denen sie ihre Forschung betreiben.

Die Abteilung von Svante Pääbo widmet sich genetischen Untersuchungen, wobei auch prähistorische Erbsubstanz unter die Lupe genommen wird. Solche Analysen erfordern besondere Sorgfalt, denn je älter das Forschungsobjekt, desto spärlicher und fragmentarischer sind die Überreste von Desoxyribonukleinsäure (DNA), jenem Stoff, aus dem die Gene sind. Das gilt zum Beispiel auch für die Erbsubstanz des Neandertalers, benannt nach dem Neandertal bei Düsseldorf, wo diese urtümliche Variante des Homo sapiens 1857 entdeckt wurde. Bis vor rund 30 000 Jahren in Europa

130 Affen als Kunstrichter, 1889, Gabriel von Max (1840–1915). Der Affe war Jahrhunderte lang oft Gegenstand satirischer Darstellungen. In diesem Gemälde allerdings tritt die Satire in den Hintergrund. Max war Anhänger Darwins und betrachtete den Affen als Glied in der Kette der Evolution. In dem er geläufige Elemente wie menschliche Kleidung und Interieur zur Seite lässt, macht er die Tiere mit ihrer Individualität zum Zentrum des Bildes. Damit unterstreicht er die evolutionäre Verbindung zwischen Menschen und Affen.

12 – Intelligenzbestien

René Descartes betrachtete Tiere noch als Automaten. Eine Sichtweise, die widerspiegelt, wie der Mensch sich selbst lange sah: als »Krone der Schöpfung«. Doch spätestens mit Charles Darwin und seiner Abstammungslehre begann die Biologie, die Gemeinsamkeiten zwischen Mensch und Tier zu betonen. Unermüdlich suchten Verhaltensforscher, Zoologen und Psychologen mehr »Menschliches« im Tier – und fanden es auch: Demnach können einige Tiere Werkzeuge bauen oder sich medizinisch versorgen, manche haben eine Form von »Sprache«, komplexe soziale Strukturen und möglicherweise sogar eigene Kulturen. Fordert all dies eine neue Definition des spezifisch Menschlichen heraus?

heimisch, haben die Neandertaler vielerorts fossile Spuren hinterlassen, nicht selten in Form von gut erhaltenen Skeletten. Zwar können aus solchen Knochen, wenn überhaupt, nur kleine Bruchstücke von DNA isoliert werden. Doch bestimmte Fragmente waren so genau rekonstruierbar, dass sich ein molekularer Stammbaum erstellen ließ. Demnach sind die Neandertaler mit den modernen Europäern nur weitläufig verwandt. Als unmittelbare Vorfahren scheiden sie aus. Anscheinend sind sie während der letzten Eiszeit ausgestorben, nachdem sie sich hierzulande – den heftigen Klimaschwankungen des Eiszeitalters zum Trotz – rund 200 000 Jahre lang behauptet hatten. Dass ein paar tausend Jahre zuvor ein neuer Typ von Menschen in Europa aufgetaucht war, ist sicher kein Zufall. Die Einwanderer dürften das Schicksal des alteingesessenen Neandertalers besiegelt haben.

Was sich damals im Einzelnen abgespielt hat, bleibt eine offene Frage. Vielleicht gab es erbitterte Kämpfe um die besten Jagdgründe. Vielleicht mussten sich die Neandertaler in unwirtliche Regionen zurückziehen, wo sie langfristig keine Überlebenschance hatten. Eines scheint sicher: Die Wiege der Menschheit stand nicht in Europa. Vielmehr deuten genetische Studien darauf hin, dass die gesamte Erdbevölkerung aus Afrika stammt. Aus einer ursprünglich recht kleinen Gruppe entwickelte sich dort anscheinend ein neuer Menschentyp, der vor etwa 100 000 Jahren begann, auch andere Kontinente höchst erfolgreich zu besiedeln. Dieses Szenario erklärt, warum die genetische Bandbreite so verblüffend gering ist. Das

131 Von Krähen hergestellte Werkzeuge, 1995–2000. *Nicht nur Menschen, sondern auch Tiere stellen Werkzeuge her und nutzen diese. Neuseeländische Krähen verwenden beispielsweise ihre Schnäbel, um kammartige Formen aus länglichen Blättern und Hacken aus kleinen Zweigen zu formen. Beides verwenden sie dann, um Insekten aus Löchern und Ritzen zu fischen.* **132** Der Schwänzeltanz der Bienen. *1923 entschlüsselte der Nobelpreisträger Karl von Frisch (1886–1982) die »Sprache« der Honigbienen: Eine Reihe aus-*

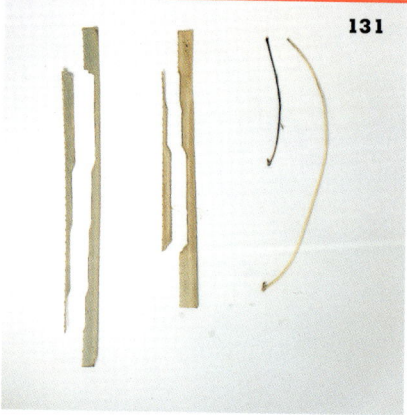

131

äußere Erscheinungsbild trügt: Zwar können Haut und Haar recht unterschiedlich daherkommen, doch die Erbsubstanz erweist sich als wenig variabel. Bei Schimpansen und Orang-Utans ist die genetische Vielfalt etwa dreimal so groß, obwohl beide Arten von Menschenaffen ein sehr begrenztes Verbreitungsgebiet haben. Das spricht dafür, dass sie schon viel länger existieren als die moderne Version des Menschen. Verglichen mit ihnen sind wir Emporkömmlinge, die erst vor kurzem Karriere gemacht haben.

Betrachtet man nicht die Varationsbreite innerhalb einer Art, sondern die genetischen Unterschiede zwischen den Arten, so stößt man auf eine große Ähnlichkeit zwischen Mensch und Schimpanse. Genauer gesagt, zwischen dem Menschen und den beiden Schimpansenarten, die sich in den tropischen Wäldern des afrikanischen Kontinents tummeln. Der grazile Bonobo, auch Zwergschimpanse genannt, ist nur in einem Areal südlich des Kongo-Flusses anzutreffen. Der Lebensraum des gewöhnlichen Schimpansen erstreckt sich hingegen vom Senegal bis nach Tansania. Mit beiden hat der Mensch fast 99 Prozent seiner Erbsubstanz gemeinsam. Ginge es nicht um unsere eigene Spezies, so würden wir diesen Unterschied vielleicht als marginal abtun. Doch zweifellos können kleine Veränderungen im Erbgut große Wirkung haben. Wie sich die genetische Ausstattung von Mensch und Schimpanse im Detail unterscheidet, ist derzeit noch weitgehend ungeklärt. Bis das Erbgut des Schimpansen ebenso gründlich analysiert ist wie das menschliche, werden wohl noch ein paar Jahre ins Land gehen.

geklügelter Bewegungen, die – wie Laute beim Menschen – zusammengesetzt werden, um mit Artgenossen zu kommunizieren. 133 »Alex« lernt, Sprachlaute zu erkennen, 1997. Die Forscherin Irene Pepperberg untersucht die Kommunikations- und Erkenntnisfähigkeiten afrikanischer Graupapageien. Nach fast 20 Jahren Unterricht kann »Alex« fast so viel wie ein 3–4 Jahre altes Kind, zum Beispiel Sachen benennen, Materialien und Mengen identifizieren und auch abstraktere Dinge, wie Formen und Farben erkennen.

132

133

Womöglich kommt es aber weniger auf das Archiv der genetischen Informationen an als darauf, wie diese Informationen genutzt werden. Schließlich – so gibt Wolfgang Enard, Mitarbeiter von Svante Pääbo, zu bedenken – ist eine Kaulquappe mit genau denselben Genen ausgestattet wie ein erwachsener Frosch. Und eine Nervenzelle besitzt dasselbe Erbgut wie eine Leberzelle. Doch eingeschaltet ist jeweils ein ganz unterschiedliches Sortiment von Genen. Deshalb scheint es lohnend, Mensch und Schimpanse unter diesem Aspekt zu vergleichen. Seit das genetische Inventar des Menschen in Datenbanken verfügbar ist, steht das nötige Instrumentarium bereit: Von den bekannten Genen lassen sich die Kopien aufspüren, die reihenweise von der Erbsubstanz heruntergeladen werden, um als Vorlage für die Proteinproduktion zu dienen.

Untersucht wurden Blutproben sowie Gewebeproben aus Leber und Gehirn, allesamt von Individuen, die eines natürlichen Todes gestorben waren. Dabei fanden die Forscher im Gehirn weitaus größere Unterschiede zwischen Mensch und Schimpanse als in der Leber oder im Blut. Auf der Ebene der Proteine ergab sich ein ähnliches Bild. Auch hier war das Repertoire im Gehirn von Mensch und Schimpanse auffallend verschieden.

Das kommt nicht unerwartet. Schließlich zeichnet sich der Mensch vor allem durch besondere geistige Fähigkeiten aus. Doch wie breit ist die Kluft tatsächlich, die uns von unseren nächsten Verwandten trennt? In der Abteilung von Michael Tomasello interessiert man sich dafür, was im sozialen

134 »Panbanisha« sagt, sie möchte zum »Mushroom Trail« (Pilzweg) gehen, 2000. Am Sprachforschungszentrum in Atlanta, USA, versucht die Psychologin Sue Savage-Rumbaugh, mit Hilfe von Symboltastaturen Menschenaffen Sprache beizubringen. Das Bonoboweibchen »Panbanisha« ist einer der am meisten fortgeschrittenen Affen des Zentrums. Auf dem Niveau eines zwei bis drei Jahre alten Kindes kann sie Sätze und sogar gesprochenes Englisch verstehen und mit den 410 abstrakten Symbolen auf ihrer Tasta-

134

Kontext gelernt wird. In dieser Hinsicht unterscheiden sich Menschenkinder und Menschenaffen beträchtlich. Schimpansen sind zwar durchaus neugierig und probieren zum Beispiel gerne aus, wozu ein Stock oder eine Kiste taugen können. Was andere damit anstellen, scheint sie jedoch nicht sonderlich zu interessieren. Ganz anders kleine Kinder: Schon im Alter von zwei bis drei Jahren beobachten sie ihre Mitmenschen aufmerksam und sind mit dem Nachahmen schnell bei der Hand. Wenn Kinder beispielsweise sehen, wie ihre Mutter eine Kiste öffnet und Süßigkeiten zum Vorschein bringt, so bemühen sie sich, diese lohnenden Handgriffe exakt zu wiederholen. Schimpansen hingegen beobachten zwar die Kiste, achten aber selten darauf, wie ein Mensch oder ein Artgenosse damit hantiert.

Um die Lernfähigkeit von Menschenaffen zu testen, gehen die Mitarbeiter von Michael Tomasello in den Leipziger Zoo. In Zusammenarbeit mit dem Max-Planck-Institut für evolutionäre Anthropologie wurde dort eine neue Unterkunft für die Menschenaffen konzipiert. Das im März 2001 eröffnete Haus bietet seinen Bewohnern eine naturnahe Umgebung. Die Menschenaffen bewegen sich hier nicht nur mit akrobatischem Geschick durch die Baumkronen. Intelligent und fingerfertig können sie auch andere knifflige Aufgaben lösen, mitunter auch solche, an denen Kleinkinder scheitern. Doch zeigen sie wenig Neigung, entsprechende Tricks von anderen zu übernehmen. Das bestätigt auch die Freilandforschung, der sich die Wissenschaftler um Christophe Boesch widmen. In ihrer Heimat, den

tur einfache Sätze bauen. Den größten Erfolg hatte die Forscherin mit dem Bonobo Kanzi: Obwohl nie unterrichtet, lernte das Affenkind die Symbolsprache allein durch Zuschauen, ähnlich wie Menschenkinder Sprache lernen. Diese Erkenntnis führte zu einer wesentlichen Neuorientierung dieser Art von Sprachforschung. **135** *Symbole von »Panbanischas« Tastatur, 2002. »Fühlen«, »hier«, »wenn/falls«, »mich/ich«, »Kanzi«, »nicht«, »splural«, »Sue Savage-Rumbaugh«, »vortäuschen«.*

afrikanischen Tropenwäldern, leben Schimpansen in überschaubaren Gruppen und verbringen viel Zeit mit ihresgleichen. Ihr Alltag ist zweifellos reich an sozialen Kontakten. Wenn es ums Lernen geht, entwickeln sie jedoch wenig Bereitschaft, sich ihre Artgenossen zum Vorbild zu nehmen. Allerdings fehlt ihnen diese Fähigkeit nicht völlig, denn in unterschiedlichen Schimpansenpopulationen haben sich unterschiedliche Traditionen herausgebildet. Dabei handelt es sich vornehmlich um den Gebrauch von Werkzeugen. So ist es zum Beispiel nur mancherorts üblich, mit einem Stöckchen Termiten aus ihrem Bau zu angeln oder Ameisen aufzusammeln, obwohl es anderenorts weder an solchen Insekten mangelt noch an passendem Pflanzenmaterial. Insgesamt wurden mehr als dreißig verschiedene Verhaltensweisen zusammengetragen, die auf bestimmte Schimpansengruppen beschränkt sind. Von diesen kulturellen Errungenschaften, die anscheinend von Generation zu Generation weitergegeben werden, erfordert das Nüsseknacken besonderes Geschick.

In den Regenwäldern der Elfenbeinküste stehen die Nüsse etlicher Baumarten auf dem Speiseplan der Schimpansen – obwohl das Aufbrechen der Nussschalen selbst ein kräftiges Schimpansengebiss überfordert. Doch die Menschenaffen wissen sich zu helfen. Sie suchen sich einen handlichen Stein oder Stock als Hammer und eine feste Unterlage als Amboss. Mit diesem Werkzeug holen sie den nahrhaften Inhalt aus der harten Schale. Erwachsene Schimpansen können mit wenigen gezielten Schlägen ver-

136–137 Malereien der Schimpansin »Julia«: Entwicklung zu stärker gegliederter Flächenstruktur und Entwicklung eines schwungvollen rundlichen Duktus, um 1960. *In den 1960er Jahren forschte der Biologe Bernhard Rensch (1900–1990) zu ästhetischen Grundprinzipien im Verhalten höherer Tiere.* **138** *Delfine scheinen sich im Spiegel zu erkennen. Nach einer neuen Untersuchung sind Delfine nicht nur intelligent, sondern haben möglicherweise auch ein Selbstbewusstsein: Sie nutzen einen Spiegel, um mar-*

136

137

schiedenartige Nüsse öffnen und auf diese Weise einen guten Teil ihres Energiebedarfs decken.

Schimpansenkinder plagen sich anfangs oft vergebens mit den widerspenstigen Nussschalen. Wie die Mütter ihre Sprösslinge beim Lernen unterstützen, hat Christophe Boesch schon vor etlichen Jahren beschrieben. Gewöhnlich nehmen die Schimpansen ihren steinernen oder hölzernen Hammer mit, wenn sie zum Nüssesammeln aufbrechen. So vermeiden sie, dass er abhanden kommt und sie sich mühsam ein neues Werkzeug suchen müssen. Mütter lassen ihren Hammer jedoch oft bei ihrem Nachwuchs zurück, manchmal mitsamt einigen ungeöffneten Nüssen. So geben sie den Kindern Gelegenheit, am passenden Objekt zu üben. Wenn die Kleinen beginnen, selbst Nüsse zu sammeln und mit einem Hammer zu bearbeiten, überlässt die Mutter ihnen nicht selten ihr eigenes, besonders handliches Werkzeug. Dennoch tun sich Schimpansenkinder oft recht schwer und wenden sich nach einer Weile enttäuscht ab.

Hin und wieder konnte Christophe Boesch beobachten, dass die Mutter helfend eingreift. So etwa, als sich ein sechsjähriger Schimpanse mit einer Pandanuss abmühte. Diese Nüsse enthalten drei Kerne in separaten Kammern einer sehr widerstandsfähigen Schale. Als der kleine Schimpanse den ersten Kern verspeist hatte, legte er die Nuss aufs Geratewohl auf den Amboss zurück. Doch ehe er erneut darauf einhämmern konnte, nahm seine Mutter die Nuss und legte sie in eine günstigere Position. Der Kleine

kierte Stellen an ihrem Körper zu untersuchen. Dieses als »Spiegeltest« bekannte Experiment zeigt, dass sie sich selbst in ihrem Spiegelbild erkannt haben. Bislang wurde diese Fähigkeit – neben dem Menschen – nur bei Menschenaffen gefunden. **139** *Nach-ahmungsexperiment mit einem Affen in Uganda, 2000. Die Fähigkeit nachzuahmen gilt als wichtiger Mechanismus der menschlichen Kulturentwicklung. Ob Schimpansen durch Nachahmung lernen können, prüften der Psychologe Andrew Whiten und sein Team*

138

139

konnte die Schale nun weiter aufbrechen und sich den zweiten Kern schmecken lassen. In einem anderen Fall plagte sich ein fünfjähriger Schimpanse mit einem unregelmäßig geformten Hammer. Als die Mutter hinzukam, reichte er ihr das ungefüge Werkzeug. Die Mutter drehte den Hammer demonstrativ langsam in eine geeignete Stellung und öffnete zehn Nüsse – von denen das Kind den größten Teil verspeisen durfte. Als es das Werkzeug wieder selbst in die Hand nahm, fasste es gerade so zu wie die Mutter und knackte nun ohne weiteres einige harte Nüsse.

Solche Beispiele zeigen, dass Schimpansen durchaus fähig sind, von ihresgleichen zu lernen und sogar aktiv zu lehren. Warum also machen sie davon so selten Gebrauch? Vielleicht fehlt es oft an der nötigen Motivation. Vielleicht fällt es Schimpansen aber auch einfach schwer, das Verhalten ihres Gegenübers genau zu verfolgen und nachzuahmen. Wie dem auch sei, ihr kulturelles Repertoire bleibt wohl begrenzt, weil es an der Weitergabe hapert. Wie ein Hammer funktioniert oder ein Hebel, das kann man notfalls auch auf eigene Faust herausfinden. Wenn es jedoch um Sprache geht, mag sie nun aus Lauten bestehen, aus Gebärden oder aus Schriftzeichen, ist getreuliches Nachahmen gefragt.

In diesem Zusammenhang verweist Michael Tomasello auf zwei viel sagende Gesten, die nur bei uns Menschen gebräuchlich sind, nicht bei Schimpansen: Kleine Kinder deuten gern mit ausgestrecktem Zeigefinger oder halten etwas hoch, um es anderen zu zeigen. Beides dient dazu, die

mit Hilfe »künstlicher Früchte«: Behältnisse mit essbarem Inhalt, die nicht so leicht zu »schälen« sind. Die Affen konnten zuschauen, wie Menschen unterschiedliche Schältechniken demonstrierten. Tatsächlich wendeten die jungen Schimpansen in der Regel die ihnen vorgeführte Technik an. Das Team stellte fest, dass sechsjährige Schimpansen ähnlich wie dreijährige Kinder nachahmen, jedoch ungenauer. **140** Kulturvergleich von afrikanischen Schimpansengesellschaften, 1999. Sechs Freilandstationen in Afrika

Tai Forest Gombe Mahale

Aufmerksamkeit des Gegenübers auf etwas Bestimmtes zu lenken, meistens auf etwas anderes als die eigene Person. Michael Tomasello sieht darin eine Basis für die Entwicklung von Sprache, einen ersten Schritt hin zu Gesprächen, die sich um alles Mögliche drehen können. Schimpansen sind nicht so mitteilungsfreudig. Zwar ist es einigen Forschern durch intensives Training gelungen, einzelnen jungen Menschenaffen eine einfache Zeichensprache beizubringen. Doch diese »sprechenden« Schimpansen wuchsen allesamt unter Menschen auf. In ihrem natürlichen Lebensraum zeigen sich unsere nächsten Verwandten keineswegs gesprächig. Obwohl ihre sozialen Interaktionen seit Jahrzehnten im Freiland erforscht werden, deutet nichts darauf hin, dass sie ihr ansehnliches Repertoire von Lauten und Gesten anders einsetzen als bei Säugetieren allgemein üblich.

Sprachliche Kommunikation lässt sich also nach wie vor als exklusiv menschliche Eigenart betrachten. Wann unsere Vorfahren diese Fähigkeit entwickelt haben, wie sprachgewandt beispielsweise Neandertaler und andere noch urtümlichere Menschen waren – das wird sich wohl niemals abschließend klären lassen. Mit der Sprachgeschichte des modernen Menschen beschäftigen sich Linguisten wie Bernard Comrie. Seine Abteilung studiert die Vielfalt der Sprachen, die mit einer entsprechenden kulturellen Vielfalt einhergeht. Schließlich verdanken wir den weitaus größten Teil unseres Wissens und Könnens sprachlichen Überlieferungen, seien sie mündlich oder schriftlich. Unterschiedliche Sprachen sind aber durchaus

erforschten Unterschiede im Verhalten von Schimpansengesellschaften. Sie haben eine Fülle an Handlungen festgestellt, von denen sie glauben, dass sie kulturellen Ursprungs seien: die Affen haben unterschiedliche »Esssitten«, stellen verschiedene Werkzeuge her und lausen einander auch auf unterschiedliche Weise. Insgesamt 39 Verhaltensweisen haben die Wissenschaftler ausgemacht, die möglicherweise auf die Wurzeln menschlicher Kulturfähigkeit weisen.

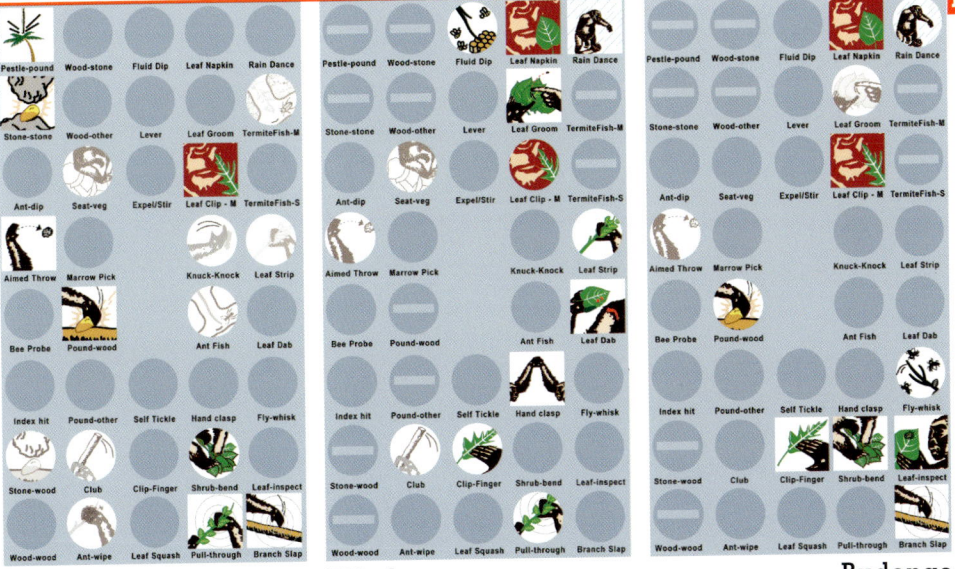

Bossou

Kibale

Budongo

nicht immer auf eine unterschiedliche Abstammung zurückzuführen. So sind die Armenier im Kaukasus zum Beispiel mit den dortigen Aserbaidschanern näher verwandt als mit armenisch sprechenden Gruppen in anderen Regionen. Um das herauszufinden, waren die Linguisten auf die Unterstützung der Genetiker angewiesen. Dass am Max-Planck-Institut für evolutionäre Anthropologie verschiedenartige Spezialisten Tür an Tür arbeiten, begünstigt solch interdisziplinäre Forschung.

Was sprachen Beuys und der Kojote? Die Aktion Coyote. *I like America and America likes Me* und das lebende Tier in der zeitgenössischen Kunst

Bettina Paust

Tiere sind im Werk von Joseph Beuys Gegenstand von naturwissenschaftlichen, christlichen, mythologischen und philosophisch-geistesgeschichtlichen Überlegungen und bilden einen wesentlichen Bestandteil der individuellen Ikonografie des Künstlers. Wie das Werk kaum eines anderen Künstlers der zweiten Hälfte des 20. Jahrhunderts ist das Œuvre von Joseph Beuys durchdrungen von der Existenz der Tiere. Sie prägen sein künstlerisches Denken und Handeln, von seinen frühen Zeichnungen und plastischen Arbeiten über die Aktionen der 1960er und 1970er Jahre und den späten Installationen bis zur sichtbaren Verkörperung von Animalität durch den Künstler selbst.

Künstlerische Strömungen wie Happening, Performance und Fluxus führten zur Aufhebung traditioneller Gattungsgrenzen zwischen Musik, bildender und darstellender Kunst, suchten Kunst und Leben zu verbinden

141 Coyote. I like America and America likes Me, New York 1974, Joseph Beuys (1921–1986), *Joseph Beuys ging es in seinem Werk um die Wiederherstellung der verlorenen Einheit von Natur und Geist. Dem Rationalismus begegnete er mit einem künstlerischen Denken, das sich aus Urbildern sowie mythischen und religiösen Quellen speiste. So verglich er seine Tätigkeit als Künstler mit der des Schamanen. In der Performance Coyote. I like America and America likes Me, die 1974 in einem Raum der New Yorker Galerie*

141

und ermöglichten gleichzeitig das künstlerische Agieren mit unterschiedlichsten Materialien und Objekten, mit dem eigenen Körper sowie mit toten und insbesondere mit lebenden Tieren. Joseph Beuys, der zunächst aktiv an der Fluxus-Bewegung beteiligt war, schuf eine neue Form des öffentlichen, künstlerischen Auftritts[1], der das eigentliche Medium zur Umsetzung und Demonstration seines neuen anthropozentrischen Kunstbegriffs und seiner auf Veränderung der Gesellschaft angelegten Theorien wurde. Charakteristisch für seine Aktionen ist die Ausrichtung der Handlung auf die Künstlerpersönlichkeit Joseph Beuys mit ihrer unverwechselbaren individuellen Ausstrahlung sowie auf deren Agieren mit werkimmanenten Materialien, Gegenständen und Lebewesen.

Die Darstellung des Tieres und der Drang des Menschen, sich selbst sowie seine vielschichtigen Beziehungen zum Tier und zur Natur in der Kunst zu thematisieren, haben in der abendländischen Kultur eine Jahrtausende alte Tradition. Im 20. Jahrhundert gewann das Motiv des Tieres zunehmend an Bedeutung und erlebte in den gattungsübergreifenden künstlerischen Handlungen seit den 1960er Jahren eine Metamorphose ins Lebendige, in das real anwesende und real sich verhaltende Tier. In dem Stück *Elgin Tie* etwa, das Robert Rauschenberg 1964 in Stockholm aufführte, choreografierte er ein Duett für sich und eine Kuh. Was sich in der kurzen Begegnung mit einer Kuh[2] bei Robert Rauschenberg als Form körperlicher Zwiesprache zwischen Mensch und Tier andeutete, steigerte Joseph Beuys

René Block stattfand, verbrachte Beuys drei Tage und drei Nächte mit dem Kojoten »Little John«. Die Ausstattung bildeten Filzbahnen, die neuesten Wall-Street-Journale, Handschuhe, Spazierstock, Triangel und Stroh für den Kojoten. Ab und zu brachen Turbinengeräusche in die Stille. Das anfangs aggressive Verhalten des Kojoten wandelte sich bald in Zutraulichkeit. Es entstand ein inniges Verhältnis zwischen Mensch und Tier. Nach Beuys' eigener Theorie wurde der Künstler zum Medium, zum Mittler zwischen den Welten,

13 – Mythen und Mischwesen
Die körperliche Verschmelzung von Mensch und Tier ist ein uraltes Motiv in den Mythen und Glaubensvorstellungen der Kulturen der Welt. Immer konkretisieren sich göttliche Mächte sowohl in Menschen- wie in Tiergestalt. Das gilt für die altägyptische Kultur, in der die gesamte Tierwelt zum Ausdruck göttlichen Wirkens wird, ebenso wie für die griechische, in der Götter als Mischwesen in göttliche wie menschliche Geschicke eingreifen. Und es gilt auch für die Naturvölker, bei denen der Wunsch, sich mit Tieren emotional

in seiner Aktion *Coyote. I like America and America likes Me* zu einem dreitägigen Zusammenleben mit einem Kojoten (Abb. 1).

Waren bis dahin in der Regel domestizierte Tiere Statisten und Mitakteure in Performances und Happenings, so wählte Joseph Beuys erstmalig in dieser Aktion, die vom 23. bis 25. Mai 1974 in der Galerie von René Block in New York stattfand, neben sich ein wildes, wenn auch gezähmtes Tier zum Hauptakteur. Seine Intention war: »den Dialog des Menschen mit dem Naturreich wieder in Gang zu bringen. Es darf nicht nur eine Kommunikation zwischen Menschen geben, sondern sie muß auch mit anderen Wesen stattfinden. Das ist eine ökologische Grundfrage und interessiert die Leute wieder zunehmend.«[3] Seine Kritik an einem positivistisch-materialistischen Wissenschaftsverständnis und am dissonanten Verhältnis des Menschen in der modernen Industriegesellschaft zur Umwelt kennzeichnen sein Verständnis vom Eingebundensein des Menschen in die Natur und seine Vorstellung vom Tier und allgemeiner der Natur als »Organ des Menschen«.[4] Durch die Einbeziehung des lebenden Tieres in seine Aktionen verdeutlicht Beuys seine umfassende Sicht auf das Natürliche, wobei er auf Gedankengut der Romantik und der Anthroposophie zurückgreift und folgert, »wenn dieses Wesen Mensch zu Tieren, Pflanzen, Steinen zugehört, erkrankt ist, man dann natürlich zur Heilung schreiten muss. Das ist eben der Gedanke der Grünen, ein therapeutischer Gedanke«[5]. So verweist Joseph Beuys zu Beginn der Aktion *Coyote. I like America and America likes Me*

ähnlich der Rolle des Kojoten als heiliges Tier und Lichtbringer in den Mythen der amerikanischen Ureinwohner.

1

und verwandtschaftlich zu verbinden, in Riten und Bräuchen noch heute lebendig ist. Menschen- wie Tiergestalten dienen als Projektionsflächen für Wünsche und Träume ebenso wie für Albträume. Sie manifestieren sich in moralischen Wertvorstellungen und dienen als Orientierung, Vorbild und Warnung.

nachdrücklich auf den Aspekt des »kränkelnden Westmenschen«[6], indem er eingehüllt in Filzbahnen mit einem Ambulanzwagen vom Flughafen zur Galerie René Block und dem dort bereits eingetroffenen Kojoten gebracht wurde, als Hinweis auf Therapie und Heilung im Sinne einer Wiederannäherung an die Natur.

Über den Dialog mit dem Tier, den Beuys selbst in seiner *Coyote*-Aktion verwirklicht sah[7], demonstrierte er die aus seiner Sicht realisierbare Kommunikation mit Tieren, auch in deutlicher Abgrenzung zur modernen Naturwissenschaft. Die Äußerung von Beuys, wenn »ich eine Aktion gemacht habe wie mit dem Coyoten, dann habe ich ja nicht irgendwelche zoologische Vorlesungen halten wollen ...«[8], baut einerseits einer verhaltenswissenschaftlichen Sicht auf die *Coyote*-Aktion vor und verweist andererseits auf ihre werkimmanenten Bedeutungsebenen. Eine kritische Untersuchung der *Coyote*-Aktion wird umso aufschlussreicher, betrachtet man die interpretatorischen Ansätze von Beuys selbst, die er nicht nur in zahlreichen Interviews, sondern insbesondere in der von Caroline Tisdall 1976 mit zahlreichen Fotografien veröffentlichten Publikation *Joseph Beuys. Coyote*[9] gab, dessen deutsche Übersetzung von Beuys überarbeitet wurde und als von ihm autorisierter Text verstanden werden darf.[10] Auch die Filmaufnahmen von Helmut Wietz während der Aktion, die er gemeinsam mit Joseph Beuys zu einem 43-minütigen Film schnitt,[11] zeigen in der Abfolge der Filmsequenzen und in der Auswahl der Bilder nicht nur seltenes Quellenmaterial, sondern gleichfalls eine vom Künstler intendierte Wertung einzelner Handlungen.

Zwangsläufig sollten bei einer derart stringenten Ausrichtung einer künstlerischen Handlung auf ein lebendes Tier als Hauptakteur dessen Verhaltensweisen in den Blickwinkel der Betrachtung treten. Beuys selbst verweist auf die Bedeutung des animalischen Verhaltens: »Indem ich in meinen Bewegungen und Gesten die Uhrzeit des Tieres benutzt habe und mich vom Rhythmus des Tieres habe leiten lassen, der Coyote war der Bestimmende«.[12] Wer wem den Rhythmus vorgab und wie Beuys und der Kojote sich verständigten, bleibt folglich zu untersuchen.

Als Beuys in den für die Aktion vorbereiteten Raum der Galerie René Block kam, war der Kojote bereits anwesend, beschafft für die Dauer der Aktion von einer Tierfarm in New Jersey, die Tiere für Filme und andere Zwecke verlieh.[13] Das Tier hieß »Little John«, was darauf hindeutet, dass der Kojote, der ein Halsband trug, offenbar nicht nur gewohnt war, gerufen zu werden, sondern auch als handzahmes und leinenführiges Tier auf den Menschen geprägt war, und zu dessen Erfahrungen es gehörte, bestimmte Menschen als Sozialpartner anzusehen.[14]

Das Bild des mit dem Tier sprechenden Künstlers formt sich auf der Ebene der Überlieferung besonders in den Fotografien und in dem Film sowie durch Interpretationen, die an einigen Punkten das reale Verhalten des Kojoten missverständlich deuten. Beuys begab sich mit einem klaren,

jedoch nicht starr fixierten Handlungskonzept, das er in Abständen wie-
derholte, in das Zusammentreffen mit dem Kojoten und hatte unterschiedliche Gegenstände, wie fünfzig Ausgaben des *Wall Street Journal* und ein Lager
aus Stroh geordert, sowie Objekte und Elemente aus seinem künstlerischen Repertoire mitgebracht, wie Filzbahnen, Taschenlampe, Triangel,
Spazierstock und »braunkreuzfarbene« Handschuhe. Joseph Beuys schritt
zu Beginn einer jeden Handlungssequenz mit dem Spazierstock über dem
Arm und seine Hände in den braunen Handschuhen durch den Käfigraum
in Richtung Filzbahnen. Dann verhüllte er sich mit dem Filz bis zur Un-
kenntlichkeit, legte optisch wie olfaktorisch seine anthropomorphe Erscheinung ab. Aus dieser scheinbar anonymen Filzplastik ragte nach oben
der Spazierstock heraus, der sich bei ruhigem Gehen oder beim Hocken der
Figur auf den Kojoten oder gen Boden richtete. Gerade in dieser Phase des
Geschehens, so legen Fotos und Film nahe, fand eine Interaktion zwischen
Tier und Künstler statt, in der vor allem der Kojote seinem ausgeprägten
Spieltrieb freien Lauf ließ: Er zerrte an den Filzbahnen und zerfetzte sie oder
biss in den Spazierstock (Abb. 2). Wenn auch dieses Verhalten des Kojoten,
nicht nur bei Zeitzeugen, den Anschein von Aggressivität hervorgerufen
haben mag,[15] hatten für ihn der ihm als Sozialpartner vertraute Mensch und
die von diesem mitgebrachten Objekte eher einen Unterhaltungswert als
Spielobjekt.[16] In Fortführung des Handlungsablaufs ließ sich die Filzplastik
zu Boden fallen, lag dort unbeweglich bis sie plötzlich aufsprang, sich

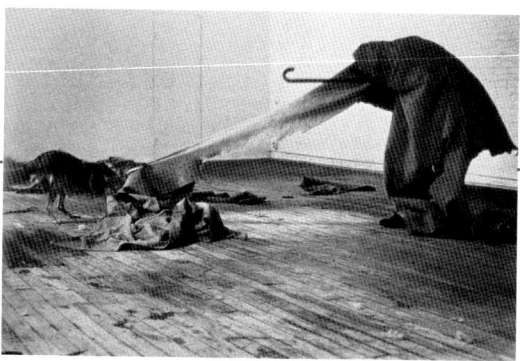

2

dabei enthüllte und die Person Joseph Beuys sich entpuppte. Kurz darauf schlug dieser drei Töne mit dem Triangel an, die sich mit dem einsetzenden Röhren von Maschinenturbinen von einem Tonband überlagerten. Der Künstler zog seine Handschuhe aus, warf sie dem Kojoten zu oder ließ ihn daran schnüffeln, stützte sich auf das gekrümmte Ende seines Spazierstocks, beobachtete den Kojoten, ging durch den Käfigraum und ordnete die auf dem Boden zerstreuten Zeitungen wieder zu zwei akkurat geschichteten Haufen (Abb. 3). In den Phasen zwischen diesen einzelnen Handlungsabschnitten lag Joseph Beuys alleine oder in Gesellschaft des Kojoten auf dem Strohlager im hinteren Bereich des Galerieraumes.

Das Zusammensein von Mensch und Tier in der New Yorker Galerie war geprägt von gegenseitiger Kontaktaufnahme in stressfreier und entspannter Atmosphäre: Beuys gab dem Kojoten das Futter und verschaffte ihm durch seine Anwesenheit und die von ihm mitgebrachten Gegenstände drei abwechslungsreiche Tage und der Kojote zeigte sich während des dreitägigen Aufenthaltes in der Galerie als ruhiges, neugieriges und verspieltes Tier, das in Gegenwart von Beuys und der Besucher hinter der Gitterabsperrung fraß und schlief (Abb. 4).

Bald nach Beginn der Aktion markierte der Kojote den von Beuys in den Raum gelegten Filzhaufen sowie die Stapel des *Wall Street Journals* vor dessen Augen durch Urinspritzer, wodurch er demonstrierte, dass er Beuys nicht nur als Sozialpartner anerkannte, sondern sich ihm gleichzeitig in dieser

3

4

Situation überlegen fühlte. Der Kojote urinierte in Gegenwart von Beuys auf die von diesem mitgebrachten Objekte, um den ihnen anhaftenden Geruch zu überdecken und diese durch den eigenen Duft in Besitz zu nehmen, worauf auch sein Wälzen auf dem Filz und den Handschuhen hindeutet.[17] Auf der faktischen Ebene ist dieses Verhalten des Kojoten als Dominanzverhalten gegenüber Beuys zu sehen, auf der symbolischen Ebene wird das Urinieren des Kojoten auf die mächtigste amerikanische Wirtschaftszeitung, die für Beuys die verknöcherte Totenstarre des Denkens über Kapital verkörperte,[18] als Ablehnung materialistischen Denkens und Handels gedeutet.[19] Wie keine andere der Beuys'schen Aktionen ist die Coyote-Aktion bestimmt von dem Oszillieren zwischen denen durch die Existenz des Tieres bestimmten Realitäten und den durch die Objekte, die Handlungen, den Habitus und die erläuternden Aussagen des Künstlers intendierten Inhalte. So sah Beuys in dem Kojoten nicht nur einen Vertreter der Natur, zu dem er in Beziehung zu treten suchte, sondern gleichfalls sah er in ihm ein Symbol für unterdrückte und diskriminierte Minderheiten,[20] wie zum Beispiel die Indianer in Amerika,[21] bei denen in einigen Stämmen der Kojote als höchste Gottheit verehrt wird. Und wenn Beuys davon sprach, dass der Kojote ein Wesen sei, »das stellvertretend steht für alles Übersinnliche, also alles Transzendentierende, Spirituelle, also die Gottheit Kojote«[22], dann verweist er durch die Wahl des Kojoten sowie durch seine eigene Person und sein Agieren auf die Figur des Schamanen, den Magier,

Mystiker, Seelenbegleiter und Heiler, dessen rituelle Handlungen bei einigen Indianervölkern darauf ausgerichtet waren, den Kojoten zum Beispiel für die Heilung von Krankheiten zu gewinnen. Mit dieser Konstellation des Künstlers als Schamane in geistiger Verbundenheit mit dem Kojoten (Abb. 5) schuf Beuys das eindringliche Bild einer, in seiner Vorstellung zukünftigen Symbiose von rationalen und mythischen Denk- und Erlebensweisen, die er durch seine Erweiterung des Kunstbegriffs in die moderne Gesellschaft hineinzutragen suchte und durch die er diese in einem heilenden, therapeutischen Sinn zu verändern strebte. So wie der Schamane zwischen spiritueller und materieller Welt zu wandeln vermag, so sah Beuys, jenseits zoologisch-wissenschaftlicher Erkenntnisse, die Tiere als »mächtige Einheiten und Generatoren zur Produktion von spirituellen Gütern! Sie besitzen noch viele jener Fähigkeiten ungemindert, die bei den Menschen unterentwickelt sind oder ausgelöscht werden mussten.«[23] Diese im Animalischen begründete geistige Dimension und die mehrfache Bezeichnung von Tieren als »Engelwesen«[24] zeigt den Einfluss der anthroposophischen Schriften von Rudolf Steiner auf das Werk von Joseph Beuys. Die Vorstellung Steiners von der Gliederung der Welterscheinungen in Materie und Geist umfasst neben der mit den Sinnesorganen wahrnehmbaren Bereiche auch die durch »geistiges Schauen«[25] sich erschließenden höheren Welten. Dabei wirken Engel als geistige Kraft, die hinter den Erscheinungen stehen und die nicht sinnlich, sondern nur seelisch oder geistig

5

erfahren werden können. Um diese Fähigkeit zu erlangen, müsse der Mensch seine eigenen geistigen Kräfte schärfen durch Ausbildung von Imagination, Inspiration und Intuition, als höhere Formen des Denkens.[26] Nach Beuys bewahrt selbst noch ein totes Tier »stärkere Kräfte der Intuition als manche menschliche Wesen mit ihrem unerbitterlichen Rationalismus. Das Problem liegt im Wort verstehen und seinen vielen Schichten, die nicht auf die rationale Analyse beschränkt werden können. Imagination, Inspiration, Intuition und Sehnsucht lassen die Leute spüren, dass diese anderen Schichten auch eine Rolle spielen.«[27] Jene anderen geistigen Schichten, wie Beuys sie begreift, sind seiner Auffassung nach im Menschen des ausgehenden 20. Jahrhunderts nicht mehr existent oder verkümmert. So formuliert Beuys anknüpfend an die philosophischen Reflexionen Steiners und an mythische Vorstellungen, die die Figur des Schamanen besonders augenfällig in der *Coyote*-Aktion in seiner Person selbst versinnbildlicht, seine grundlegenden Gedanken zur Überwindung der von einseitiger Rationalität und Spezialisierung der Wissenschaften geprägten modernen westlichen Welt, dessen Zustand er als »Todespol« oder »Todescharakter«[28]. bezeichnet. Diesen gelte es zu überwinden durch die Erweiterung des Wissenschaftsbegriffs und mittels seiner Plastischen Theorie, in der Ratio, Intuition und Kreativität zentrale Begriffe sind.

Der von rationalem Denken geprägte Mensch, der in ein dissonantes, lebensbedrohendes Verhältnis zur Natur geraten ist, müsse sich nachdrücklich seiner natürlichen Umwelt und der existentiellen Bedeutung des Tieres bewusst werden.

Auch Beuys erlag dem alten Menschheitstraum von dem Gespräch des Menschen mit den Tieren. Zwei Wesen aus unterschiedlichen Welten, einer visuell und einer olfaktorisch geprägten, trafen 1974 in der Aktion *Coyote. I like America and America likes Me* zusammen, mit der von Beuys formulierten Absicht, miteinander in Kommunikation zu treten. Dabei begegnete der Mensch mit seiner differenzierten, durch optische Signale geprägten Bewusstseinswelt dem Tier mit dessen vor allem durch Geruchsreize bestimmten Welt. Die auf Visualität angelegten Handlungen von Joseph Beuys blieben für den Kojoten eher bedeutungslos. Das olfaktorisch bestimmte Verhalten des Kojoten, als er zum Beispiel auf die Zeitungen und den Filzhaufen urinierte, blieb hingegen für Beuys von untergeordneter Bedeutung. Trotzdem fand eine gegenseitige Verständigung in den Ruhephasen und in einigen Momenten der Aktion statt, jedoch nicht in dem Sinne, dass der Kojote, wie Beuys dies empfand, den Rhythmus der Handlung bestimmte. In dem dreitätigen Zusammenleben gab es Augenblicke körperlicher Zwiesprache, unabhängig voneinander ablaufende Verhaltensweisen, die jeweils ohne Einfluss auf die Gesprächspartner blieben, sowie unterschiedliche Wahrnehmungen: Kurz bevor Joseph Beuys am Ende des dritten Aktionstages den Galeriekäfig verließ, hockte er sich nieder, packte den Kojoten, hob ihn hoch und drückte ihn an seinen Oberkörper, um sich von ihm zu verabschieden, ohne dabei »den Schmerz der Trennung zu verbergen«.[29] Doch war es der Kojote, der hier Beuys die Partnerschaft demonstrierte, indem er, trotz dieser körperlichen Zudringlichkeit, sich mit heftigen Körperbewegungen zwar zur Wehr setzte, zugleich aber die Schnauze von Beuys abwand, als Demonstration des Verzichts auf sein wirksamstes Mittel der Gegenwehr.

Joseph Beuys hat in der *Coyote*-Aktion mit den optischen Figuren, die er einnahm, und den visuellen Signalen, die von ihm ausgingen, gerade in der überlieferten Form der Fotografien und der Filmsequenzen eindringliche Bilder geschaffen. In diesen Nachbildern erfüllt sich die Aktion als Kunstwerk und vermag auszulösen, was Beuys intendierte: Das Bestreben des Menschen, seine Existenz und sein Handeln in der Welt und seine Reflexion über die Wahrnehmung der Welt wieder in Beziehung zur Natur zu setzten.

In den künstlerischen Selbstbefragungen des Menschen gewinnt das lebende Tier als komplexer Bestandteil der durch den Menschen bestimmten Welt seit den 1960er Jahren zunehmend an Bedeutung. Neben Künstlern wie Robert Rauschenberg, Jannis Kounellis oder Joseph Beuys waren es vor allem die Wiener Aktionisten Hermann Nitsch, Otto Mühl und Rudolf Schwarzkogler, die in enger Korrelation zum eigenen Körper mit bereits vor oder während der Performances geschlachteten Tieren agierten. Vergleichbar der *Coyote*-Aktion von Joseph Beuys war in der Performance *Drei* der beiden Künstler Abramovič und Ulay 1978 in Wiesbaden (Abb. 6) eine große Giftviper bestimmender Hauptakteur.[30]

Reziprokes Verhalten von Tieren und Menschen bestimmte die Installation *Protection* des amerikanischen Künstlers Dennis Oppenheim im Jahr 1971. Zwölf scharfe Polizeihunde bewachten ein Gelände vor dem Boston Museum, das normalerweise öffentlich zugänglich war: »Die Hunde bewachten ein Gelände, wie die Museumsbeamten die Kunstwerke. Irgendwie gaben die Hunde dem Gelände den Eindruck von etwas sehr Wertvollem, doch da gab es nichts außer schneebedecktem Boden.«[31] Eine Zone der Unzugänglichkeit für den Menschen wird definiert durch das Verhalten der Hunde, die dieses wiederum durch ihre Ausbildung als Wach- und Schutzhunde durch den Menschen selbst erlernt haben.

Stellvertretend für zahlreiche Arbeiten, in denen Künstler mit lebenden Tieren, vornehmlich mit Insekten, im Spannungsfeld naturwissenschaftlicher Forschung experimentieren, wie zum Beispiel Luis Benedit, Carsten Höller, Henrik Håkansson oder Mark Thompson, steht die Installation *A Thousand Years* des Engländers Damien Hirst (Abb. 7). In einer großen gläsernen Vitrine, die durch eine mittlere Glaswand in zwei Räume unterteilt ist, thematisiert Damien Hirst den lebensbestimmenden Kreislauf von Werden und Vergehen, wobei seine Prognose eine düstere ist. In einem Bereich der Vitrine befindet sich ein weißer Kubus mit Fliegenlarven, aus dem die geschlüpften Fliegen in den gläsernen Raum gelangen können und von dort

6

durch Öffnungen in der Trennwand in den anderen Bereich der Vitrine, angelockt durch Zuckerwasser und vor allem durch einen verwesenden Rinderkopf, der auf dem Boden des Vitrinenraumes liegt. Nicht nur der Schädel zieht die Fliegen an, sondern auch der darüber hängende elektrische Fliegentöter. Die Flugrichtung der Fliegen entscheidet über ihren Tod oder über die Möglichkeit eine Zeit lang zu überleben. Diese Lebensstufen, die Damien Hirst von den Fliegen auf den Menschen überträgt,[32] beschreibt er prägnant und zugleich pessimistisch als »Being born. Growing up. Moving to a new location. Eating. Being killed unnaturally.«[33] Nicht die Anthropomorphisierung von Tieren, sondern die Gleichsetzung existenzieller Prinzipien animalischer wie menschlicher Lebewesen führt in dieser Installation zu einem kritischen Blick auf den Lebenswert[34] dieser im Alltag als lästig und vernichtenswert geltenden Insekten.

Die Installation *Ein Haus für Schweine und Menschen* 1997 von Carsten Höller und Rosemarie Trockel während der Documenta X in Kassel (Abb. 8) impliziert ein kommunikatives Zusammenleben von Menschen und Schweinen unter einem gemeinsamen Dach.[35] Doch war dieses Haus im Inneren in zwei Bereiche getrennt: In einen Zuschauerraum, von dem die Besucher die Schweine im anderen Teil des Hauses und in dem sich anschließenden Gehege durch eine Trennscheibe wie in einer überdimensionalen Vitrine betrachten konnten, ohne dass dabei jedoch weitere Sinne wie Geruch, Gehör oder Tastsinn angesprochen wurden. Die Schweine hingegen konn-

7

8

ten ihre menschlichen Beobachter überhaupt nicht wahrnehmen, da von ihrer Seite aus die Trennscheibe verspiegelt war. Wenn sie in die Richtung der Menschen blickten, entdeckten sie immer nur ihr eigenes Spiegelbild, sie sahen Schweine.

Wenn der Berliner Performancekünstler Rolf Langebartes die Arbeit mit lebenden Tieren in seinen künstlerischen Äußerungen ablehnte, weil es sich dabei immer um »Käfigsituationen« handle,[36] benennt er eine Konstante, die viele der Installationen, Performances und Aktionen mit lebenden Tieren kennzeichnet. Das Tier, aus seiner angestammten Umgebung entfernt, findet sich wieder in einem neuen, künstlerischen Kontext unter Beobachtung von Besuchern, Videokameras oder Fotoapparaten als Mittler zur Produktion von Nachbildern. Auch der Kojote »Little John« in der Aktion von Joseph Beuys lebte gemeinsam mit dem Künstler in einem Galerieraum, der durch ein Gitter in einen großen Bereich für die Aktion und einen kleineren für die Besucher unterteilt war (Abb. 9). Auffallend ist, dass die Tiefenschärfe bei einem Großteil der Fotografien von Caroline Tisdall, wie auch im Film, den Eindruck des Eingesperrtseins dieser Käfigsituation aufhebt, indem das trennende Gitter nur schemenhaft wie ein sich auflösender Schatten erscheint, oder gänzlich verschwindet.[37]

In der Arbeit von Ayse Erkmen, die sie im Sommer 2002 im Rahmen des Campus-Projekts in der Kokerei Zollverein in Essen unter dem Titel *Ketty und Assam* realisierte, lebten zwei Tiger, ausgeliehen von einem Lübecker

Raubtierdompteur für zwei Monate auf der Bunkerebene der Mischanlage der Kokerei Zollverein, wo für sie ein 700 Quadratmeter großes Innen- und Außengehege abgeteilt worden war. Ob die Besucher dieser Ausstellung, anders als im Zoo oder im Zirkus, vor den Gittern stehend in Anbetracht der Tiger »ihre Ausgeschlossenheit aus der Welt der Natur« und »ein Spannungsverhältnis zwischen ›Wildnis‹ und ›Zivilisation‹«[38] erfahren haben, bleibt fraglich.

Der »Käfigsituation« scheint das lebende Tier als Gegenstand der Betrachtung durch den Menschen von den antiken Tierzwingern über barocke Menagerien und Zoologische Gärten bis hin zu seinem Auftreten in der Kunst des 20. und 21. Jahrhunderts nicht entrinnen zu können. Und dennoch hat es durch seinen Einzug in die bildende Kunst seit den sechziger Jahren des 20. Jahrhunderts parallel und in Berührung zu Land Art und Body Art vor dem Hintergrund gesellschaftlicher und politischer Entwicklungen zur Entgrenzung traditioneller künstlerischer Ausdrucksformen beigetragen. Einen entscheidenden Impuls gab dabei Joseph Beuys mit seiner Aktion *Coyote. I like America and America likes Me*: Weniger durch seine der Aktion innewohnende und auf die »Erweiterung des Kunstbegriffs« zielende individuelle Ikonografie, als vielmehr durch das temporäre Zusammenleben mit einem »wilden« Tier und durch den sich in der Kraft der Nachbilder manifestierenden Imperativ, die Dissonanz im Verhältnis des Menschen zur Natur in der modernen Industriegesellschaft zu überwinden.

9

Monster im Schatten der Aufklärung

Literarische Experimente im Grenzbereich

Hartmut Böhme

Im Jahre 1837 schreibt Gustave Flaubert – er ist sechzehn Jahre alt – die Erzählung *Quidquid volueris*, eine nahezu perfekte Schauergeschichte im Stil der Gothic Novel, ein goyaesker Alp »schlafloser Nächte«, worin der Erzähler eingangs die Teufel seiner Einbildungskraft, die »Kinder meines Hirns« anruft wie Musen der Inspiration. Virtuos setzt der adoleszente Autor alle Stilmittel des langsam sich aufbauenden Grauens ein, das sich am Ende in einer entsetzlichen Tat entlädt.

Wir lernen eine blonde, naive, schwärmerische junge Frau aus reichem Hause kennen – Adèle –, deren Hochzeit mit einem kalten, alles auf seinen Vorteil berechnenden, weltläufigen Zyniker – Paul – nahe bevorsteht. Ihm sind Kunst, Religion, Gefühl – die Sphären Adèles – absolut gleichgültig. Übergangslos wird der Leser mit einem Wesen an der Seite Pauls konfrontiert, einem hässlichen, debil wirkenden jungen Mann von seltsamer Wildheit und Animalität, doch mit einer Seele weit wie das Meer, einer verzehrenden Einsamkeit, voll innerer Wollust und galvanischer Leidenschaft: Es ist der siebzehnjährige Djalioh, ein symbiotisches Gegenbild seines älteren Herren Paul. Ist Djalioh eine Missgeburt der Natur, so Paul eine Missgeburt der Zivilisation; ist der eine preisgegeben und ohnmächtig, so der andere überlegen und herrisch; ist der eine loderndes Feuer, so der andere Kälte bis ins Herz. Und so wie Paul die poetische Adèle in kühlem Kalkül in seinen Besitz nehmen wird, so aussichtslos und stumm liebt Djalioh die junge Frau.

Auf dem Hochzeitsball erzählt Paul im Kreis seiner blasierten Freunde die Geschichte Djaliohs: In früheren Jahren weilte er in Brasilien, kaufte »einem Neger den schönsten Orang-Utan ab« und sperrte ihn – angeblich zur experimentellen Prüfung einer Frage der Akademie der Wissenschaften, »ob es einen Mischling aus einem Affen und einem Menschen geben könne« – mit einer schwarzen Sklavin zusammen, die zuvor Paul abgewiesen hatte. Tatsächlich wird die grässlich Vergewaltigte von dem Orang-Utan schwanger und gebiert – eben jenen Djalioh, den Paul wie einen Sohn aufzieht, um eine Wette zu gewinnen: ob es möglich sei, einen Affen als Menschen zu unterschieben (ein Motiv, das in der Literatur um 1800 des Öfteren erscheint). Djalioh ist also das Produkt ebenso eines naturwissenschaftlichen Experiments wie eines zynischen Spiels, der Spross einer irregulären Kreuzung von Affe und Mensch, das Erzeugnis eines verwilderten sexuellen Gewaltphantasmas.

142

142 Modell eines Wappenpfahls mit Donnervogel und Raubwal, British Columbia, Salish-Sechelt, 19. Jh. Der Wappenpfahl zeigt von oben nach unten einen Adler, der seine Flügel ausbreitet, eine männliche und eine weibliche Gestalt und einen Wal. Der weiße

Djalioh erlebt die Hochzeitsnacht in der stummen Raserei seines Inneren »wie ein Löwe in seinem Käfig«, in »Höllenqual« und im »Schmerz eines Verdammten«. Einer Geige, entlockt er gellende Dissonanzen und wüste Rhythmen, zum Lachen der Anwesenden, die verständnislos diesem einzigen Ausdruck seines stürmenden Begehrens folgen. Das gefangene wilde Tier: Inbild des ödipal gefesselten, in narzisstischer Wut rasenden Begehrens eines Adoleszenten.

Zwei Jahre später: Djalioh schleicht in den Garten, wo das Kind Adèles und Pauls in einer »Nachenwiege« schläft, hebt es heraus – »ließ es über seinem Kopf in der Luft kreisen und schleuderte es mit all seiner Kraft auf den Rasen«, dass das »Hirn spritzte zehn Schritt weit«. Dann betritt Djalioh das Haus, verschließt hinter sich alle Türen, bis er den Salon erreicht, wo Adèle lesend »auf einem rotsamtenen Sofa ausgestreckt war«. Er atmet das »berauschende Odeur« der Frau ein und küsst ihren Hals. Adèle schreit um Hilfe, vergeblich. Natürlich versteht sie nicht »die Tränen eines Tieres und die Seufzer einer Missgeburt«, das der menschlichen Sprache nicht mächtig ist, ebenso wenig wie der erotischen Sprache der Verführung. So geht die Szene in einen bestialischen Sexualmord über. Die Aggression Djaliohs schlägt auf ihn selbst zurück, und nach einigen Anläufen zertrümmert er am Marmorkamin seinen Schädel. Einige Tage haben die Presse und das Bürgertum ihre Sensation. Djaliohs musealisiertes Skelett wird im Zoologischen Kabinett ausgestellt und Monsieur Paul hat bald wieder geheiratet.

Kopf des Adlers entspricht dem weißen Kopfgefieder des ausgewachsenen Adlers, der sich als der »Kahle Adler« auch als Wappenvogel der USA zeigt. Im Mythos der Indianer der Nordwestküste traf ihr Ahnherr einen Adler oder Adlermenschen, der ihm sein Abbild als Wappen schenkte, das noch heute in zahlreichen Variationen für viele Gruppen steht. Als Donnervogel ist der Adler ein riesiger Raubvogel, der sich in einen Menschen verwandeln kann. Hauptnahrung des Donnervogels ist der Raubwal, der aber

Der jugendliche Erzähler bemerkt einmal: »Ich mag Affen nicht besonders, und doch habe ich Unrecht, denn sie scheinen mir eine vollendete Imitation der Menschennatur. Wenn ich eines dieser Tiere sehe – ich spreche hier nicht von den Menschen –, so komme ich mir vor, als sähe ich mich in vergrößerten Spiegeln: dieselben Gefühle, dieselben brutalen Gelüste, etwas weniger Hochmut – das ist alles.« Nach den Jahrhunderten sorgfältiger philosophischer Scheidung zwischen Mensch und Tier und feiner Hierarchien nach der *scala naturae* bricht in der Moderne das privilegierte Selbstbild des Homo sapiens zusammen. Aus den Spiegeln der Tiere blickt die Bestialität des Menschen zurück.

Eine symptomatische Erzählung des 19. Jahrhunderts. Eigentlich schienen die Verhältnisse zwischen menschlicher Kultur, der Wissenschaft und den Tieren bereinigt. Vorbei die Zeiten der Metempsychosen und Metamorphosen, in denen die Seelen der Ahnen in Tieren wiederkehrten oder Menschen sich, strafweise oder durch Kunst, plötzlich in abscheuliche Bestien oder triviales Getier verwandelt wieder fanden. Vorbei auch die Zeiten der Mischwesen und Monster, in denen sich auf unheimliche Weise Menschen- und Tierformen addierten. Man hatte sich aufgeklärt und musste weder die teuflischen Dämonen fürchten noch die himmlischen Gefieder verehren. Die Zeit der urtümlichen Meeresmonster, Nixen, Sirenen war ebenso vorbei wie die Zeit des bedrohlichen Gelichters der Luft und ihrer

eigentlich gar kein Wal ist, sondern der größte Delfin der pazifischen Küste. Er gilt als guter Fischer und Schenker von Nahrung, kann aber auch Schiffe umstürzen und Menschen fressen. Auch der Wal ist ein verbreitetes Wappentier. Diese gelten als Totems, *sind geheiligt und dienen dem Schutz der Tradition und der Gemeinschaft.* **143** Schamanenmaske mit Tierohren, Tierzähnen und Tierhaaren, Alaska, Tlingit, 19. Jh. *Der Schamane ist ein Berufener, der sich im Dienste der Gemeinschaft mit dem Jenseits in Verbin-*

143

Wetterdämonen. Auch die tierhaften Bewohner des Unterirdischen, Kobolde, Berggeister und subterrane Wiedergänger, wurden für den akademisch ausgebildeten Montanwissenschaftler nicht mehr zu Quellen der Angst. Was hatte die Volksüberlieferung von Einhörnern, Feuer speienden Drachen und Gift spritzenden Lindwürmern, verwunschenen Bären, kreuztragenden weißen Hirschen, dräuenden Fressmonstern in knochenübersäten Höhlen, zauberischen Bestien des Waldes, mordenden Fledermäusen, von menschenreißenden, gar die Sonne verschlingenden Wölfen, den überall auftauchenden Werwölfen, dem tödlich blickenden, aus Hahn und Schlange gekreuzten Basilisk, der in mittelalterlichen Bestiarien zum Antichrist avancierte, und gar von den grässlichen Tieren der biblischen Apokalypse und den animalischen Experten für Torturen in der Hölle – was hatte man in den Küchen der Bauern, den Stuben der Bürger, den Studiolos der Gelehrten und den Zellen der Mönche nicht zu fabulieren gewusst!

In diesen Strom heidnischen Volksglaubens, der niemals durchs Christentum aufzuhalten war und nun von den wissenschaftlichen Aufklärern unterbrochen werden sollte, waren selbstverständlich auch die mythologischen Überlieferungen der antiken Kultur eingegangen, die ihrerseits eine Vielzahl von theriomorphen Gottheiten, Tiermonstern und Mischwesen aus Ägypten und dem vorderen Orient übernommen hatte. Man denke nur an die schlangenbehaarten, zähnefletschenden und mit töten-

dung setzt. Er erlebt in einem Initiationsprozess, in Träumen und Halluzinationen sein eigenes Sterben und Wiedererstehen und nimmt auf dieser Reise die Gestalt eines Tieres an. Dabei wird er von seinen tiergestaltigen Schutzgeistern begleitet. Durch diese *Selbstfindung befreit, kann der Schamane als Magier, Medizinmann und Priester heilend und helfend der Gemeinschaft dienen.* **144** *Männliche Figur – Hilfsgeist, Alaska, Tlingit, 19. Jh. Bei seinen Zeremonien bedient sich der Schamane auch der Hilfsgeis-*

144

dem Blick starrenden Gorgonen, den vielköpfigen, grässlichen Höllenhund Kerberos, das Mischwesen Echidma aus Schlange und Frau, unersättlich nach Fleisch, die Feuer speienden, aus Löwe, Ziege und Drachen zusammengefügte Chimäre, den Menschenopfer verlangenden Stiermenschen Minotauros, die sexlüsternen Kentauren, vorne Mann und hinten Pferd, die furchtbaren, Blut trinkenden und Leichen fleddernden Keren, die ebenfalls weiblichen Sturm-Harpyien, die mit ihren scharfen Krallen Menschen entführten, die zu jeder obszönen Orgie aufgelegten Satyrn, das aus Adler und Löwe zusammengesetzte Vogel-Ungeheuer Greif.

Man kann diese Überlieferungen von Fabelwesen und Tiermonstern nicht überschätzen. Ihre in den alten Kulturen überall verbreitete Kraft zeigt auch gegenüber der Moderne eine erstaunlich insistierende Präsenz: ob es sich um E. T. A. Hoffmann, Wilhelm Hauff oder Thomas Love Peacock, um Edgar Allan Poe, Leopold von Sacher-Masoch, Robert Louis Stevenson, Franz Kafka, Eugene O'Neill, Egar Rice Burroughs (Tarzan), Delos Wheeler Lovelace (King Kong), Robert Musil, Georg Heym, Howard Philipp Lovecraft, Patricia Highsmith, Ingeborg Bachmann oder Ludwig Fels handelt. Im 20. Jahrhundert hat der Film das Pandämonium nahezu aller Kulturen in einem gewaltigen synkretistischen Patchwork ins Bild gebracht und mitten in der technischen Moderne ein kollektives Imaginäres wiedererschaffen, das aus den Montagen von Tieren, Menschen, Maschinen und Dämonen synthetisiert ist.

ter, die mittels Rasseln zusammengerufen werden. **145** Sphinx, ägyptisch, Römerzeit. Bei den Ägyptern ist die Sphinx eine Mischgestalt aus Löwenleib und Menschenkopf, die das Antlitz des Königs oder des Sonnengottes trägt. So vereinten die Pharaonen ihren *Geist mit der Stärke und Wachsamkeit des Königstiers. Die Sphinx ist das monumentale Sinnbild der Königsmacht.* **146** *Spitzmaus, Herkunft unbekannt, Spätzeit, 750–525 v. Chr. Der zyklische Lauf der Sonne erhielt in unterschiedlichen Gottheiten Gestalt, oder*

145

In nahezu allen Religionen spielten Tiere als göttliche oder dämonische Wesen eine überragende Rolle. Vorstellungen eines belebten metasinnlichen Raums haben sich nur bilden können, indem Tiere die Vorbilder für nicht irdische Existenzen hergaben. Intermediäre Fabelwesen im Zwischenreich von Himmel, Erde und Unterwelt sind zumeist Mischaggregate von hybriden Körperteilen bekannter Tiere. Regelmäßig sind Tiere Attribut- und Begleitwesen von Göttern; sie markieren deren Eigenschaften oder Zuständigkeiten. Auch Religionen mit nicht theriomorphen Göttervorstellungen, wie das Christentum, haben niemals darauf verzichten können, die jenseitigen Räume, Himmel oder Hölle, mit tierischen Populationen zu füllen. Diese erzeugten zuallererst eine Art Signifikanz und Vorstellbarkeit der sonst leeren transrealen Räume. Auch durch die biblischen Grundbücher der jüdischen wie der christlichen Religion, die die »heidnischen« Tierkulte heftig bekämpfen, zieht sich eine breite Spur, die das dämonische Getier und solche irdischen Tiere hinterlassen haben, die zu Symboltieren erhöht oder erniedrigt wurden. In allen vier Elementen und den durch sie gebildeten Sphären, Feuer, Wasser, Erde, Luft, leben spezifische Tiere, Fabelwesen und Dämonen. Tierverehrung, Erhöhung von Tieren zu Göttern oder Dämonen, entsprechende liturgische Formen, ein reiches Arsenal von Opferpraktiken und religiösen Ritualen, in denen Tiere eine zentrale Position innehaben, sind in zahlreichen Religionen verbreitet. Das gilt auch für viele Pflanzen. Der außerordentliche Rang, den Tiere und

er war in einer Gestalt vereint. Die Spitzmaus bildet zusammen mit dem Ichneumon (nordafrikanische Schleichkatze) ein Paar, das die beiden Aspekte des Sehenden-und-Blinden-Gottes Horus-Chenti-irti von Letopolis verkörpert. Das Ichneumon steht für die sehende Seite, den Tag, und die Spitzmaus für die Nacht, die Blindseite des Gottes. Als göttliche Tiere wurden Spitzmäuse auch mumifiziert und in Särgen beigesetzt. Deshalb steht das Tier in plastischen Darstellungen oft auf Sockeln, die als Särge dienten.

146

Pflanzen für die Reproduktion in vorsesshaften wie in agrikulturellen Gesellschaften einnehmen, sowie der semantische und symbolische Überschuss der Sprache und der Einbildungskraft, welche sich niemals auf die Denotation der vorfindlichen Lebewesen und Gewächse einschränken ließen, wie es von Adam berichtet wird, haben dazu geführt, dass neben der Realität des zweiten und dritten Naturreiches gleichsam noch ein symbolisches Universum ausgebildet wurde – vermutlich das älteste überhaupt. Die reiche Tier- und Pflanzen-Allegorese des Mittelalters ist davon nur ein später Ausläufer.

Mit den New Sciences des 17. Jahrhunderts, die sich im Aufklärungsjahrhundert auf breiterer Front durchsetzen konnten, war indessen eine neue Situation eingetreten. Man hatte den Himmel vermessen, die Bewegungen der Sterne brauchten zu ihrem Antrieb weder Götter noch Gott, sondern gesetzlich geregelte physikalische Kräfte, Mathematik und Geometrie; im newtonschen absoluten Raum war kein Platz mehr für Dämonen und Monster. Die Mirabilia und Monstra wurden von Wunderwesen zu Unwahrscheinlichkeiten, natürlichen Singularitäten, Spielformen der Natur innerhalb eines im Ganzen geordneten Systems verwandelt. Man untersuchte sie mit Neugier und experimentellem Hunger, analysierte und anatomisierte, um ihnen einen Ort in der naturgeschichtlichen Taxonomie anzuweisen oder sie daraus energisch auszuschließen. Noch fanden in den Wunderkammern und Raritätenkabinetten die mineralischen, ani-

147 Sitzfigur des Gottes Mahes, Leontopolis, griechisch-römische Zeit. *Der dargestellte Gott Mahes trägt zwischen den Löwenohren eine Krone mit aufgerichteter Uräusschlange. Mahes ist der »wilde Löwe«, ein Gott des Krieges. In dieser Rolle wurde er mit der Erscheinungsform des falkenköpfigen Himmels- und Sonnengottes Horus gleichgesetzt, der im Osirismythos auch als Sohn von Isis und Osiris gilt und als solcher den Tod seines Vaters an Seth rächt und damit gleichzeitig den Bekämpfer des Bösen ver-*

malischen wie vegetabilen, die exotischen wie artifiziellen Wunderlichkeiten in einer Ordnung der Dinge ihren Platz, die nach der *scala naturae*, der »großen Kette der Wesenheiten«, graduiert war. Die Ordnung der Naturarchive bereitete der Verwissenschaftlichung der Welt ebenso den Weg wie die Labors, Anatomiesäle, experimentellen Kabinette und Werkstätten der Instrumentenbauer und Naturwissenschaftler.

Schlechte Zeiten für Fabeltiere, auch wenn das 18. Jahrhundert, das den Wissenschaften und der Vernunft die Bahn frei machte, zugleich ein Jahrhundert des Aberglaubens blieb. Es gehört zum Prozess der Aufklärung selbst, dass die fortschreitende Verwissenschaftlichung neue Wunder und Schrecken, irritierende Provokationen, rätselhafte Erscheinungen, unbekannte Ängste erzeugte – und alte mitschleppte, ja verstärkte. Und dazu gehören – neben den fabelhaften Vampiren und Werwölfen, die gerade im 19. Jahrhundert eine unerhörte Hausse erlebten – zuvörderst die Affen, welche aus fernster Ferne, den Tropen, kamen und zum unheimlich Nächsten wurden: Sie stellten auf irritierende Weise die Frage nach der spezifischen Differenz des Menschen neu und lösten eine ungeahnte wissenschaftliche, literarische und künstlerische Konjunktur aus.

Es ist bekannt, dass die Moderne sich nur in dem Maß durchsetzen konnte, wie es ihr gelang, die Tier- und Pflanzenwelt nicht nur technisch zu beherrschen, sondern die dafür notwendige mentale Bedingung zu schaffen: sie nämlich zu desymbolisieren, sie einer semantischen Reini-

*körpert. **148** Thoeris. Nilpferdgestaltige Göttin der Fruchtbarkeit, ägyptisch, Spätzeit, um 711–332 v. Chr. Thoeris ist mit schwangerem Leib und großen hängenden Brüsten dargestellt. Der Nilpferdkopf zeigt ein geöffnetes Maul. Das Nilpferd hat ähnlich wie der Löwe und das Krokodil ambivalente Bedeutung. Einmal wird es mit Seth, dem oberägyptischen Wüstengott gleichgesetzt, der an anderer Stelle auch als Mörder seines Bruders Osiris gilt, oder er ist der Beschwörer von Erdbeben und Stürmen. Zum anderen*

gung zu unterziehen. Der positive oder negative Respekt gegenüber vielen Tieren und Pflanzen ist in vormodernen Gesellschaften eng mit der symbolischen Aufladung derselben verbunden, die auch eine Schranke der Naturbeherrschung darstellte. Die Verwissenschaftlichung der Tier- und Pflanzenwelt beseitigte mit der symbolischen Schicht zugleich auch die Hemmnisse der Unterwerfung beider Naturreiche. Die im 18. Jahrhundert einsetzende, bereits weitgehend säkular-ethisch begründete Tierschutzbewegung sowie der spätere Pflanzenschutz sind nachträgliche Kompensationen für den Fortfall traditionaler Symbolwelten, die auch die Funktion einer Hemmschwelle hatten. Gleichwohl zeigen die bis heute wirksamen vorrationalen Formen von Tiersymboliken sowie die tiefsitzenden Angst- oder Zuneigungsbeziehungen zu Tieren, dass die gleichsam »heiße« Semantik des Tierhaften auch in den modernen Gesellschaften keineswegs gelöscht ist.

Im Hinblick auf den Affen mag dies durch einige Schlaglichter beleuchtet werden. Die kulturgeschichtliche Bedeutung des Affen von ältester bis in die jüngste Zeit haben Ramona und Desmond Morris, Günther Albrecht und Frans de Waal beleuchtet. Londa Schiebinger hat für die entstehende Disziplin der Anthropologie im 18. Jahrhundert gezeigt, welch bedeutsame Rolle der Diskurs über den Affen spielte, um nicht nur das Verhältnis von Mensch und Tier, sondern auch das von humaner und animalischer Sexualität differenztheoretisch und systematisch begründen zu können.

*gilt das Nilpferd in weiblichen Gottheiten wie Thoeris oder Ipet als Beschützerin von Fruchtbarkeit und Mutterschaft oder kann die Himmelsgöttinnen Hathor, Isis oder Nuth verkörpern. **149** Sitzende Sphinx, unteritalienisch-hellenistisch, 3. Jh. v. Chr. Die Terrakotte zeigt das Ungeheuer mit dem Kopf und der Brust einer Frau sowie geflügeltem Löwenleib. Sphinxe kamen von Ägypten über den Vorderen Orient nach Griechenland. In der griechischen Sage ist die Sphinx die Tochter der Echidna, einem Ungeheuer,*

Dem gingen für die Zeit von der Antike bis ins 18. Jahrhundert die amerikanischen Gelehrten William Coffman McDermott und Horst Woldemar Janson voraus. Die in allen Untersuchungen festgestellte Profanierung und Verwissenschaftlichung des Affen und der Mensch-Affe-Relation beendeten jedoch keineswegs die wahrhaft unheimliche Faszinationsgeschichte des Affen in Kunst und Literatur, wie beispielhaft die Arbeiten von Gerhard Neumann, Patrick Bridgewater und Horst Jürgen Gerigk zeigen. Jeden Tag kann man sich im Affenhaus oder am Freigeländer von Tiergärten von der hoch besetzten Beziehung von Mensch und Affe überzeugen. Seit hundert Jahren trägt der Film in seinen Genres, vom Dokumentar- bis zum Horrorfilm, dazu bei, dass die Phantasmatik des Affen nicht abkühlt – oder vielleicht ist es auch umgekehrt: der Film beutet das imagologische Erbe der Affenfigur aus. Auch die Prominenz, welche die verhaltensbiologische Affenforschung in der Medienöffentlichkeit einnimmt – wobei vor allem Forscherinnen zu Heroinen einfühlsamer Wissenschaft gemacht werden –, belegt die anhaltende Signifikanz des Affen im kollektiven Gedächtnis.

Die Erzählung des jungen Flaubert reagiert nun erstaunlich präzise auf die modernen anthropologischen und zoologischen Debatten, die sich in der Nachfolge von Carl von Linné (1707–1778) und Georges-Louis Leclerc Buffon (1707–1788) ergeben hatten. René Descartes (1596–1650) hatte das Humanprivileg noch dadurch sichern können, dass er den Menschen, der

halb Schlange, halb Frau. Die Sphinx lauerte in Theben den Vorübergehenden auf und verschlang sie, wenn sie ihr Rätsel, wer zuerst auf vier Beinen, dann auf zwei und zuletzt auf drei Beinen gehe, nicht lösen konnten. Ödipus wusste die Antwort »der Mensch«, die Sphinx stürzte sich in den Abgrund, und Ödipus wurde König von Theben.

149

mit dem Tier eine identisch aufgebaute Körpermaschine teilt, durch Vernunft und Sprache radikal vom Animalischen unterschied. Dafür hatte Descartes den Preis einer dualistischen Anthropologie zu entrichten und hinterließ der Nachwelt das berühmte Problem des *commercium mentis et corporis*: Wie sollen Körper und Geist, derart ontologisch getrennt, in einem realen Subjekt zusammenhängen und interagieren? Hundert Jahre später rückte der große Klassifikator und »zweite Adam« der Naturreiche, Carl von Linné, dieses Problem einfach zur Seite, als er innerhalb der Animalia die Klasse der Primaten – also der erstrangigen Lebewesen – schuf: Und in diese Klasse versetzte er *zusammen* mit den bekannten Affenarten auch die Menschen. 1758 erklärte er gar, dass es eine weitere menschliche Spezies gäbe, nämlich den Homo troglodytes, der niemand anderes war als der Orang-Utan (malaysisch: Waldmensch), der Satyr oder Ponga pygmaeus, auch Homo sylvestris genannt, worunter sich mal Schimpansen, mal Orangs verbargen – oder eben »andere« Menschen.

Buffon attestierte dem Orang in seiner berühmten *Naturgeschichte*, dass er nicht nur für seine Weibchen, sondern ebenso für Menschenfrauen erglühe, dass er aufrecht gehe, Waffen trage, Instrumente gebrauche, und viele weitere physische Merkmale – besonders die für damalige Anthropologen so wichtige Barttracht – mit dem Menschen teile. Buffon tut sich schwer, den derart menschenähnlichen Orang als bloßes Tier zu qualifizieren, »das der Mensch nicht sehen kann, ohne in sich zu kehren, sich zu

150 *Pelike* Kirke und Gefährte des Odysseus, griechisch, aus Athen, um 450 v. Chr. *Die Zaubergöttin Kirke war die Tochter des Helios und lebte auf der Insel Aiaia im Westen Italiens. Alle Fremden, die auf ihrer Insel landeten, verwandelte sie in Tiere, so auch* die Gefährten des Odysseus in Schweine, die sie in einen Stall trieb. Mit Hilfe des Krautes Moly, das Odysseus von Hermes erhalten hatte und das ihn gegen Kirkes Zauber feite, gelang ihm, Kirke zu zwingen, seinen Männern ihre menschliche Gestalt zu-

150

erkennen, sich zu überzeugen, dass sein Körper nicht der wesentliche Theil seiner Natur ist«.

Nicht alle Gelehrten zogen sich in dieser Art auf das cartesianische Humanprivileg zurück. Vielmehr entstand eine ausgedehnte Diskussion, in welcher der Orangmann ganz auf die Seite schrankenloser Promiskuität, sexueller Vergewaltigung und wilder Kampfeslust geschlagen wurde. Das Orangweib hingegen wurde – gestützt auf Legenden und Berichte über die zivilisierten Leistungen von Orangweibchen, die sich sittsam, schamhaft und höflich aufführten, gute Figur in Teegesellschaften machten und mit Grazie ein Glas Wein leerten – immer stärker dem Ideal tugendhafter Weiblichkeit angeähnelt. Solche Berichte wurden selbstverständlich auch von E. T. A. Hoffmann und Wilhelm Hauff genutzt. Es kommt zu seltsamen Inversionen und Vertauschungen, bei denen eine Anthropologie des Affen wie eine Zoologie des Menschen entsteht. Mit Sorgfalt widmeten sich die Gelehrten bei den Orangfrauen besonders ihrem Schamverhalten, dem Vorhandensein von Klitoris und Hymen, während bei den Orangmännern die räuberische Vergewaltigungssexualität in den Mittelpunkt rückte. Schon Edward Tyson (1650–1708), der als Erster einen Orang anatomisierte, behauptete einen ausgeprägten Geschmack des Orangs an weißen Blondinen, während spätere Gelehrte immer wieder von sexuellen Raubzügen auf junge schwarze Mädchen und Frauen berichten, doch auch von sexuellen Gewalthandlungen an weißen Frauen. So selbst der seriöse Buffon.

rückzugeben. In Liebe zu Kirke entbrannt, blieb Odysseus ein Jahr auf der Insel, bevor er die Heimkehr begehrte. Kirke warnte ihn vor den Gefahren die unterwegs drohten. **151** *Aryballos Sirene, griechisch, aus Korinth, um 580 v. Chr. Sirenen sind Mischwesen aus Mensch und Vogel, meist frauenköpfig. In der griechischen Sage waren sie die Töchter des Schadendämonen Acheloos, besaßen übermenschliches Wissen und die Gabe, das Wetter zu ändern. Durch lieblichen Gesang betörten sie die Seefahrer, die dann*

151

Die mittelalterliche Legende, wonach Affen die Missgeburten von Menschen seien, erfährt neue Nahrung und ein naturwissenschaftliches Setting: Foucher d'Obsonville schlägt 1783 vor, Orang und Mensch experimentell zu kreuzen; Jean-Jacques Rousseau regt einen ähnlichen Versuch an und noch Anfang des 19. Jahrhunderts erwägen französische Wissenschaftler ernsthaft die experimentelle Kreuzung eines Orangs mit einer afrikanischen Frau: Genau dieser Versuch ist es, den Flaubert Paul unternehmen lässt, angeregt von der Akademie der Wissenschaften. Die Phantasmen der Vernunft erzeugen Ungeheuer: »Ungeheuer« ist nicht nur, dass Affe und Mensch sich bis zur Verwechslung nahe rücken, sondern dass dadurch auch jene sexuellen Zirkulationen wieder zu strömen beginnen, welche die überwunden geglaubten Tier-Mensch-Metamorphosen so reichhaltig aufwiesen.

Zusätzlich überkreuzten sich hier sexistische mit rassistischen Projektionen. Der Orang ist auch die Maske des »Negers«, der in hemmungsloser Triebkraft zu habitueller Vergewaltigung neigt, womöglich von »Blondinen«. Bei Flaubert wird deutlich, dass, wenn Paul den wilden Orang einem Neger abkauft, er diesem seine unterstellte sexuelle Hemmungslosigkeit abhandelt, um sich für die Zurückweisung durch die schwarze Sklavin zu rächen: das naturwissenschaftliche Experiment wird zu einer gezielten Vergewaltigung, die der Orang stellvertretend für den Kolonialherren Paul vollzieht. Der Orang ist die verkörperte Vergewaltigungsfantasie Pauls, ver-

*in den Klippen scheiterten und umkamen. Odysseus entkam dem Verderben, indem er auf den Rat der Kirke seinen Gefährten die Ohren verstopfte und sich selbst am Mastbaum festbinden ließ. Orpheus übertönte den Gesang der Sirenen mit seinem eigenen, und den Musen gelang es, sie im Gesang zu besiegen. **152** Skyphos Tanzender Pan, unteritalienisch, aus Lukanien, um 420 v. Chr. Der bocksbeinige und bockshörnige Schutzgott des Waldes, der Hirten und der Herden war der Sohn des Hermes und der Nymphe*

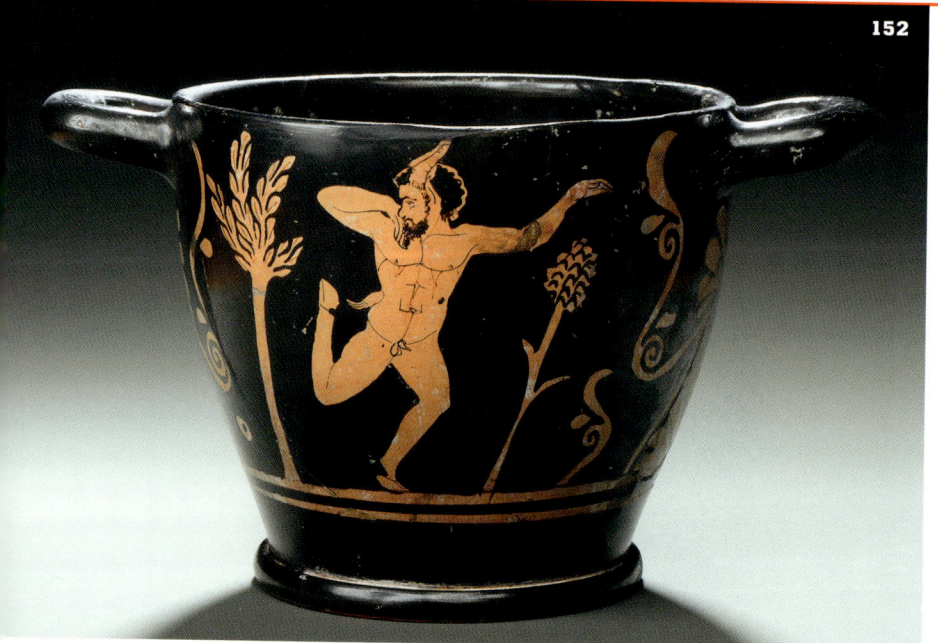

152

kleidet in einen wissenschaftlichen Vorwand, vollzogen an einer Frau, die nichts anderes verdient (und will) als Vergewaltigung. Wie im zoologisch-anthropologischen Diskurs der Gelehrten werden hier Sexismus, Rassismus und Naturwissenschaft fusioniert, doch durch einen sechzehnjährigen Autor zugleich auch enthüllt.

In einer englischen Übersetzung von Linnés *Systema Naturae* von 1795 weist Londa Schiebinger eine Illustration nach, auf der ein Orang mit einem Mädchen im Arm auf einen Baum flieht, während ein »Neger« mit einem gespannten Bogen dem Affen nachsetzt, um die »Ehre« des Menschengeschlechts zu retten. Im Hintergrund, jenseits eines Flusses, schauen drei Orangfrauen dem Ereignis zu: vermutlich wollte der Orang das Menschenmädchen seinem Harem auf der »anderen Seite des Flusses« einverleiben. Der Titel lautet *The Orang-Outang Carrying off a Negro Girl.* Unter fast identischem Titel stellt der Skulpteur Emmanuel Frémiet auf dem Pariser Salon von 1859 eine Plastik aus, bei der ein Orang-Utan eine Frau raubt. Charles Baudelaire ist es, der in seiner Kritik *Salon de 1859* ironisch die sexuellen Motive dieses Phantasmas heraushebt. »Warum nicht ein Krokodil, ein Tiger oder jedes beliebige Tier, das eine Frau auffressen könnte? Aber nein! bedenken Sie doch, dass es nicht ums Auffressen, sondern ums Vergewaltigen geht. Und nur der Affe, der Riesenaffe, zugleich mehr und weniger als ein Mensch, hat mitunter ein Gelüst nach dem Weibe an den Tag gelegt.

Dryope. Dryope war über sein Aussehen so erschrocken, dass Hermes ihn in den Olymp trug, wo Pan der Gefährte des Dionysos wurde. Er jagte wie Satyrn und Silenen den schönen Nymphen nach. In der Ruhe des Mittags, der »Stunde des Pan«, erschreckte er *Menschen und Tiere und gab ihnen unbenennbare »panische Angst« oder »Panik« ein.* **153** *Amphora Theseus und Minotauros, griechisch, aus Athen, um 500 v. Chr. Minotauros, halb Mensch und halb Stier, war der Sohn der Pasiphaë, der Frau des kretischen*

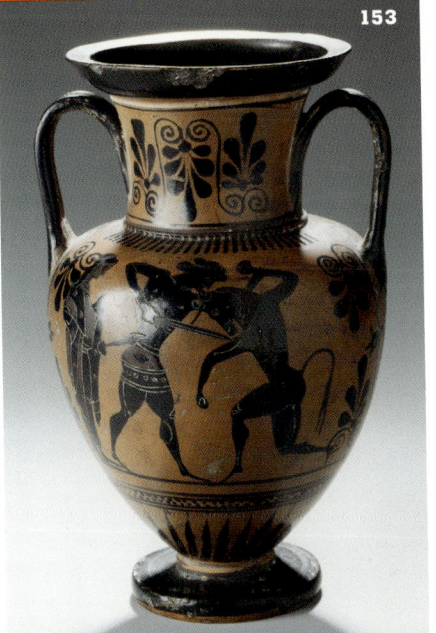

153

Da haben wir das rechte Mittel, um Erstaunen zu erregen! ›Er verschleppt sie; wird *sie* ihm widerstehen können?‹ Diese Frage wird das gesamte weibliche Publikum sich stellen. Ein bizarres, vertracktes, aus Entsetzen und priapischer Neugier gemischtes Gefühl wird den Erfolg erringen.«

Auf dem Salon von 1887 stellt Frémiet dasselbe Motiv in monumentalem Format noch einmal aus (und erhält dafür einen Preis). Der Entführer ist nunmehr ein Gorilla, der zwischenzeitlich den Platz des Orangs aus dem 18. Jahrhundert eingenommen hat und zum Container weißer männlicher Vergewaltigungssexualität avanciert ist. Der hünenhafte, muskelbepackte Gorilla raubt mit der Rechten eine Frau, die vergeblich die Arme gegen seinen Hals und seine Brust stemmt. Sie ist fast nackt, bildschön gewachsen, nur mit Schmuck versehen. Ihr Körper hängt kraftlos, in der bezeichnenden Mischung aus Hingebung und Restwiderstand, im Arm des Unholds. Wie aus den Tiefen des kollektiven Unbewussten kehrt diese gestische Ambivalenz der Frau gegen ihre Vergewaltigung wieder in den berühmten Bildern des Films *King Kong* (1932/33) von Merian C. Cooper und Ernest B. Schaedsack.

Es sind nicht nur sexistische, sondern auch rassistische Fantasien, die hier preisgekrönt werden, insofern der Orang und der Gorilla die habituelle Sexualgier des Negers bezeichnen wie gleichzeitig die Larve der weißen kolonialen Vergewaltiger abgeben. Bei Flaubert kommt hinzu, dass der missgeburtliche Abkömmling des Orang, Djalioh, zugleich die Maske

des Adoleszenten darstellt, dessen herrenloses Begehren in einem ödipalen Eifersuchtskonflikt gegen die koloniale und patriarchale Gewalt Pauls tobt. Das animalische Erbe Djaliohs geht symbolisch eine Koalition ein mit der poetischen, antibürgerlichen, fantasiebegabten Innenwelt dieses Halb-menschen. Aus dem gefangenen, sprach- und ausdruckslosen Inneren Dja-liohs droht eine mehrfache Rebellion gegen Paul als Repräsentanten der kolonialen und kapitalistischen Herrenklasse: die Rebellion des unterwor-fenen Tieres, die Rebellion des ungebärdigen Künstlers, die Rebellion des Begehrens gegen das Gesetz des Vaters, die Rebellion der Einbildungskraft gegen die kalte Rationalität. Der Doppelmord Djaliohs ist ein eruptiver Anschlag auf die symbolische Ordnung von Heiliger Familie, Sexualität und Patriachat, von Rationalität, Kolonialismus und bürgerlicher Gesell-schaft. Opfer dieses Konflikts ist die Frau. Der in seinem Begehren ziellos rasende Djalioh springt zuletzt auf Adèle — wie jener Nachtmahr, der in Johann Heinrich Füsslis gleichnamigen Gemälde von 1781 auf den verfüh-rerisch schönen weißen Körper einer eher in Ohnmacht gefallenen als schlafenden Frau gesprungen ist, ein dämonischer Tiermensch, mit dem Füssli das moderne Zeitalter der Vergewaltigungsphantasmen einläutet. Ein Pferdekopf mit glühenden Augen sticht aus dem Vorhang hervor, die Szene voyeuristisch bestierend. Nicht zufällig hat Flaubert seine Erzählung mit der Anrufung der teuflisch-tierischen Nachtmahre begonnen, und nicht zufällig hatte Sigmund Freud das Bild Füsslis bei sich aufgehängt.

Königs Minos, und eines Stiers. Der Minotauros wur-de von Minos im Labyrinth gefangen gehalten, das Daidalos gebaut hatte. Die Athener mussten Minos regelmäßig sieben Jünglinge und sieben Jungfrauen übergeben, die dieser dem Minotauros opferte. The-seus befreite Athen von dem Tribut, indem er mit Hil-fe Ariadnes in das Labyrinth eindrang und den Mino-tauros tötet. **154** Karte des nördlichen und südlicher Sternhimmels aus dem Atlas contractus, Amsterdam 1705, Peter Schenk d. Ä. (1660–1718). In Sternbildern

Wenig nach Flaubert hat Edgar Allan Poe (1809–1841) mit *The Murders in the Rue Morgue* von 1841 die Geschichte einer bestialischen Ermordung zweier Frauen durch einen Orang-Utan beigesteuert, die für gewöhnlich als das Initial der Detektivstory gilt: mit überlegener induktiver Beweisführung und genauer Analyse des Tatortes vermag die kühl kalkulierende Intelligenz Dupins das Rätsel dieses Mordes aufzulösen. Es scheint ein Sieg der wissenschaftlichen Aufklärung, die sich gerade an der unfassbaren Bestialität bewährt. Doch darunter laufen Subtexte anderer Tönung. Nicht zufällig erfolgt für den Erzähler die schlagende Evidenz, dass der Mörder ein Orang sein müsse, dadurch, dass Dupin ihm die Beschreibung des Affen durch den berühmten Zoologen, Vergleichenden Anatomen und Paläontologen Georges Cuvier (1769–1832) vorlegt; und nachdem er gelesen hat, heißt es: »I understood the full horrors of the murder at once.« Dies heißt nichts weniger, als dass aus den naturwissenschaftlichen Beschreibungen des Orangs unmittelbar die Evidenz seines Mordcharakters entspringt. Poe schließt exakt an die aufklärerische Tradition an, in welcher das Schreckbild des Triebtäters Orang inauguriert wurde. Die Geschichte Poes ist nicht nur die Aufklärung eines Tatbestands, sondern in eins damit die Konstruktion eines Phantasmas aus dem Geist dieser Aufklärung.

Neuere amerikanische Forschungen zu Poe (Elise Lemire, Lindon Barrett) haben ergeben, dass diese Erzählung einen ebenso versteckten wie präzisen Reflex von weißen Angstfantasien über »Negeraufstände«, sexu-

spiegeln sich mythische Fantasien wider. Einzelne Sterne werden in ihnen zu lebendigen Wesen, die in unterschiedlichen Kulturen ganz verschiedene Bedeutungen haben. Im alten China spiegelten die Sterne neben Sagen das Staatswesen. Bei den Griechen dienten sie zur räumlich zeitlichen Orientierung. Bedeutsam sind die Sternbilder der Sonnenbahn, der Tierkreis, der Menschen, Tiere und Mischwesen enthält. Sie haben ihre Wurzeln im babylonischen Sternenglauben, wurden von den Griechen übernommen

155

elle Gewalt und Triebhaftigkeit von »Negern« sowie von Übergriffen auf weiße Frauen darstellt. Der verdeckt rassistisch-sexistische Hintergrund bildet den Subtext dieser nur scheinbar klaren, vom Licht der Aufklärung erhellten Erzählung eines scheußlichen Gemetzels. Es ist eben diese Aufklärung selbst, die sich ihre Bestien schafft – in Affen und Schwarzen, die symbolisch zusammenfallen. Darin korrespondiert die Detective Story Poes mit der Gothic Novel Flauberts.

Auf die Spitze treibt solche Phantasmen der Kolonialschriftsteller Rudyard Kipling (1865–1936) in seiner Erzählung *Bertran und Bimi*. Darin erzählt ein deutscher Orang-Utan-Jäger die Geschichte eines französischen »Naturkundlers«, Bertran, der mit einem riesigen Orang-Utan seit zwölf Jahren aufs Engste zusammenlebt: »Er war kein Tier, er war ein Mensch.« Als Bertran ein »französisches Halbblut« heiraten will, rät der Erzähler ihm, zuvor den Orang Bimi zu erschießen, weil er »verrückt vor Eifersucht« würde. Bertran lehnt das ab: »Wird ein Kind seinen Vater erdolchen? Ich hab ihn gefüttert, und er war mein Kind.« Wie bei Flaubert haben wir auch hier eine Konstellation, in der der Orang in einem scheinbaren Kind-Verhältnis zum väterlichen Freund steht – eine Figuration, wie sie öfters auch für die Beziehung des weißen Kolonialherren zu seinem treuen schwarzen Diener oder Sklaven benutzt wurde. Als der Erzähler mit Bertran eines Tages zum Haus des Letzteren zurückkommen, hat der zuvor ausgeschlossene Orang ein Loch ins Dach gerissen und die Ehefrau in einem entsetzlichen Gemet-

und sind damals wie heute in der Alltagskultur präsent. **155** *»Erste Zukunft«, Blatt 2 aus »Eva und die Zukunft«, Opus III, 1880, Max Klinger (1857–1920). Eva, die erste Frau und Urmutter der Menschheit, bewirkte mit dem Sündenfall die Vertreibung aus dem Para-* *dies, aber auch Erkenntnisgewinn. Für die sexuellen*

188/9

1 Orang-Utan raubt eine Frau, 1859, Emmanuel Frémiet (1824–1910), Bronze. 2 Der Nachtmahr, 1781, Johann Heinrich Füssli (1741–1825)

zel ermordet: »Da war keine Frau, die man hätte sehen können. Ich sage Ihnen, in dem Zimmer war nichts, was eine Frau hätte sein können. Da war Zeug auf dem Boden, und das war alles.« Tagelang versucht Bertran den flüchtigen Orang wieder zu sich zu locken, und als es ihm schließlich gelingt, erwürgt er den siebenfach stärkeren Affen, auf ihm liegend und selbst sterbend.

Trotz der »Verwissenschaftlichung« der Tiere in der Zoologie und der neu bestimmten Anthropologie des weißen, kolonialen und überlegenen Mannes verbleibt in all solchen Erzählungen eine irritierende Unsicherheit. Jene zivilisierte Ordnung, die der weiße Mann sich selbst und den Tieren auferlegt, weckt in ihm selbst das Phantasma grausamer Sexualmorde, die die Form archaischer Zerstückelungsopfer von Frauen annimmt. Dies ist das dunkle Gegenbild der Aufklärung. Aufstand droht von allen Seiten: von den unterworfenen Negern, von den gezähmten Tieren, von den experimentell erzeugten Chimären, vom eigenen, ausbruchsbereit lauernden Begehren. Erzählt wird von den Ausbrüchen der Tropen im Herzen der Zivilisation – und damit von Rassismus, Sexismus und der Rückkehr der Monster in der Maske der gezähmten Tiere.

156

Das Tier, welch ein Wort!

Können sie leiden? Über die Endlichkeit, die wir mit Tieren teilen

Jacques Derrida

Denn das Tier, das ist ein Wort, es ist eine von Menschen eingeführte Benennung, ein Name, den dem anderen Lebewesen zu geben sie sich das Recht und die Autorität verliehen haben.

Bevor ich mich auf die Jagd mache oder Sie ermuntere, sich mir anzuschließen, auf Wegen, die manchen unter Ihnen labyrinthisch und verschlungen vorkommen mögen wie Irrwege, die uns von einem Trugbild, von einem Köder zum anderen irren lassen – bevor ich also die Verfolgung aufnehme, werde ich es auf jene Niederlegung der Waffen ankommen lassen, die darin besteht, um künftiger Thesen willen schlicht und einfach Hypothesen *aufzustellen* (poser), nackt, ohne Umschweife, so unumwunden wie nur möglich, denn wenn ich *poser* sage, denke ich nicht an die gefällige Pose, die man als Betrachter seiner selbst vor einem Zuschauer, einem Proträtisten, einer Kamera einnimmt, sondern eben an die »Positionen«, die man zur Diskussion stellt.

werk Kubins. Der Künstler verarbeitet eigene frühkindliche Prägungen, Ängste und Albträume ebenso wie Kenntnisse aus der Seelenkunde von Carl Gustav Carus, Ludwig Klages oder C. G. Jung sowie der Psychoanalyse von Sigmund Freud, indem er sich ihrer Symbolik bedient, hier der Reptilien oder Schlangen als männliche Sexualsymbole.

190/1

Erste Hypothese: Mit größter Intensität und mit einer Beschleunigung, die uns die Sinne raubt, weil wir nicht einmal mehr die Uhr oder den chronologischen Maßstab haben, sie zu messen, werden wir, ja, wir, die wir uns Menschen[1] nennen, wir, die wir uns unter diesem Namen wieder erkennen, seit etwa zwei Jahrhunderten von einer nie da gewesenen Umwälzung ergriffen. Von einer Transformation, die die Erfahrung dessen affiziert, was wir unerschütterlich, als sei nichts gewesen, das Tier *und/oder* die Tiere zu nennen fortfahren; und es ist nicht zuletzt der flexible Trennungsstrich dieses *und/oder*, womit ich spielen und worauf ich setzen werde. Diese Neuheit lässt sich einzig auf dem Grunde des Allerältesten bestimmen. Wir werden uns stets zwischen dem Ältesten und dem Kommenden hin- und herbewegen müssen, stets von dieser Vertauschung des Neuen und des »erneut« oder »aufs Neue« der Wiederholung umgetrieben werden. Weit davon entfernt, im Innern dessen aufzutauchen, was wir weiterhin Welt, Geschichte, Leben etc. nennen, ist dieses historisch beispiellose Verhältnis zum Tier oder zu den Tieren so neuartig, dass es uns dazu verpflichten sollte, jeden einzelnen dieser Begriffe von Grund auf zu erschüttern und es nicht dabei zu belassen, sie zu problematisieren. Ich zögere daher zu sagen, dass wir dies erleben (als könnte man sie noch in aller Seelenruhe Leben nennen, diese Erfahrung, die im Zuge der Überschreitung der Grenzen zwischen bios und zoé, zwischen Biologie, Zoologie und Anthropologie wie zwischen Leben und Tod, Leben und Technik, Leben und Geschichte

14 – Auslaufmodell Mensch? Die Biologie der vergangenen beiden Jahrhunderte hat die Grenze zwischen Mensch und Tier verschwimmen lassen. Könnte die Biologie der Zukunft die Grenze neu ziehen? Mit der rasanten Entwicklung der Genforschung werden bisher ungeahnte Zukunftsszenarien denkbar. Selbst über die Möglichkeit, der Mensch könne sich in mehrere

etc. alle Schranken brüchig werden lässt). Und ich zögere folglich auch zu sagen, dass wir eine historische Wende miterleben. Die Figur der Wende impliziert einen Bruch oder eine augenblickliche Wendung, die selber noch einem genetischen, biologischen oder zoologischen Modell – und also dem verpflichtet bleiben, was es infrage zu stellen gilt. Was die Geschichte, die Geschichtlichkeit, ja noch die Geschicklichkeit anbelangt, so gehören diese Motive, wie wir noch genauer sehen werden, eben jener Selbstabgrenzung, Selbstauffassung, Selbstverortung des Menschen oder des menschlichen Daseins[2] gegenüber dem Tier und dem tierischen Leben, eben jener Auto-Biografie des Menschen an, die ich heute befragen möchte.

Da all diese Wörter und namentlich das Wort Geschichte konstitutiv der Sprache dieser Autobiografie angehören, da sie sämtlich zu ihren Trugbildern oder Ködern zählen und ihren Interessen gehorchen, sollten wir ihnen nicht ohne weiteres Glauben schenken und ihre Pseudoevidenz nicht zu rasch bekräftigen. Ich werde also nicht von einer historischen Wende sprechen, um das beim Namen zu nennen, was da im Gange ist, eine Transformation, die schwerer wiegt, aber zugleich leichter zu verkennen ist als jede historische Wende, eine Veränderung, ja Verschlimmerung des Verhältnisses zum Tier, des Mit-seins, das der Mensch und das, was der Mensch das Tier nennt, miteinander teilen. Sie betrifft das *Sein* dessen, was sich Mensch oder *Dasein* nennt, mit dem, was er, der Mensch, im Allgemeinen, aber im Singular *das Tier* nennt, mit dem, was wir selbst noch so nennen,

Unterarten aufspalten, die nicht mehr untereinander paarungsfähig sind, wird nachgedacht. Der Mensch würde damit schaffen was kein Tier zuwege bringt: Er wird zum Ingenieur seiner selbst Nicht nur die eigenen Kinder werden geformt, sondern die Zukunft der gesamten Spezies. Könnte dies der Ansatz für eine neue Trennlinie zwischen Mensch und Tier sein?

vorläufig noch so zu nennen wagen. Wie immer man sie bezeichnen und interpretieren mag, *dass* diese Veränderung oder Verschlimmerung sich beschleunigt, dass sie zunimmt, wird niemand leugnen können – ohne darum zu wissen, wohin sie, seit etwa zwei Jahrhunderten, in einer unauslotbaren Tiefe und einem unberechenbaren Rhythmus unterwegs ist.

Wenn diese Unbestimmtheit aber alles in der Schwebe hält, weshalb dann, wie ich es mehrmals getan habe – als ob angesichts eines Prozesses, der so alt ist wie der Mensch, so alt wie das, was er seine Welt, sein Wissen, seine Geschichte und seine Technik nennt, eine solche Festlegung überhaupt möglich sei –, weshalb also dann von »etwa zwei Jahrhunderten« sprechen? Nun, um zur Erleichterung eines ersten Zugangs und ohne jeden Anspruch auf Exaktheit eine Reihe von Anzeichen in Erinnerung zu rufen, die es uns erlauben, uns zu verständigen und heute »wir« zu sagen. Gemeint sind all jene Anzeichen, die, um sich auf die massivsten zu beschränken, weit hinausgehen über die Tieropfer der Bibel oder der griechischen Antike, über die Hekatomben (die Hundertopfer und die ganzen Metaphern, mit denen dieser Ausdruck sich seither aufgeladen hat), weit hinaus über die Jagd, den Fischfang, die Domestizierung, die Abrichtung oder die traditionelle Nutzung tierischer Energien (vom Transport oder der Arbeit, den Zugtieren – Pferd, Ochse, Rentier etc. – über den Wachhund bis zur landwirtschaftlichen Schlachtung und schließlich zum Tierversuch). Es ist nur allzu offenkundig, dass es in den letzten beiden Jahrhun-

157 Modell der DNS-Doppelhelix nach Crick und Watson. *Mit ihrem 1953 gebauten Modell veranschaulichten die Nobelpreisträger Francis Crick und James Watson die Struktur der Erbsubstanz. Die Entdeckung des Bauplans des Lebens ermöglicht die Gestaltung lebender Organismen. So spekuliert der amerikanische Molekularbiologe Lee Silver, die genetische Verbesserung menschlicher Embryonen könnte künftig gar zur Aufspaltung der Menschheit führen: Zwei Gattungen bestehend aus »Genreichen«, deren Nach-*

derten zu einer tief greifenden Verwandlung dieser traditionellen Formen der Zurichtung des Tiers im Zuge der ineinander greifenden Fortschritte zoologischer, äthiologischer, biologischer *Kenntnisse* kam, die stets unablösbar sind von *Techniken* des Eingriffs in ihr Objekt, der Transformation, sei es dieses Objekts selbst, sei es der Umwelt und der Welt dieses Objekts, des tierischen Lebewesens: Durch Aufzucht und Abrichtung in einem bis dahin unabsehbaren demografischen Maßstab, durch die Industrialisierung dessen, was man die Nahrungsmittelproduktion an tierischem Fleisch nennen könnte, durch massive künstliche Befruchtung, durch immer gewagtere Genmanipulationen, durch Reduktion des Tiers nicht bloß auf eine durch Hormone, genetische Kreuzungen, Klonierung etc. angekurbelte Produktion und Reproduktion tierischer Lebensmittel, sondern auf alle denkbaren Arten der Nutzung im Dienste eines bestimmten menschlichen Seins und unterstellten Wohlseins des Menschen.

All das ist nur zu bekannt, wir werden uns darüber nicht weiter verbreiten. Aber ganz gleich, wie man es interpretiert und welche praktische, technische, wissenschaftliche Konsequenz man aus ihm zieht, niemand wird dieses Ereignis, nämlich das *nie da gewesene* Ausmaß dieser Unterwerfung des Tiers, heute noch abstreiten können. Wir können dieses Ereignis, dessen Geschichte wir zu interpretieren suchen, Gewalt nennen – sei es auch nur im moralisch neutralsten Sinne dieses Begriffs, und mag auch in bestimmten Fällen, in den seltensten und, wir sollten es nie vergessen,

wuchs genetisch optimiert ist, und »Naturbelassenen«, die ihren Nachwuchs noch auf herkömmlichen Wege zeugen. Nachbau des Modells: Uwe Kellmann, 2000.

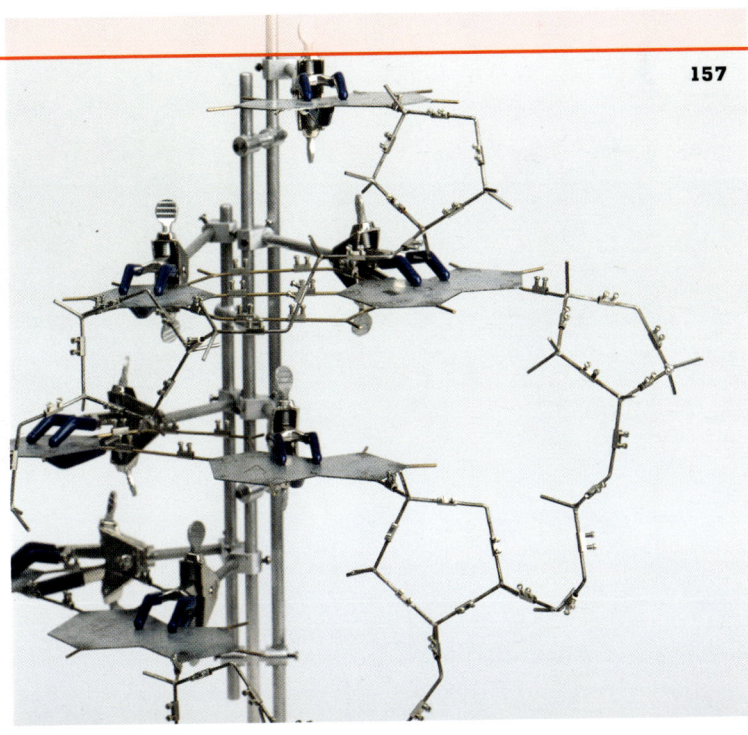

157

keineswegs in den maßgeblichen Fällen, diese interventionistische Gewalt im Dienste und zum Schutze des Tiers, zumeist freilich des menschlichen Tiers ausgeübt werden. Keiner wird auch die Verleugnung dieses Ereignisses ernsthaft leugnen können. Keiner wird mehr ernsthaft, keiner mehr lange abstreiten können, dass die Menschen alles Menschenmögliche tun, diese Grausamkeit zu verschleiern oder sie vor sich selbst zu verbergen, dass sie alles daran setzen, im Weltmaßstab das Vergessen oder die Verkennung einer Gewalt zu organisieren, die manche den schlimmsten Genoziden vergleichen mögen (Es gibt auch tierische Genozide: Die Zahl der Arten, die kraft des Menschen im Verschwinden begriffen sind, raubt einem den Atem). Mit der Figur des Genozids darf weder Missbrauch getrieben werden, noch darf man sich zu rasch von ihr verabschieden. Denn sie kompliziert sich hier: Die Vernichtung der Arten wäre da im Gange, gewiss, aber ins Werk gesetzt durch die Organisation und Ausbeutung eines künstlichen, infernalischen, virtuell unbeendbaren Überlebens, unter Bedingungen, die den Menschen der Vergangenheit als monströs gegolten hätten, jenseits aller Normen eines den Tieren eigenen Lebens – die derart in ihrem Überleben selbst ausgelöscht, im Zuge der Übervölkerung selbst vernichtet würden. Wie wenn zum Beispiel Mediziner oder Gentechnologen (zum Beispiel Nazis), statt ein Volk in Verbrennungsöfen und Gaskammern zu schicken, eine durch künstliche Befruchtung organisierte Überproduktion und -reproduktion von Juden, Zigeunern und Homosexuellen

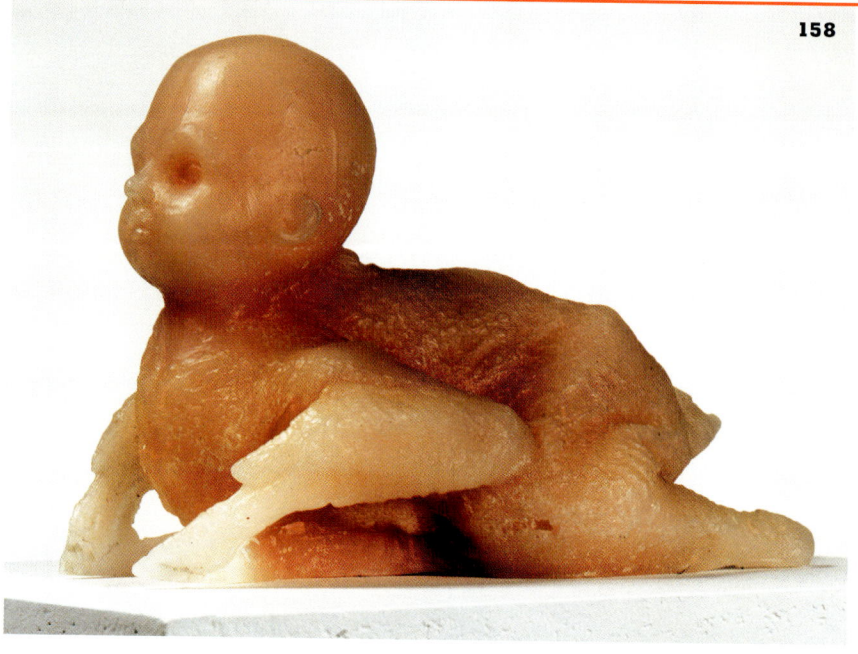

beschlossen hätten, um sie, immer zahlreicher und immer besser ernährt, in stetig wachsender Zahl doch derselben Hölle, dem verordneten Genexperiment, der Auslöschung durch das Gas oder das Feuer zu überantworten. In denselben Schlachthöfen. Es wäre ein Leichtes, den Evidenzen, an die ich hier erinnere, ihr ganzes pathetisches Gewicht zu verleihen. Ich werde damit keinen Missbrauch treiben. Alle Welt weiß, welche unerträglichen Schreckensgemälde eine realistische Malerei von der industriellen, mechanischen, chemischen, hormonellen, gentechnischen Gewalt anfertigen könnte, die das Tier seit zwei Jahrhunderten durch den Menschen erdulden muss. Und welche Formen die Produktion, die Aufzucht, der Transport, die Tötung dieser Tiere inzwischen angenommen haben. Statt Ihnen diese Bilder vor Augen zu führen oder Ihre Erinnerung daran wachzurufen, werde ich nur ein Wort zu diesem »Pathos« sagen. Wenn sie »pathetisch« sind, diese Bilder, dann auch darin, dass sie in pathetischer Weise die unermessliche Frage des Pathos und des Pathologischen, des Leids, des Mitgefühls und des Mitleids aufwerfen. Und die Frage nach dem Raum, den es der Interpretation dieses Mitleids einzuräumen gilt, dem geteilten Leid zwischen den Lebenden, dem Recht, der Ethik, der Politik, die auf diese Erfahrung des Mitleids bezogen werden müssen. Denn was da seit zwei Jahrhunderten geschieht, ist auch eine neuartige Prüfung, eine Bewährungprobe dieses Mitleids. Angesichts des zurzeit unaufhaltsamen, aber organisierten Verleugnung dieser Folter erheben sich Stimmen (ver-

158–160 Untiere (3 Details), 1995–1997, Iris Schieferstein (geb. 1966). *Die Mensch-Tier-Chimären von Iris Schieferstein erinnern an gentechnisch veränderte Wesen. Sie wecken Bilder vom Menschen als gottähnlichem Schöpfer.*

159

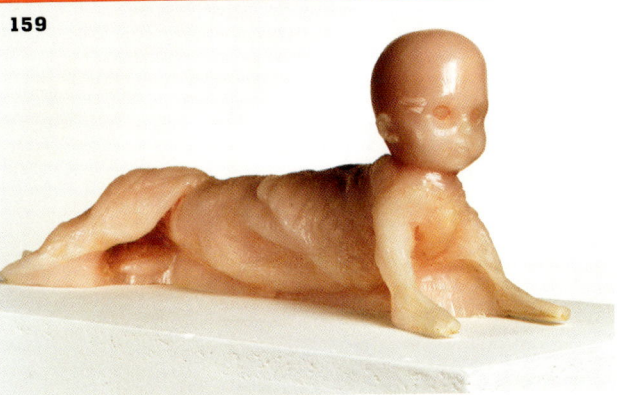

einzelte, minoritäre, marginale, kaum vernehmbare Stimmen, die sich ihrer Rede, ihres Rechts auf Rede, der Umsetzung ihrer Rede in einem Recht, in einer Erklärung der Rechte kaum gewiss sein können), um Einspruch zu erheben, um sich auf das, was in der noch so ungefestigten Gestalt von *Tierrechten* auftritt, zu berufen, um das Bewusstsein unserer Verantwortung und unserer Pflichten gegenüber dem Lebenden im Allgemeinen zu wecken und namentlich zu jenem fundamentalen Mitleid aufzurufen, das, nähme man es ernst, die philosophische Problematik des Tiers von Grund auf (und es sind diese ihre Grundfesten, um die es mir heute zu tun ist) verwandeln müsste.

Die Quelle und, in der doppelten Bedeutung des französischen Wortes *fin*, den Zweck oder das Ende, ja die *fins*: mehr als einen Zweck, mehr als ein Ende dieses Mitleids hatte auch jemand wie Bentham im Sinn, als er, wie hinlänglich bekannt ist, vor inzwischen zwei Jahrhunderten vorschlug, die Form der Frage nach dem Tier als solche zu verwandeln, jene Form, in der sie auch den Diskurs der Tradition beherrscht, und dies in den raffiniertesten Wendungen der philosophischen Argumentation ebenso wie in der geläufigen Rede des gemeinen Verstandes. Die Frage, so heißt es in etwa bei Bentham, sei nicht, ob das Tier denken, vernünftige Überlegungen anstellen, sprechen etc. kann. Sich dies zu fragen, das war es letztlich, was zu tun man stets behauptet hat (von Aristoteles bis zu Descartes, von Descartes, von ihm vor allem, bis zu Heidegger, zu Lévinas und zu Lacan; und diese Frage befiehlt über die nach zahllosen anderen Gestalten des *Könnens* und *Habens*: *Können*, das *Vermögen* haben, das Vermögen zu geben, das Vermögen zu sterben, das Vermögen zu beerdigen, das Vermögen sich zu kleiden, das Vermögen zu arbeiten, das Vermögen, eine Technik zu erfinden etc. – jenes Können also, das darin besteht, als Wesensattribut dieses oder jenes Vermögen, also diese oder jene Macht zu besitzen). Die Frage also laute nicht, ob die Tiere Lebewesen des Typus *zoon logon echon* sind, ob sie kraft des *Vermögens* oder des *Besitzes*, ob sie vermöge des Habenkönnens des *logos*, der Fähigkeit zum *logos*, sprechen oder vernünftige Überlegungen anstellen können (und der Logozentrismus ist zunächst und vor allem eine These über das Tier, das des *logos*, des *Habenkönnens* des *logos* entbehrende Tier: These, Setzung oder Voraussetzung, die von Aristoteles bis Heidegger, von Descartes bis Kant, Lévinas und Lacan aufrechterhalten wurde). Die vorgängige und entscheidende Frage wäre vielmehr, ob die Tiere *leiden können*. »Can they suffer?« »Können sie leiden?« – Das war in ihrer ganzen Schlichtheit und Tiefe Benthams Frage.

Die Form dieser Frage, ihre Vorgehensweise, ändert alles. Infrage steht nicht mehr allein der *logos*, die Verfügung oder Nichtverfügung über den *logos*, und all das, was zu ihm in Konfiguration tritt, ja nicht einmal, radikaler, eine *dynamis* oder *exis*, jenes Haben oder jene Seinsweise, jener Habitus, den man als Fähigkeit oder »Vermögen« bezeichnet, jenes Habenkönnen oder jenes Können, das man hat (wie im Vermögen zum Vernunft- und

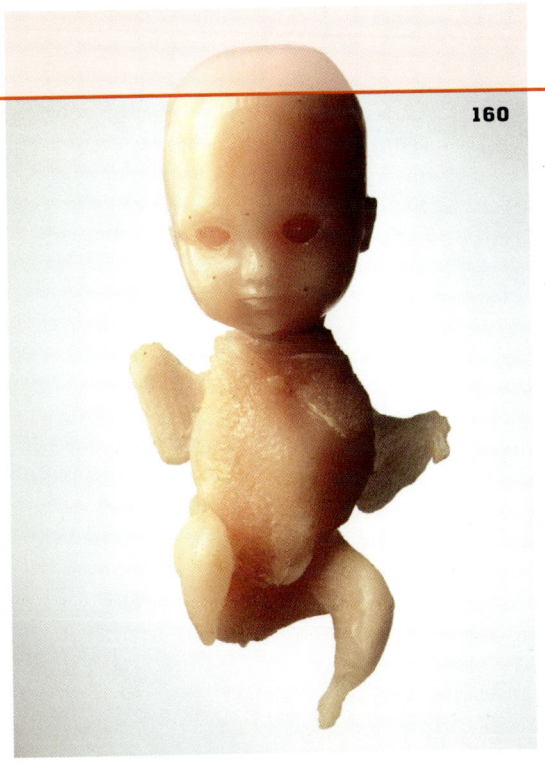

160

Sprachgebrauch, mit allem, was aus ihm folgt). Was die Frage umtreibt, ist eine gewisse *Passivität*. Sie selbst legt von ihr Zeugnis ab, es spricht sich in ihr schon die Antwort eines Zeugen aus, sie zeugt, als Frage, bereits von der Entsprechung zu einer *possibilité* und *passion*, zu einer Empfänglichkeit und einem Erleiden, zu einem Nicht-Können. Sobald man fragt: »Can they suffer?«, verändert sich der Sinn und verändert sich der Zeichencharakter des Wortes »können« (*can*). Das Wort »können« schwankt. Ausschlaggebend ist dort, wo eine solche Frage sich erhebt, nicht mehr bloß das, worauf eine Transitivität oder Aktivität zurückverweisen oder wovon sie getragen werden (sprechen können, vernünftig sprechen oder urteilen können etc.), sondern vielmehr das, was sie in jenen Selbstwiderspruch hineinträgt, sie in jenem Selbst-Widerspruch übermächtigt, den wir später zur Selbst-Lebensbeschreibung, zur Auto-Biografie in Beziehung setzen werden. »Können sie leiden?« – Das läuft darauf hinaus, sich zu fragen: »Können sie *nicht* können?« Was hat es mit diesem Unvermögen auf sich? Mit der Verletzlichkeit, derer man kraft dieses Unvermögens innewird? Worin besteht dieses Nicht-Können im Herzen des Könnens? Was ist die Qualität oder die Modalität dieses Unvermögens? Welche Rechenschaft kann man sich über es ablegen? Welches Recht soll man ihm einräumen? Inwiefern sind wir von ihm betroffen, inwiefern wacht es über uns? Leiden können ist kein Können mehr, es ist eine Möglichkeit ohne Vermögen, eine Möglichkeit des Unmöglichen. Darin liegt die radikalste Weise, jene Endlichkeit

161 Genesis, 1999, Eduardo Kac (geb. 1962). Genesis ist ein so genanntes transgenetisches Kunstwerk, das das komplexe Verhältnis zwischen Biologie, Glaubenssystemen, Informationstechnologie, und Ethik exploriert. Der Schlüssel des Werks ist »Das Künstlergen«, erfunden von Kac selbst. Er schuf es, indem er den biblischen Satz »Macht Euch die Erde untertan ...« in Morsecode übersetzte, der für Kac den Beginn der Informationstechnologie symbolisiert. Diese Übersetzung wurde dann in DNS umgewandelt und in Bakte-

161

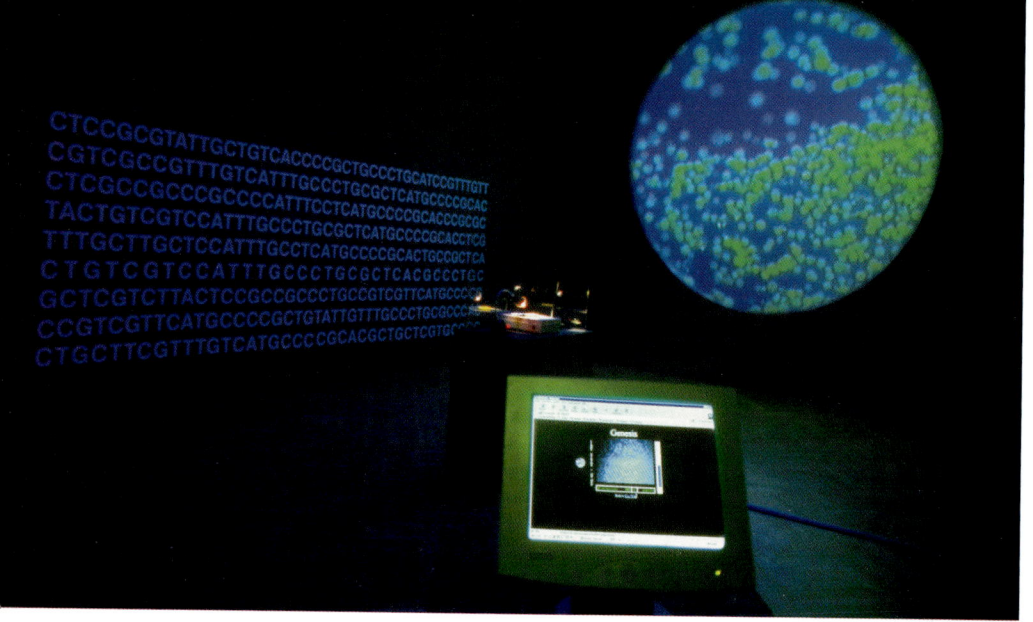

zu denken, die wir mit den Tieren teilen, und darin liegt die Sterblichkeit beschlossen, die zur Endlichkeit des Lebens selbst gehört, zur Erfahrung des Mitleids, zu der Möglichkeit, die Möglichkeit dieses Unvermögens, die Möglichkeit dieser Unmöglichkeit, die Angst vor dieser Verletzlichkeit und die Verletzlichkeit dieser Angst miteinander zu teilen.

Mit dieser Frage (»Can they suffer?«) stoßen wir nicht auf jenen Fels der unbezweifelbaren Gewissheit, jenes Fundament aller Vergewisserung und Versicherung, nach dem man etwa im *cogito*, im »Ich denke, also bin ich« suchen mag. Und doch vertrauen wir uns hier in einer ganz anderen Weise einer ebenso radikalen, wenngleich wesensverschiedenen Instanz an: dem Unbestreitbaren, dem, was man nicht abstreiten oder verleugnen, nicht von sich abtun kann. Niemand kann das Leiden, die Furcht oder die Panik, den Schrecken oder das Erschrecken leugnen, die sich bestimmter Tiere bemächtigen und die wir, wir Menschen, bezeugen können (Descartes selbst hatte sich, wie wir noch sehen werden, nicht auf die Behauptung versteifen können, dass die Tiere kein Leid empfinden können). Manche werden uns gleichwohl das Recht abzusprechen suchen, dergleichen als *Leiden* oder *Angst* zu bezeichnen, Worte oder Begriffe, die weiterhin dem Menschen und dem Dasein in der Freiheit seines Seins zum Tode vorbehalten bleiben sollten. Wir werden diesen Diskurs später problematisieren müssen. Halten wir fürs Erste nur das eine fest: Die Antwort auf die Frage »Can they suffer?« duldet keinen Zweifel. Sie hat übrigens dem Zweifel nie

rien »eingepflanzt«, die über das Internet manipuliert werden konnten. Das Werk spricht ein Zukunftsszenario der individuell gesteuerten Genmanipulation an und stellt die Vorstellung einer von Gott festgelegten Herrschaft des Menschen über die Natur infrage.

den geringsten Raum gelassen; und daher ist auch die Erfahrung, die wir davon haben, nicht einmal unbezweifelbar: Sie geht dem Unbezweifelbaren voraus, sie ist älter als dieses. Ebenso wenig kann der leiseste Zweifel an der Möglichkeit aufkommen – und diesmal einer Möglichkeit in uns –, dass wir von einer Regung des Mitleids ergriffen werden, mag sie auch in der Folge verkannt, verdrängt oder verleugnet, auf Distanz gehalten werden. Angesichts des Unbestreitbaren dieser Antwort (ja, sie leiden, wie wir, die wir um ihretwillen und mit ihnen leiden), angesichts dieser jeder weiteren Frage vorhergehenden Antwort wird der Boden und wird der Grundstein der ganzen Problematik ein anderer. Vielleicht wird ihr jeder gesicherte Grund entzogen, jedenfalls ruht sie nicht mehr auf den alten Fundamenten, ganz gleich, ob diese als natürlich (ein Boden) oder aber als hergestellt und geschichtlich (ein Grundstein) zugrunde gelegt wurden. Die zwei Jahrhunderte, auf die ich mich beziehe, um vor ihrem Hintergrund unsere eigene Gegenwart zu situieren, sind zwei Jahrhunderte eines ungleichen Kampfes, eines Krieges, dessen Ungleichgewicht sich eines Tages verlagern könnte: zwischen jenen, die nicht bloß dem tierischen Leben, sondern noch jenem Gefühl des Mitleids Gewalt antun, und jenen anderen, die sich auf das unwiderlegliche Zeugnis jenes Mitgefühls berufen.

Es ist ein Krieg, der um das Mitleid entbrannt ist. Dieser Krieg hat ohne Zweifel kein Alter, aber, und so lautet meine Hypothese, er ist in eine kritische Phase eingetreten, und wir mit ihm. Wir gehen durch sie, und sie geht durch uns hindurch. Diesen Krieg, in dem wir uns befinden, zu denken, das ist nicht allein eine Pflicht, eine Verpflichtung, eine uns übertragene Verantwortung, es ist auch eine Notwendigkeit, der man wohl oder übel, direkt oder indirekt gehorchen muss, ein Zwang, dem keiner sich entziehen kann. Künftig weniger denn je. Und wenn ich sage, dieser Krieg müsse »gedacht« werden, dann weil ich glaube, dass es in ihm um das geht, was wir »denken« nennen. Das Tier geht uns an, es beobachtet uns, und vor ihm sind wir nackt. Und vielleicht beginnt dort das Denken.

Ich komme im Hinblick auf eine weitere These zu der *zweiten Hypothese*, von der ich denke, dass ich sie unverzüglich zur Diskussion stellen sollte. Sie betrifft oder entfaltet eine andere Logik der Grenze. Ich bin daher versucht, diese These der Reihe jener drei Dekaden hier in Cerisy-la-Salle[3] einzufügen, die seit »Les fins de l'homme« und »Le passage des frontières« sämtlich der wenn nicht transgressiven, so doch im genauen Sinne transgressalen Erfahrung einer Limitrophie gewidmet waren. Lassen Sie uns dieses Wort im zugleich weitesten und strengen Sinne dessen verstehen, was angrenzt oder an die Grenze stößt, aber auch dessen, was an den Grenzrändern Nahrung gibt, sich ernährt und am Leben hält, gefüttert, versorgt, aufgezogen, abgerichtet, gepflegt, kultiviert wird. Die Semantik von *trephô*, *trophe* oder von *trophos* hält alles bereit, was wir brauchen, um von dem zu sprechen, wovon wir im Verlauf dieser dritten Dekade über »L'animal autobiographique« sprechen sollten: das Nähren und Aufziehen, die Füt-

162 Das Künstlergen. **163** Bakterien, Details aus Genesis, 1999, Eduardo Kac (geb. 1962)

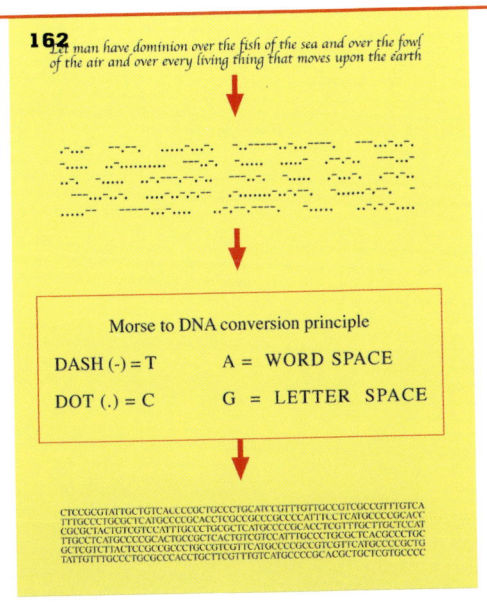

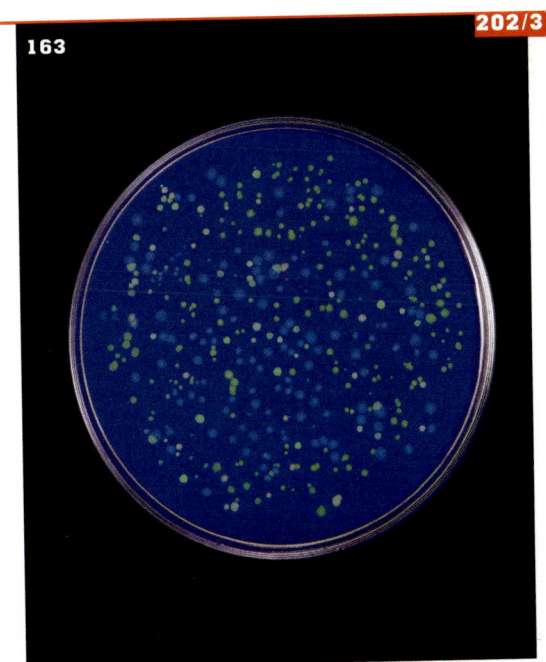

terung, das Säugen, die Amme, die Zeugung und Erzeugung, die Abkömm-
linge und Jungen, die Zucht und Aufzucht, die Versorgung und Haltung
der Tiere, die Zähmung, die Abrichtung, die Erziehung, die Pflege, Bildung
oder Kultur, das Leben und Leben lassen, indem man gibt, was es zum
Leben braucht, dazu, sich zu ernähren, zu nähren, zu pflegen und, autobiografisch, zu bilden, zu kultivieren. Es wird also um die *Limitrophie* gehen.
Und damit nicht bloß um das, was an die Grenze stößt und an ihr, in den
Grenzgebieten, wächst und gedeiht, von der Grenze zehrt und von ihr
lebt, sondern auch um das, was *die Grenze nährt*, sie ins Leben ruft und am
Leben hält, sie hervorbringt und kompliziert. Was ich zur Sprache bringen
möchte, wird vor allem nicht darin bestehen, die Grenze zu verwischen,
sondern vielmehr darin, ihr eine größere Dichte und Stärke zu verleihen,
die Grenzlinie, indem man sie sich entfalten, aufgehen, sich vervielfälti-
gen lässt, gerade zu delinearisieren, zu falten, sich teilen zu lassen. Nichts
anderes meint übrigens *trepho* in der vermeintlich ursprünglichen oder
buchstäblichen Bedeutung dieses Wortes: etwas transformieren, indem
man es verdichtet oder dicker werden, zum Beispiel Milch gerinnen lässt.
Es steht also, noch einmal, nicht zur Debatte, jene Grenze, von der man die
Schnauze voll hat, die Grenze zwischen dem Menschen und dem Tier, dem
großgeschriebenen *Homme* und dem großgeschriebenen *Animal*, auch nur
im Mindesten anzufechten. Es wird nicht darum gehen, frontal oder anti-
thetisch gegen jene These des philosophischen so gut wie des gemeinen

Verstandes anzurennen, auf die sich der Selbstbezug des menschlichen Lebens gegründet hat, seine Selbstpräsentation, die Autobiografie des Menschengeschlechts, die ganze Geschichte seiner selbst, die sich der Mensch erzählt: Die These oder Aufrichtung nämlich einer als Bruch oder Kluft, ja als Abgrund gedachten Grenze zwischen denen, die »wir, die Menschen«, »ich, der Mensch« sagen, und dem, was er, dieser Mensch der »wir«-sagenden Menschen, das Tier oder die Tiere *nennt*. Ich werde mich nicht einen Augenblick lang anheischig machen, diese These anzufechten oder zu bestreiten, dass zwischen diesem »Ich-Wir« und dem, was wir die Tiere *nennen*, ein solcher Bruch klafft oder einer solcher Abgrund sich auf-tut. Sich auch nur vorzustellen, ich und übrigens nicht nur ich, sondern wer auch immer könnte diesen Bruch, diesen Riss, ja diesen Abgrund ignorieren, das hieße zunächst einmal, die Augen vor einer ganzen Reihe von Gewissheiten zu verschließen, die dagegen sprechen; und es hieße in meinem geringfügigen Fall zu vergessen, dass ich unablässig versucht habe, eine Aufmerksamkeit unter Beweis zu stellen, die eher der Differenz und den Differenzen, eher dem Heterogenen und den abgründigen Brüchen als dem Homogenen und Kontinuierlichen gilt. Ich habe also nie geglaubt, dass es zwischen dem, was sich Mensch nennt, und dem, was er, das Tier nennt, irgendeine Kontinuität gibt. Und ich werde jetzt gewiss nicht damit anfangen, es zu tun. Es wäre nicht allein nachtwandlerisch, es wäre ganz einfach *trop bête*, zu dumm, von viehischer Dummheit. Sich ein so dümmliches Vergessen aber auch nur vorzustellen oder eine derart naive Verkennung zu beanstanden, das hieße, schlimmer noch, dass man aus welchen Beweggründen auch immer einfach dreist daherredet, dass es einem fast schon egal ist, was man sagt, wenn es bloß der Sache, irgendeiner Sache, irgendwelchen Interessen dient, die nichts mehr mit dem zu tun haben, worüber sprechen zu wollen man vorgibt. Und wenn man aus solchen Beweggründen oder im Interesse dieser Sache Vorteil daraus ziehen will, dass man die Anschuldigung einer biologistischen Kontinuitätsbehauptung, deren finstere Konsequenzen bekannt sind, und allgemeiner die Anschuldigung eines Genetismus erhebt, die man mit dem haltlosen Vorwurf jener Kontinuitätsbehauptung verbinden zu können glaubt – dann wird die Beweisführung so abwegig, dass es sich an diesem Punkt von meiner Seite aus erübrigt und sie es meiner Ansicht nach auch nicht verdient, in eine direkte Auseinandersetzung mit ihr einzutreten. Alles, was ich je vorgebracht habe, und alles, was ich heute vorbringen werde, erhebt mit allem Nachdruck Einspruch gegen die Keule einer solchen Unterstellung.

Denn nichts könnte belangloser sein als eine Diskussion darüber, ob es so etwas gibt wie eine Diskontinuität, einen Riss, einen Bruch, selbst einen Abgrund zwischen denen, die sich Menschen nennen, und dem, was diese selbst-ernannten Menschen, jene, die sich bei diesem Namen rufen, das Tier nennen. Darüber sind sich alle einig, die Diskussion ist abgeschlossen, bevor sie überhaupt beginnen könnte, und man müsste schon *plus bête que les bêtes*, dümmer als das dümmste Tier, sein, um daran den geringsten Zweifel zu hegen. Selbst die Tiere wissen es (fragen Sie nur den Esel und den Widder Abrahams oder die Tiere, die Abel Gott darzubringen wusste: Sie wissen, was auf sie zukommt, wenn Menschen zu Gott sagen: »Hier stehe ich«, um daraufhin einzuwilligen, sich zu opfern, ihr Opfer zu opfern oder sich zu vergeben). Die Diskussion verdient erst dort eröffnet zu werden, wo es darum geht, die Zahl, die Form, den Sinn und die Struktur dieser abgründigen Grenze, dieser Ränder, dieser vielzähligen und vielfältigen Grenze zu bestimmen, ihre Dichte, ihre Stärke, ihre Schichtungen und Faltungen. Die Diskussion wird erst dort interessant, wo man, statt sich zu fragen, ob es eine diskontinuierende Grenze gibt oder nicht gibt, zu denken versucht, was mit einer Grenze geschieht, wenn sie zum Abgrund wird, wenn die Grenzlinie nicht länger eine einzige unteilbare Linie, sondern mehr als eine und keine Linie mehr bildet, sich wie in einer *mise en abyme* in ihren eigenen Tiefen vervielfältigt und verliert; und wenn sie folglich nicht länger als diese eine und unteilbare Grenze gezogen, nicht länger objektiviert und gezählt werden kann. Was sind die Seiten einer Grenze, die, weil sie vom Abgrund zehrt, wuchert und sich vervielfältigt? Meine These also lautet, in drei Punkten:

1. Dieser abgründige Riss klafft nicht zwischen zwei Rändern, er zieht nicht jene unilineare und unteilbare Linie, die zwei Seiten trennt, Den Menschen und Das Tier im Allgemeinen.

2. Der heterogene und mehrfältige Saum dieses abgründigen Risses hat eine Geschichte. Keineswegs abgeschlossen, ist diese Geschichte mikroskopisch wie makroskopisch in eine kritische Phase eingetreten, in einen Ausnahmezeitraum, in dem wir uns befinden und für den uns jeder Maßstab fehlt. Von Geschichte, von einem geschichtlichen Augenblick oder einer geschichtlichen Phase kann übrigens nur ausgehend von einem vermeintlichen Rand des fraglichen Bruchs gesprochen werden, nur auf der vermeintlich sicheren Seite einer anthropozentrischen Subjektivität, die sich, autobiografisch, eine bestimmte Geschichte erzählt oder erzählen lässt, ihre Lebensgeschichte – die sie *Die Geschichte* nennt.

3. Jenseits der *selbst ernannten* menschlichen Seite, jenseits ihrer Ränder, aber darum keineswegs auf einer einzigen ihr entgegengesetzten Seite, am Ort oder vielmehr anstelle »Des Tiers« oder »Des Tierischen Lebens« gibt es, gibt es schon, eine heterogene Vielfalt von Lebewesen, oder besser (denn Lebewesen, Lebende oder Lebendige sagt schon zu viel oder längst nicht genug): die vielfältigsten Formen der Organisation von Bezügen zwischen dem Lebenden und dem Toten, die vielfältigsten Bezüge der Organisation und Inorganisation zwischen Gebieten, die in den Gestalten des Organischen und des Inorganischen, des Lebens und/oder des Todes zu fassen und voneinander abzugrenzen immer schwieriger wird. Vertraut und abgründig zugleich, sind diese Bezüge niemals völlig objektivierbar. Sie dulden keinerlei einfaches Ausschließungsverhältnis zwischen ihren

jeweiligen Seiten. Daraus folgt, dass man niemals das Recht haben wird, die Tiere für Arten einer Gattung zu halten, die man Das Tier, das Tier im Allgemeinen, nennen könnte. Jedes Mal, wenn »man« »Das Tier« sagt, jedes Mal, wenn der Philosoph oder wer auch immer im Singular und ohne weitere Erläuterung »Das Tier« sagt und den Anspruch erhebt, derart jedes Lebewesen zu bezeichnen, das nicht der Mensch ist (der Mensch als *animal rationale*, der Mensch als politisches Tier, als sprechendes Tier, *zoon logon echon*, der Mensch, der »Ich« sagt und sich für das Subjekt des Satzes hält, den er über das besagte Tier äußert, etc.), nun, jedes Mal sagt dann das Subjekt dieses Satzes, sagt dieses »man«, sagt dieses »Ich« etwas Dummes, genauer: eine bêtise, jene Dummheit, die im Französischen ihren Namen dem Tier verdankt. Ich sage etwas Dummes, »*Je dis une bêtise*« – das ist es, was dieses Ich eingesteht ohne zu gestehen, was es zu erkennen gibt, so wie eine Krankheit sich in einem Symptom zu erkennen gibt, das ist die Diagnose, die ihm immer dann, wenn es »Das Tier« sagt, zu stellen ist. Und dieses »*Je dis une bêtise*« bezeugt nicht bloß die Tierheit, die es leugnet, sondern auch die engagierte, bindende, fortgesetzte, organisierte Beteiligung an einem wahren Krieg der Arten.

Auszug aus: »L'animal que donc je suis (à suivre)« [»So bin ich also dieses Tier, das ich verfolge (fortzusetzen)«], in: *L'animal autobiographique. Autour de Jacques Derrida*, hrsg. von Marie-Louise Mallet, Paris 1999. Übersetzt von Stefan Lorenzer

Anmerkungen

Thomas Macho

1 Walter Burkert, »Griechische Tragödie und Opferritual«, in: Wilder Ursprung. Opferritual und Mythos bei den Griechen, Berlin 1990, S. 25.

2 Vgl. Die Religion in Geschichte und Gegenwart. Handwörterbuch für Theologie und Religionswissenschaft, Band IV, Tübingen 1960, Spalte 1637.

3 Vgl. André Leroi-Gourhan, Prähistorische Kunst. Die Ursprünge der Kunst in Europa, übersetzt von Wilfried Seipel, 5. Aufl., Freiburg im Breisgau/Basel/Wien 1982, S. 136 f.

4 Jean-Marie Chauvet, Éliette Brunel Deschamps und Christian Hillaire, Grotte Chauvet bei Vallon-Pont-d'Arc. Altsteinzeitliche Höhlenkunst im Tal der Ardèche, Sigmaringen 1995, S. 102.

5 Vgl. Barbara Ehrenreich, Blutrituale. Ursprung und Geschichte der Lust am Krieg, München 1997.

6 Vgl. Walter Burkert, Homo Necans. Interpretationen altgriechischer Opferriten und Mythen, Berlin/New York 1972, S. 21 f. Vgl. auch Karl Sälzle, Tier und Mensch – Gottheit und Dämon. Das Tier in der Geistesgeschichte der Menschheit, München 1965, S. 118 f. André Leroi-Gourhan hat die These vertreten, dass an der Erzeugung von Bären-Ossuarien hauptsächlich die Bären selbst mitgewirkt haben, und zwar durch ihre Technik, Höhlen zu graben. Vgl. André Leroi-Gourhan, Die Religionen der Vorgeschichte. Paläolithikum, Frankfurt a. M. 1981, S. 47.

7 Burchard Brentjes, Die Erfindung des Haustieres, 3. Aufl., Leipzig/Jena/Berlin 1986, S. 14–16.

8 Vgl. Eduard Hahn, Die Haustiere und ihre Beziehungen zur Wirtschaft des Menschen. Eine geographische Studie, Leipzig 1896. Vgl. Burkert 1990 (wie Anm. 6), S. 54.

9 Vgl. Erich Isaac, »On the Domestication of Cattl«, in: Stuart Struever (Hrsg.): Prehistoric Agriculture, New York 1971, S. 462.

10 William Irwin Thompson, Der Fall in die Zeit. Mythologie, Sexualität und der Ursprung der Kultur, Reinbek bei Hamburg 1987, S. 161.

11 Burkert 1990 (wie Anm. 1), S. 18 f.

12 Vgl. Peter Damerow und Robert K. Englund, »Die Buchführung über die Viehhaltung«, in: Peter Damerow, Robert

K. Engl und Hans J. Nissen (Hrsg.), Frühe Schrift und Techniken der Wirtschaftsverwaltung im alten Vorderen Orient. Informationsspeicherung und -verarbeitung vor fünftausend Jahren, Bad Salzdetfurth 1990, S. 131.

13 Vgl. Marvin Harris, Wohlgeschmack und Widerwillen. Die Rätsel der Nahrungstabus, Stuttgart 1988, S. 48 f.

14 Vgl. Ehrenreich 1997 (wie Anm. 5), S. 83 ff.

15 Karl Meuli, »Griechische Opferbräuche«, in: ders., Gesammelte Schriften, Band II, hrsg. von Thomas Gelzer. Basel/Stuttgart 1975, S. 948.

16 Walter Burkert, »Anthropologie des religiösen Opfers. Die Sakralisierung der Gewalt«, Vortragsmanuskript der Carl Friedrich von Siemens-Stiftung, München 1984, S. 22.

17 Vgl. Marcel Detienne und Jean-Pierre Vernant, La Cuisine du sacrifice en pays grec, Paris 1979.

18 Vgl. Jacques André, Essen und Trinken im alten Rom, Stuttgart 1998, S. 125.

19 C. Plinius Secundus d. Ä., Naturalis Historiae – Naturkunde, Buch XXIII, hrsg. und übersetzt von Roderich König und Joachim Hopp, München 1993, S. 56 f.

20 Vgl. Rolf Peter Sieferle, Der unterirdische Wald. Energiekrise und Industrielle Revolution, München 1982; vgl. ders., Rückblick auf die Natur. Eine Geschichte des Menschen und seiner Umwelt, München 1997.

21 Vgl. Thomas Macho, »Der Aufstand der Haustiere«, in: Herausforderung Tier. Von Beuys bis Kabakov, München/London/New York 2000, S. 76–99.

Nan Mellinger

1 Dorothee Wenner, »Der Tafel-Spitz. Hund als Delikatesse? Die koreanischen Essgewohnheiten liegen der Fifa vor der Fußball-WM schwer im Magen«, in: Die Zeit, 22/2002.

2 Cäsar, Der Gallische Krieg, deutsche Übersetzung von M. Deissmann, Stuttgart 1992, 6, 22.

3 Die jüngere Edda: mit dem sogenannten ersten grammatischen Traktat, zit. nach Massimo Montanari, Der Hunger und der Überfluss. Kulturgeschichte der Ernährung in Europa, München 1999, S. 20.

4 Oskar Panizza, Das Schwein in poetischer, mitologischer und sittengeschichtlicher Beziehung, hrsg. von Rolf Düsterberg, München o. J.

5 Vgl. Montanari 1999 (wie Anm. 3), S. 18.

6 Vgl. Petron, Satyricon. Ein römischer Schelmenroman, übersetzt und erläutert von Harry C. Schnur, Stuttgart 1982, S. 40–48.

7 Vgl. Montanari 1999 (wie Anm. 3), S. 22–24.

8 Man denke hier etwa auch an den kultur- und ideengeschichtlich relevanten Konflikt zwischen dem »guten« (agrarisch orientierten) Hirten und dem »bösen« (nomadischen) Viehzüchter, in dem sich regionale Ökonomie und Mentalität zu einer nachhaltig wirksamen Typologie beziehungsweise gleichsam moralischen Kategorie vermischten. Vgl. dazu Thomas Macho, »Lust auf Fleisch? Kulturhistorische Überlegungen zu einem ambivalenten Genuss«, in: Dirk Matejovski u. a. (Hrsg.), Mythos Neandertal. Ursprung und Zeitenwende, Frankfurt a. M. 2001.

9 Frederick E. Zeuner, Geschichte der Haustiere, München/Basel/Wien 1967, S. 69.

10 Rolf Peter Sieferle, Rückblick auf die Natur. Eine Geschichte des Menschen und seiner Umwelt, München 1997, S. 83.

11 Marvin Harris, Wohlgeschmack und Widerwillen. Die Rätsel der Nahrungstabus, München 1995.

12 Vgl. John Keegan, Die Kultur des Krieges, Reinbek 1997, S. 235 ff.

13 Vgl. Karl Ottmar Frhr. v. Aretin, »Feldherrnruhm und Pferdefleisch«, in: Uwe Schultz (Hrsg.), Speisen, Schlemmen, Fasten, Frankfurt a. M./Leipzig 1993, S. 231–239.

14 Marvin Harris, Wohlgeschmack und Widerwillen. Die Rätsel der Nahrungstabus, S. 103.

15 Zur Revision des barocken Geschmacks an schweren und dunklen Fleischsorten vgl. Piero Camporesi, Der feine Geschmack. Luxus und Moden im 18. Jahrhundert, Frankfurt a. M. 1992, S. 57–64.

Hans Jörg Rheinberger

1 Kölreuter 1893, S. 87.

2 Kölreuter 1893, S. 89.

3 Wat leert de ondervinding aangaande het ontstaan van nieuwe soorten of bijsoorten van planten door kunstige bevruchting van bloemen van de eene met het bloemstof van andere soorten? En welke nieuwe, nuttige of fraaije plantgewassen kunnen op die wijze worden voortgebragt en vermenigvuldigd?

4 David A. Jackson, »DNA template for

an economic revolution«, in: Donald A. Chambers (Hrsg.), DNA: The Double Helix, Perspective and Prospective at Forty Years, New York 1995, S. 364.

5 Freeman J. Dyson, Die Sonne, das Genom und das Internet. Wissenschaftliche Innovation und die Technologien der Zukunft, Frankfurt a. M. 2000, S. 201.

Werner Nachtigall

__D. W. Bechert und W.-E. Reif, On the Drag Reduction of Shark Skin. AIAA-85-0546 Report, AIAA Shear Flow Control Conference, 12.–14.3.1985, Boulder-Colorado 1985.

__Leonardo da Vinci, Sul volo degli uccelli, Florenz (1505).

__K. G. Kebkal, R. Bannasch und V. Kulagin, Identification of Dolphin Schools by Bio-Acoustical Unique Features, Proceedings 16th Int. Cong. on Acoustics and 135th Meeting Acoust. Soc. Amer., 20.–26.6.1998, Seattle, Washington, 1998, S. 1413–1414.

__K. G. Kebkal und R. Bannasch, Interference and Doppler Resistance in Dolphin Whistle Communication, Proc. of the 5th Europ. Conf. on Underwater Acoustics, 10.–13.7.2000, Bd. 1, S. 471–477.

__B. Lötsch, »Ökologische Begründung des regionalen Bauens. Bericht des Instituts für Leichte Flächentragwerke«, in: IL, 27, 1980, S. 244–251.

__M. Lüscher, »Der Sauerstoffverbrauch bei Termiten und die Ventilation des Nestes bei Macrotermes nataliensis (Haviland)«, in: Acta Tropica, 12, 1955, S. 289–307.

__Werner Nachtigall, Vogelflug und Vogelzug, Hamburg, 1987.

__Ders., Bionik – Grundlagen und Beispiele für Ingenieure und Naturwissenschaftler, 2. Aufl., Heidelberg 2002 (im Druck).

__J. Olszewski und S. Skozen, »The Airing of Burrows of the Mole, Talpa europaea Linnaeus, 1758«, in: Acta Teriol, 10, 1965, S. 181–193.

__E. Reif, »Oberflächenstrukturen und -skulpturen bei schnellschwimmenden Wirbeltieren«, in: ders. (Hrsg.), Paläontologische Kursbücher, Bd. 1 (Funktionsmorphologie, 14), München 1981, S. 1–157.

__J. Szodruch, »Riblets – Haarfeine Rillen verringern den Reibungswiderstand von Flugzeugen«, in: Spektrum der Wissenschaft, Dezember 1991, S. 36–46.

__S. Vogel, C. Ellington und D. Kilgorek, »Wind-induced Ventilation of the Burrow of the Prairie-dog, Cynomys ludovicianus«, in: J. Comp. Physiol., 85, 1973, S. 1–14.

__J. S. Weir, »Air Flow, Evaporation and Mineral Accumulation in Molds of Macrotermes subhyalinus (Rambur)«, in: J. Anim. Ecol., 42, 1973, S. 509–520.

Bettina Paust

1 Uwe M. Schneede, Joseph Beuys – Die Aktionen. Kommentiertes Werkverzeichnis mit fotografischen Dokumentationen, Ostfildern-Ruit 1994, S. 8 ff.

2 Nancy Spector, »Rauschenberg und das Tanztheater, 1963–1967: Eine ›Poesie unbegrenzter Möglichkeiten‹«, in: Robert Rauschenberg – Retrospektive, Ostfildern-Ruit 1998, S. 237.

3 Liselotte Millauer, »Joseph Beuys. Jeder kriegt sein Fett weg. Interview mit Joseph Beuys«, in: Cosmopolitan, Nr. 4, April 1985, S. 31.

4 »Sarenco. Gespräch mit Joseph Beuys (November 1979)«, in: De Tafelronde. Impuls, XXIII-3, Antwerpen 1980, S. 19.

5 Ebd.

6 Antje von Graevenitz, »Heilen«, in: Beuysnobiscum, Dresden 1997, S. 187.

7 Erika Billeter, »Interview mit Joseph Beuys«, in: Mythos und Ritual in der Kunst der 70er Jahre, Zürich 1981, S. 90.

8 »›Wenn sich keiner meldet, zeichne ich nicht.‹ Gespräch zwischen Joseph Beuys, Heiner Bastian, Jeannot Simmen – Düsseldorf, 8. August 1979«, in: Joseph Beuys – Zeichnungen. Tekeningen. Drawings, München 1979, S. 36.

9 Caroline Tisdall, Joseph Beuys. Coyote, München 1976.

10 Schneede 1994 (wie Anm. 1) S. 339, Anm. 10.

11 Eugen Blume, »Joseph Beuys im Film und Video – Anmerkungen zum Aufbau eines audiovisuellen Archivs«, in: Joseph Beuys Symposium Kranenburg, hrsg. vom Förderverein Museum Schloss Moyland e. V., Basel 1996, S. 223.

12 Georg Jappe, »Am Klavier Joseph Beuys. Auskünfte anlässlich zweier Konzerte mit Nam June Paik«, in: Kunstnachrichten. Zeitschrift für internationale Kunst, 3/1985, S. 75.

13 Schneede 1994 (wie Anm. 1), S. 331 und S. 339, Anm. 5.

14 Korrespondenz der Autorin mit Prof. Dr. Lothar Dittrich vom 15.9.1999.

15 Joseph Dreiss, »Joseph Beuys«, in: Arts Magazine, Heft 9, 1974, S. 53; Caroline Tisdall, Joseph Beuys. Coyote, 3. Aufl., München 1988, S. 7.

16 Korrespondenz der Autorin mit Prof. Dr. Lothar Dittrich vom 15.9.1999.

17 Wie Anm. 16.

18 Tisdall 1976 (wie Anm. 9), S. 16.

19 David Levi Strauss, »American Beuys: ›I Like America America Likes Me‹«, in: Parkett, Nr. 26, 1990, S. 135.

20 Lona Foote, »A Talk with René Block«, in: Some Artist, for Example Joseph Beuys. Multiples, Drawings, Videotapes, Riverside o. J., unpaginiert.

21 Joseph Beuys, in: Logos, 1982, S. 4.

22 Billeter 1981 (wie Anm. 7), S. 89.

23 Tisdall 1976 (wie Anm. 9), S. 11.

24 Keto von Waberer, »Das Nomadische spielt eine Rolle von Anfang an. Interview mit Joseph Beuys«, in: Joseph Beuys – Eine innere Mongolei. Dschingis Kahn, Schamanen, Aktricen, Ölfarben, Wasserfarben und Bleistiftzeichnungen aus der Sammlung van der Grinten, Hannover 1993, S. 202.

25 Heinrich Schmidt, Philosophisches Wörterbuch, 22., von Georgi Schischkoff neu bearbeitete Aufl., Stuttgart 1991, S. 31.

26 Wolfgang Zumdick, Über das Denken bei Joseph Beuys und Rudolf Steiner, Basel 1995, S. 40.

27 Caroline Tisdall, Joseph Beuys, New York 1979, S. 105.

28 »›Wenn sich keiner meldet, zeichne ich nicht‹« (wie Anm. 8), S. 32 und S. 37.

29 Tisdall 1988 (wie Anm. 15), S. 8.

30 Georg Jappe, »Vom Coyoten zum Mistwurm«, in: Animal Art, Graz 1987, o. S.

31 Dennis Oppenheim in einem Interview mit Willoughby Sharp, November 1971, in: Animal Art, Graz 1987, o. S. (unter: HUNDE).

32 Konstanze Thümmel, »›Shark Wanted‹. Untersuchungen zum Umgang zeitgenössischer Künstler mit lebenden und toten Tieren am Beispiel der Arbeiten von Damien Hirst«, masch. Diss., Freiburg 1997, S. 97.

33 http://www.geocities.com/SoHo/Museum/4686/flies.html.

34 Thümmel 1997 (wie Anm. 32), S. 97.

35 Carsten Höller und Rosemarie Trockel, Ein Haus für Schweine und Menschen, Köln 1997.

36 Rolf Langebartes zit. nach Jappe 1987 (wie Anm. 30) und Korrespondenz der Autorin mit Rolf Langebartels vom 22.8.2002.

37 Steve Baker, *The Postmodern Animal*, London 2000, S. 151 f.

38 Shttp://www.kokereizollverein.de/kuenstler.phtml (Ayse Erkmen).

Jacques Derrida

1 Les hommes sind im Französischen nicht allein »die Menschen«, sondern auch »die Männer«.

2 Hier und im Folgenden im Original deutsch.

3 Unter dem Titel »L'animal auro-biographique« fand 1997 das dritte Kolloquium statt, das nach »Les fins de l'homme« (1980) und »Le passage des frontières« (1992) dem Werk von Jacques Derrida gewidmet war. Die Reihe dieser Kolloquien wurde 2002 mit »La démocratie à venir« forgesetzt.

Das Verzeichnis folgt der Gliederung der Ausstellung.

1 Jagdleidenschaften

1

Zwei tote Rebhühner, von einem Jagdhund beschnüffelt
Jan Fyt (1611–1661) | o. J., Öl auf Leinwand, 40 x 56 cm | Staatliche Kunstsammlungen Dresden, Gemäldegalerie Alte Meister (Mo 1212), **Abb. 1**

2

Jagdbuch des Kurfürsten Christian I. von Sachsen
1590, Handschrift, Feder in Tinte, illustriert; Illustrationen Feder in Tusche, aquarelliert, partiell mit Gold gehöht; Einband Pergament, ungefärbt mit vergoldeter Prägung, Blattgröße 19,5 x 14,5 x 8 cm | Staatliche Kunstsammlungen Dresden, Rüstkammer (C 334/36), **Abb. 4**

3

Zwei Jagddarstellungen von Antonio Tempesta (1555–1630)
|**a** Bärenjagd; 1608, Kupferstich, 20,4 x 28,2 cm |**b** Jagd auf einen Löwen, o. J., Kupferstich, 18,8 x 28,2 cm | Staatliches Museum Schwerin, Kupferstichkabinett (19966 Gr.; 19968 Gr.)

4

Sechs Jagddarstellungen aus einer Folge von 104 Blättern »Jagdszenen«. Venationes ferarum, avium, piscium, pagnae von Philips Galle (1537–1678)
|**a** Die Löwenjagd, Kupferstich, 21,8 x 30,1 cm |**b** Jagd auf Stachelschweine, Kupferstich, 21,7 x 29,3 cm |**c** Jagd auf Elefanten, Kupferstich, 21,2 x 30,5 cm |**d** Jagd auf Strauße, Kupferstich, 21,7 x 30 cm |**e** Jagd auf Stiere, Kupferstich, 21,9 x 30,4 cm |**f** Jagd auf Rebhühner, Kupferstich, 21 x 29,9 cm | Staatliches Museum Schwerin, Kupferstichkabinett (3570 Gr.; 3572 Gr.; 3578 Gr.; 3574 Gr.; 3571 Gr.; 3569 Gr.)

5

Schießscheibe zum Anlaß 2. Übungsschießen im Jagdklub St. Hubertus am 27.5.1934 – Geschossen von Studienrat Dr. Ernst Michel.
Friedrich Reimann (1896–1991) | 1934, Öl auf Holz, Dm 49 cm | Dipl.-Ing. Manfred Carol, Zeulenroda

6

Rotwildtrophäen von prominenten Jägern
|**a–b** Zwei Dammhirschgeweihe, Sachsen, wohl 17. Jh., Kopf Lindenholz, geschnitzt, farbig gefasst, 90 x 70 x 50 cm |**c** Rothirschgeweih, gerader 12-Ender, erlegt von SM König Albert von Sachsen in Moritzburg am 27.8.1887, 85 x 110 x 40 cm |**d** Rothirschgeweih, ungerader 14-Ender, erlegt von SM Kaiser Wilhelm II. in der Schorfheide am 2.9.1908, 100 x 120 x 50 cm |**e** Rothirschgeweih, von »Matador«, erlegt von Hermann Göring in der Rominter Heide, 91 x 85 x 35 cm |**f** Rothirschgeweih, gerader 20-Ender, erlegt von Erich Honecker in der Nossener Heide am 24.9.1982, 120 x 130 x 70 cm | Museum Schloss Moritzburg |**a–c** (731/79; 142/ 79; 1050/93); Schorfheide-Museum Groß Schönebeck, Dauerleihgabe des Ostpreußischen Landesmuseums Lüneburg |**d** (2132 185d); Deutsches Jagd- und Fischereimuseum München |**e** (ohne); Forstliche und Jagdkundliche Lehrschau, Wurzen/Sachsen |**f** (ohne)

7

37 kurz »abgeschlagene« abnorme Rehbockgeweihe und zwei Riesenrehhäupter aus Pappmaschee mit aufgesetzten Trophäen aus dem Besitz von Maximilian Graf von Arco-Zinneberg (1811–1885)
19. Jh. | Deutsches Jagd- und Fischereimuseum, München (ohne)

8

Geweihsessel
Ende 19. Jh., Damhirsch- und Rothirschgeweihstangen, Leder, 100 x 85 x 66 cm Deutsches Jagd- und Fischereimuseum, München (ohne)

9

Zwei Großwild-Kopftrophäen der »big five«
|**a** Spitzmaulnashorntrophäe (*Diceros bicornis*), vor 1939, Dermoplastik, 70 x 65 x 90 cm, **Abb. 3** |**b** Trophäe eines Kaffern oder Afrikanischen Büffels (*Syncerus caffer*) auf organisierter Jagdreise geschossen, Ngamo, NO des Wankie National Parks, Zimbabwe 30.7.1997, Dermoplas-

tik, 100 x 90 x 120 cm | Staatliche Natur-
historische Sammlung Dresden, Museum
für Tierkunde |**α** (B 13 932) | Natur-
museum und Forschungsinstitut Sencken-
berg, Frankfurt a. M. |**b** (89 671)

10
Afrikanische Trophäen
|**α** Gehörn einer Oryxantilope (*Oryx
gazella*), um 1910/15, 107 x 32 x 36 cm
|**b** Gehörn eines Großen Kudus (*Tragela-
phus strepsiceros*), um 1910/15, 83 x 95 x
35 cm |**c** Gehörn einer Pferdeantilope
(*Hippotragus equinus*), um 1910/15, 76 x
30 x 24 cm |**d** Gehörn einer Kuhantilo-
pe (*Alcelaphus buselaphus*), Horn, Knochen,
53 x 29 x 34 cm |**e** Gehörn eines Busch-
bocks (*Tragelaphus stryptus*), Namibia,
Deutsch-Südwest-Afrika 1905, Horn, Kno-
chen, 40 x 20 x 25 cm |**f** Gehörn eines
Impala (*Aepyceros melampus*), Namibia,
Deutsch-Südwest-Afrika 1905, Horn,
Knochen, 60 x 40 x 30 cm | Stiftung
Stadtmuseum Berlin, Naturwissenschaft-
liche Sammlung |**α–d** (S 2000-24;
S 2000-26; S 2000-23; S 2000-25) |
Technische Universität Dresden, Forst-
liche und Jagdkundliche Lehrschau,
Grillenburg |**e–f** (T/002; T/001)

11
Großer Jagdschmuck der letzten
deutschen Kaiserin Auguste Victoria
Hofgoldschmied Georg Fröhlich | Berlin
1896, Grandeln, Rubine, Smaragde,
Brillanten, Gold, Email, Collier: L 40 cm,
Armreif: Dm 10 cm, Anhänger: H 10 cm
Deutsches Jagd- und Fischereimuseum,
München (6459), **Abb. 12**

12
Jagdspieße, auch Fangeisen ge-
nannt, und andere Blankwaffen
des 16. bis 18. Jahrhunderts
|**α** Bärenspieß; deutsch, Ende 16. Jh.,
Gratklinge Eisen blank, Schaft Holz, Berie-
mung Leder, Samtbezug, Fransenhose gelbe
be Seide, Goldgespinst, 209,5 x 10,5 cm
|**b** Sauspieß; Anfang 18. Jh., lanzettför-
mige Gratklinge Eisen blank, Schaft Holz,
Hirschhorn ungeschält, Beriemung Leder,
Bein graviert, Tiefen geschwärzt, 191,5 x
13 cm |**c** Sauspieß; deutsch 1719,
lanzettförmige Gratklinge mit bekrönter
Monogrammkartusche AR, Knebel mit
Monogramm AR, Klinge Eisen blank,
graviert, teilweise vergoldet, Schaft Holz,
Beriemung Leder, Nägel Eisen, teilweise

vergoldet, Knebel Bein graviert, Tiefen
geschwärzt, 206,5 x 16 cm |**d** Sauspieß;
Sachsen 1727, lanzettförmige Gratklinge
an Tülle und Knebel, Monogramm des
Herzogs Christian von Sachsen-Weißen-
fels (1712–1736), Knebel datiert, Klinge
Eisen blank, graviert, teilweise vergoldet,
Schaft Holz, Beriemung Leder, Nägel
Messing, teilweise vergoldet, Knebel Bein
graviert, Tiefen farbig, teilweise vergoldet,
203,5 x 13 cm |**e** Jagdwehr, 2 Messer,
Pfriem sowie Weidbesteck, bestehend
aus Weidmesser, Scheide, 4 Messer und
Pfriem; deutsch Ende 16. Jh., Klingen
Eisen blank, teilweise Schlagmarken, Ge-
fäße Eisen geschnitten, gebläut und blank,
Griffe Horn, Einlagen Silber, Messing,
Bein, Horn und Holz, Hirschfänger: Ge-
samtlänge 88,7 cm, Weidbesteck: 43,5 cm
|**f** Hirschfänger mit Scheide und 3
Besteckteile: Messer, Gabel, Feile-Pfriem-
Kombination sowie Weidbesteck, bestehend aus Weidmesser, Scheide, 2 Messern,
1 Messer mit Lanzettklinge, Gabel, Feile-
Pfriem-Kombination; Leipzig 1708, Klingen Eisen blank, teilweise Schlagmarken,
Gefäße Eisen blank, getrieben, geschnitten
und punziert, Hirschfänger: Gesamtlänge
89,5 cm; Weidbesteck: Gesamtlänge 54
cm, **Abb. 8** |**g** Garten- und Tranchier-
besteck, bestehend aus großem und klei-
nem Vorlegemesser, Hammer-Bohrer-
Kombination, Pfriem, gerades Messer, Mei-
ßel-Messer-Feilen-Kombination, Wie-
gemesser und Bügelsäge; 16. Jh., Klingen
Eisen blank, geätzt, graviert, teilweise
vergoldet, teilweise Schlagmarken, kup-
fertauschiert, Gefäße Messing graviert,
vergoldet, Griffschalen Bein graviert, teilweise vergoldet, größte L 37 cm, **Abb. 7**
| Staatliche Kunstsammlungen Dresden,
Rüstkammer (X 11; X 19; X 44; X 50; X
221 und X 225; X 439 und X 410; X 557)

13
Armbrust mit Winde
Johann Gottfried Hänisch; Dresden 1740,
Gabel unten dat., am Abzug sign. I. G.
H., Holz mit Beinauflagen, Stahlbogen
mit einer Marke, Strickverankerung und
Steigbügel vergoldet, Seidenaufputz,
Winde geätzt, kursächsisches und däni-
sches Wappen auf der Scheibe; Armbrust:
61,5 x 66 cm; Winde: 30 x 39 cm |
Staatliche Kunstsammlungen Dresden,
Rüstkammer (U 125)

14
Feuerwaffen des 17. bis 20. Jahr-
hunderts
|**α** Radschlossgewehr; Balthasar Herold
(1631 zum Meister und Bürger gespro-
chen – 1670); Dresden um 1660, Lauf
Eisen blank, poliert, graviert; Radschloss
Eisen blank, Messing teilweise durchbro-
chen, getrieben, graviert und vergoldet,
Schaft Nussbaum, Einlagen Bein, graviert
und Tiefen geschwärzt, L 111,5 cm, Kali-
ber 15 mm |**b** Paar Radschlosspistolen;
Christian Herold (Sohn von Balthasar
Herold); Dresden 1681, Lauf Eisen gebläut,
teilweise graviert und vergoldet, Visier
Eisen vergoldet, Korn Messing vergoldet,
Radschloss Eisen blank, Holz Einlagen
Bein, Tiefen geschwärzt, Röhrchen Bein
graviert, die Tiefen geschwärzt, Ladestock-
hülsen feuervergoldet, L 69 und 70 cm,
Kaliber 12,3 mm |**c** Radschlossgewehr;
Gottfried Hahn (ab 1662 in Dresden
nachweisbar – 1705); 1683, Eisen, Mes-
sing, Holz, Beineinlagen geschwärzt,
110 cm, Kaliber 14 mm, **Abb. 5**
|**d** Garnitur Steinschlosswaffen, bestehend
aus einem Gewehr und zwei Pistolen;
Friedrich Carlsohn (ab 1700 in Dresden
nachweisbar – 1719); Dresden 1705,
Eisen verschnitten, poliert, vergoldet,
Silber, Gewehr: L 122 cm, Kaliber 11 cm;
Pistolen: L 47 cm, Kaliber 13 mm, **Abb. 6**
|**e** Perkussionsbüchse; F. J. Th. Hänisch;
Dresden 1866, Nussbaum poliert, Eisen graviert, Messing, L 131 cm, Kaliber 11,6 cm
|**f** Luftwaffen-Bockflinte; Gebrüder
Merkel; Suhl 1940, Holz, Stahl, L 110 cm,
Kaliber 12/70 = 18,52 mm/Patronen mit
einer max. L von 70 mm dürfen verschos-
sen werden |**g** Bockdrilling mit drei
Wechselläufen und Zielfernrohr im Leder-
koffer; Suhl um 1970, 117 cm (L mit
längstem Wechsellauf), Stahl, Eisen, Gold-
einlagen, Holz, Leder, Samt, 9,5 x 82 x
40,5 cm (Koffer), Kaliber je 16/7 x
65R/.22 Hornet; 16/16/.22 Hornet; 9,3
x 74R/ 9,3 x 74R/.22 Hornet; Messing-
schild im Deckel: 25. *August 1977 Mitarbeiter des Ministeriums für Auswärtige Angele-
genheiten* | Staatliche Kunstsammlungen
Dresden, Rüstkammer |**α–e** (G 189; J
1324 und J 356; G 369; G 1732; J 873
und 914; G 1431); Militärhistorisches
Museum der Bundeswehr Dresden |**f**
(BAG 1482); Deutsches Historisches
Museum, Berlin |**g** (W 97/13)

15

Jagdinstrumente

|**a** Großes gewundenes Waldhorn; Mitte 17. Jh., Horn schwarzbraun, geschnitten, zusammengesetzt aus zwei ineinander gesteckten Tierhörnern, Mundstück, Beschläge und Zierwerk Messing vergoldet, L ca. 53 cm |**b** Parforcehorn; Sachsen 1701, Messing, getrieben, Es-gestimmt, Dm 43 cm, **Abb. 11** |**c** Hifthorn; Drechselarbeit, Kurpfälzischer Hofdrechsler; 1. H. 17. Jh., Elfenbein, gedrechselt und geschnitten, Gravuren geschwärzt, L 23 cm, **Abb. 9** |**d** Jagdzinken; Drechselarbeit von Kurprinz Johann Georg II. von Sachsen (1613–1680, Kurfürst ab 1656); 2.V. 17. Jh., Elfenbein, gedrechselt und geschnitten, L 25,9 cm, **Abb. 9** |**e** Jagdzinken; Drechselarbeit von Kurprinz Johann Georg II. von Sachsen (1613–1680, Kurfürst ab 1656); 2.V. 17. Jh., Elfenbein, gedrechselt und geschnitten, L 29 cm, **Abb. 9** | Staatliche Kunstsammlungen Dresden, Rüstkammer (X 181; X 309; 1305; X 507; X 1306)

16

Jagdzubehör

|**a** Jagdtasche, auch »Schwedler«; Hans Erich Friese (1609–1634 in Dresden nachweisbar); Dresden um 1609, spätestens 1615, Oberstoff Seidensamt und Seidenatlas grün, Relief-, Flachstich- und Perlenstickerei in Seide bunt, Gold- und Silbergespinst, Silber, Silberkantillen, Silberpailletten, teils vergoldet, Flussperlen, Leder, Bügel und Verschluss Eisen, vergoldet, 37 x 26 cm, **Abb. 10** |**b** Pulverflasche; 18. Jh., Elfenbein gedrechselt und geschnitten, Schnappverschluss und Tragösen Silber, Flechtschnur und Quaste Seide grün, Silbergespinst, H 13,3 cm, Dm 10,3 cm |**c** Hundehalsband; deutsch, um 1651/52, Leder vollständig beschlagen mit Eisen, getrieben, geschnitten und geschwärzt, 10 x 55,5 cm, Dm ca. 15,5 cm |**d** Vier Jagdlappen mit Jägermotiv; 18. Jh., Textil, Leinwand, Hanfseil, Modeldruck mit Ölfarbe je zwei in Rot und Blau, einzeln 40 x 50 cm, zus. 40 x 100 cm | Staatliche Kunstsammlungen Dresden, Rüstkammer |**a–c** (X 158; 1256; X 90) | Museum Schloss Moritzburg |**d** (1024/92)

17

Prominente Jäger in historischen Filmaufnahmen aus den Jahren 1910–1989

Ausschnitte aus Dokumentarfilmen. Schnitt Theo Thiesmeier, Berlin 2002; 7,5 min |**a** Kaiser Wilhelm II. auf Hofjagd, um 1910 |**b** Der Reichsjägermeister Hermann Göring auf Jagd im alten hannoverschen Jagdgehege bei Springe und in der Rominter Heide, 1935/36 |**c** Königin Elisabeth II. auf Tigerjagd in Nepal, 1961 |**d** General Franco auf Steinbockjagd in den Cantabrischen Bergen, 1967 |**e** Kossygin und Ceaucescu auf Hasenjagd, Februar 1969 |**f** Bärenjagdstand und Bärentrophäen von Ceaucescu. Aus: »Jägerträume Traumjagden«, Film von Mario Damolin und Bernhard Kilian, 1996 |**g** Trophäen von Erich Honecker und Günter Mittag. Aus: »Klartext«, Beitrag von Armin-H. Liersch, 18.12.1989 | Bundesarchiv, Berlin/mit freundlicher Genehmigung von Transit Film GmbH, München |**a–b** Deutsche Wochenschau GmbH, Hamburg |**c–e** mit freundlicher Genehmigung des SWR, Stuttgart |**f** Deutsches Rundfunkarchiv, Potsdam |**g**

2 Von der Menagerie zum DNA-Zoo

1

In der Tierbude

Paul Meyerheim (1842–1915) | 1891, Öl auf Leinwand, 88 x 129 cm | Staatliche Kunstsammlungen Dresden, Gemäldegalerie Neue Meister (2455), **Abb. 13**

2

Im Papageienhaus

Josef Hegenbarth (1884–1962) | 1935, Öl auf Leinwand, 75,5 x 75,5 cm | Staatliche Museen zu Berlin – Preußischer Kulturbesitz, Nationalgalerie (A IV 256)

3

Berliner Menagerie

Ernst Schröder (1928–1989) | 1956, Öl auf Hartfaser, 68 x 80,5 cm | Staatliche Museen zu Berlin – Preußischer Kulturbesitz, Nationalgalerie (A IV 625)

4

Vorstellung im Zirkus

Paul Meyerheim (1842–1915) | 1861, Öl auf Leinwand, 49 x 59 cm | Staatliche Museen zu Berlin – Preußischer Kulturbesitz, Nationalgalerie (A III 590)

5

Beeren-Hof van den Kuervorst van Saxen tot Dresden | 17. Jh., Radierung, 19,3 x 30 cm | Stiftung Stadtmuseum Berlin (KOU 02/33 DR), **Abb. 14**

6

VEUE et Perspective du Salon de la Menagerie de Versailes que l'on voit icy par derriere au milieu de Sept Cours remplies d'Oiseaux rares et áutre animaux de divers pais eloignès. Gesamtansicht der Menagerie in Versailles zur Zeit Ludwig XIV. (1638/43–1715) | vermutl. Antoine d'Aveline (1691–1743) | Anfang 18. Jh., Radierung, 50,5 x 64,4 cm | Stiftung Stadtmuseum Berlin (KOU 02/28 DR), **Abb. 15**

7

Vier Blätter aus *Résidences Mémorables ... Vorbildung aller ausländischen Tiere in der Menagerie des Prinzen Eugen*

Salomon Kleiner (1700–1761), Augsburg 1734, Radierung |**a** Aur-Ochs, Aur-Kuhe, Africanischer Löwe, Africanische Kuhe, Meer-Hirschl, Meer-Katze ..., gestochen von Jacob Andreas Friedrich (1684–1751), 30,7 x 47,8 cm, **Abb. 16** |**b** Stein Bock, Stein Gaiß, Junge davon Bastard-Steinbock, Bock mit 4. Hörner von Fiume, Sardinische Schaafe ..., gestochen von Jacob Andreas Friedrich (1684–1751), 30,4 x 48 cm |**c** Wald-Teuffel. Choras. Menschen-Fresser. Luxen. Meer-Katze ..., gestochen von Jacob Gottlieb Thelott (1708–1760), 30,5 x 47,6 cm |**d** Africanische Straußen. Vogel Calsuarius. Vogel Trapp. Stachel-Schwein. Indianischer Storch. Africanischer Rab. ..., gestochen von Jacob Andreas Friedrich (1684–1751), 30,5 x 47,9 cm | Stiftung Stadtmuseum Berlin (KOU 02/31 DR; KOU 02 /29 DR; KOU 02/30 DR; KOU 02/32 DR)

8

Ansicht und Grundriss der Menagerie von Schönbrunn

Jean-Nicolas Jadot Baron de Ville Issey (1710–1761) | 1755, Feder in Schwarz über Kreidevorzeichnung; schwarze und rote Tusche, mehrfarbig laviert, 60,7 x 48,3 | ALBERTINA Wien (Az. 5497 – M. 40/U. 13/Nr. 55)

9

Die Girafe aus Darfur in Afrika. Ein Present des Vize Königs von Egyp-

ten, ein und ein halbes Jahr alt, 9 1/2 Schuh hoch, ist im August 1828 in Schönbrunn angekommen

Eduard Gurk (1801–1841) | 1828, kolorierte Radierung, 36,7 x 22 cm | Stiftung Stadtmuseum Berlin (KOU 02/38), **Abb. 17**

10

Vier Ansichten aus dem Pariser Jardin des Plantes von Fernique

Paris, 2. H. 19 Jh., Lithografie, 22 x 30,5 cm |a *Antilope Nilghaut nes a la ménagerie* |b *Ocelot. Guepard. Tigre. Panthere. Félis longibande* |c *Lamas* |d *Antilope bubale d'Algérie. Antilope coudou* | Stiftung Stadtmuseum Berlin (KOU 02/27 DR; KOU 02/36 DR; KOU 02/37 DR; KOU 02/26 DR)

11

Entwürfe für Tiergärten in Potsdam, Berlin und Dresden von Peter Joseph Lenné (1789–1866)

|a *Pfaueninsel*, 1829, Feder, aquarelliert, 30,2 x 72,3 cm, **Abb. 18** |b *Tiergarten und Zoologischer Garten Berlin*, 1841, Feder, aquarelliert, 56,9 x 74,2 cm |c *Zoologischer Garten in Dresden*, 1851, Feder, aquarelliert, 51,8 x 94 cm | Stiftung Preußische Schlösser und Gärten Berlin-Brandenburg (3783; 3608; 13161)

12

Das Wasservogelhaus auf der Pfaueninsel

Wilhelm Barth (nach 1800 auf Berliner Akademie-Ausstellungen) | um 1824, Tempera auf Papier auf Leinwand doubliert, 46,6 x 65 cm | Freunde der Preußischen Schlösser und Gärten e.V., Berlin (Zugangsnr. 5542; F 96/3)

13

Zwei Guckkastenbilder aus dem Zoologischen Garten in Berlin, 2. H. 19. Jh., Farblithografie

|a *Das Antilopenhaus im Zoologischen Garten in Berlin*, 32 x 38,7 cm |b *Das Raubthierhaus im zoologischen Garten in Berlin I.*, 35,8 x 43,2 cm | Stiftung Stadtmuseum Berlin (KOU 02/34 DR; KOU 02/35 DR)

14

Hagenbecks Zoologischer Garten der Zukunft, entworfen von Carl Hagenbeck (1844–1913)

Hamburg 1898, Lithografie, 40,2 x 33 cm Hagenbeck Archiv, Hamburg (ohne), **Abb. 19**

15

Darstellungen von Tiervorführungen aus verschiedenen Jahrhunderten

|a *Vrsus Baer*; Merian, 2. H. 17. Jh., Kupferstich, 21 x 34,5 cm |b *Der Bestialische Hoffmeister, Wer lehrnet wohl allhir, der Meister oder Thier?* Augsburg um 1790/1800, kolorierter Kupferstich, 29,7 x 18,7 cm |c Anschlagzettel *Heute ist die Vorstellung des unverbrennbaren Pferdes*, 1816, Holzschnitt, 35,5 x 42,5 cm |d Anschlagzettel *zur Vorführung einer Pferdedressur*, o. J., Holzschnitt, 39,5 x 50,5 cm |e Anschlagzettel *Das Pferd als Zechkumpan*, o. J., Holzschnitt, 23 x 36,7 cm |f Anschlagzettel *Große Kunstreiterey, Tänze auf dem Seile*, 1823, Holzschnitt, 47,5 x 40 cm | Markt- und Schaustellermuseum, Essen |a (ohne); Staatliche Museen zu Berlin – Stiftung Preußischer Kulturbesitz, Kunstbibliothek |b (Lipp 931a, 35); Stiftung Stadtmuseum Berlin |c–f (ohne)

16

Zirkusplakate

|a *Cirque de Puces*. Flohzirkus, 1925, Lithografie auf Leinen doubliert, 59,5 x 89 cm |b *Snyder Bros. Circus and Wild West*, o. J., Lithografie auf Leinen doubliert, 70 x 105 cm; Druck: Milwaukee-Riverside Print Co Chicago 2503 |c *Circus Busch. Hagenbeck's lustiges Schimpansen-Trio*, 1913, Lithografie auf Leinen doubliert, 71 x 94,5 cm; Druck: A. Friedländer, Hamburg |d *Christy Bros. Wild Animal Show*, um 1930, Lithografie, 71 x 106,5 cm; Druck: Riverside Print Co. Chicago & Milwaukee 3370, **Abb. 26** | Stiftung Stadtmuseum Berlin (VIII 92/123Sp; 1260; VIII 93/634Sp; 1230)

17

Flohzirkus mit Utensilien aus dem Nachlass von Ludwig Neudörfer

o. J., Flöhe, Draht, Plastik, Pappe, Papier, 8 x 48 x 40 cm | Übersee-Museum Bremen (100–0074)

18

Geräte zur Affendressur von Carl Ruppin aus dem 20. Jh.

|a Rollschuh, Leder, Metall, 18 x 17 x 8 cm |b Einrad, Metall, Dm 35 cm |c Roller, Metall, Holz, 50 x 55 x 18 cm |d Balancetrommel, Holz, Dm 34 cm |e Hochrad, Metall, 60 x 70 cm |f 2 kleine Stelzen, Holz, 88 x 16 cm |g 2 große Stelzen, Holz, 105 x 15 cm

|h 6 Stäbe für eine Slalomstrecke, Metall, Holz, H. 33 cm | Stiftung Stadtmuseum Berlin (VIII 90/1DG; VIII 90/ 2DG; VIII 90/3DG; VIII 90/4DG; VIII 90/ 5DG; VIII 90/210Dgab; VIII 90/209gab; VIII 90/ 6Dga-d und VIII 90/208Dgab)

19

Der Löwe »Pascha« aus dem Staatszirkus der DDR

Präparation Wilfried Matz | Berlin 1989, Demoplastik, fest montiert auf Holzsockel, 190 x 140 x 80 cm | Stiftung Stadtmuseum Berlin (VIII 94/53DG), **Abb. 27**

20

Prominente Zootiere aus den Zoologischen Gärten in Berlin, Dresden und Leipzig

|a Pandabärin »Tjen-Tjen« (*Ailuropoda melanoleuca*) aus dem Zoologischen Garten in Berlin; 1984, Dermoplastik, Präparation Susanne Klatt und Heidi Schindler, 94 x 64 x 90 cm, **Abb. 20** |b Eisbär (*Ursus marintius*) aus dem Zoologischen Garten in Berlin; 1996, Dermoplastik, Präparation Manfred Gräfe, 215 x 120 x 95 cm |c Die letzte Galapagos-Schildkröte (*Testudo elephantopus*) aus dem Zoologischen Garten in Berlin, 1994, Dermoplastik, Präparation Manfred Gräfe, 160 x 100 x 80 cm |d Roter Paradiesvogel in Balzstellung (*Paradisea rubra*) aus dem Zoologischen Garten Berlin, 1984, Dermoplastik, Präparation Susanne Klatt, 53 x 44 x 38 cm |e Blaustirnamazone (*Amazona aestiva*), 1996, Dermoplastik, Präparation Manfred Gräfe, 36 x 23 x 24 cm |f Nashornpelikan (*Pelecanus erythrorhynchos*) aus dem Zoologischen Garten Berlin, 1988, Dermoplastik, Präparation Mario Balfonz, 75 x 58 x 48 cm |g Brillenpinguin (*Spheniscus demersus*) aus dem Zoologischen Garten Berlin, 1993, Dermoplastik, Präparation Manfred Gräfe, 50 x 30 x 30 cm |h Waldrapp (*Geronticus eremita*) aus dem Zoologischen Garten Berlin, 1993, Dermoplastik, Präparation Manfred Gräfe, 50 x 45 x 24 cm |i Bengalgeier (*Pseudogyps bengalensis*) aus dem Zoologischen Garten Berlin, 1989, Dermoplastik, Präparation Manfred Gräfe, 70 x 52 x 37 cm |j Nördlicher Streifenkiwi »Andy« (*Apteryx australis mantelli*), 6 Tage alt, aus dem Zoologischen Garten Berlin, 1989, Dermoplastik, Präparation Manfred Gräfe, 27 x 44 x 28 cm |k Tiger (*Panthera tigris*), Jungtier, männlich, geboren im Zoo Dresden, Alt-

tiere Wildfänge aus Thailand Siam, 1968, Dermoplastik, Präparation Hans Schmid, 140 x 244 x 55 cm |l Gorilla »Dima« (*Gorilla gorilla*), weiblich, Wildfang, lebte im Zoo Dresden, 12.3.1993, Dermoplastik, Präparation Christoph Dose, 115 x 50 x 80 cm |m Organ-Utan »Goliath« (*Pongo pygmaeus*) aus Koeala-Simpang, N.-Sumatra, lebte im Zoo Dresden, 14.12. 1928, Dermoplastik an Baumstamm, Präparation Robert Reichert, 215 x 145 x 110 cm |n Leopard (*Panthera pardus*), männlich, 30.8.1931, stammt aus dem Mahuka Matengo Hochland, Afrika, Dermoplastik an Baumstamm, Präparation Robert Reichert, 160 x 60 x 60 cm |o Junger Kiang (*Equus kiang*) männlich, geboren im Tierpark Berlin, Alttiere Import aus China, 1984, Dermoplastik, Präparation Jens Ziegler, 120 x 100 x 40 cm |p Kalifornischer Seelöwe (*Zalophus californianus*) aus dem Zoo Dresden, 5.9.1962, Dermoplastik auf Felsenimitat, 97 x 115 x 80 cm |q Vogelbaum mit 16 indo-australischen Vögeln aus dem 19. Jahrhundert, 150 x 90 x 31 cm |r Rosaflamingo (*Phoenicopterus ruber*), männlich, 8.6.1994, Dermoplastik, Präparation Christoph Dose, 130 x 80 x 40 cm |s Graues Riesenkänguru (*Macropus giganteus*) aus dem Leipziger Zoo, 5.12.1912, Dermoplasik, Präparation Hermann Heinrich Ter Meer, 150 x 70 x 140 cm | Stiftung Stadtmuseum Berlin, Naturwissenschaftliche Sammlungen |a–j (S 85-21; S 96-2; S 94-69; S 84-6; S 94-67; S 88-77; S 93-28; S 93-12; S 89-191; S 89-271) | Staatliche Naturhistorische Sammlungen Dresden, Museum für Tierkunde |k–r (B 24500; B 17807; B 6447; B 7264; B 14636; B 10100; ohne; 1994/ 419) | Naturkundemuseum Leipzig |s (KMU 3)

21

Schädel des Flusspferdes »Knautschke« (*Hippopotamus amphibius*) aus dem Zoologischen Garten in Berlin
1989, Knochen, 53 x 76 x 51 cm | Stiftung Stadtmuseum Berlin (S 90-112)

22

Modell zur Verteilung der Nachkommen des Flusspferdes »Knautschke« auf europäische Zoos von Katrin Böhme und Manfred Gräfe
1994, keramische Gießmasse, 70 x 70 cm

Stiftung Stadtmuseum Berlin (S 94/92), **Abb. 21**

23

Drei eingeschläferte Löwenbabys (*Panthera leo*) aus dem Berliner Zoo
Präparation Jürgen Gräfe | 1992, Dermoplastiken, stehend: 19 x 9 x 43 cm; liegende je: 42 x 13 x 10 cm | Stiftung Stadtmuseum Berlin (S 92-76, 1-3), **Abb. 22**

24

Patentschrift *Besteck zur künstlichen Besamung von Elefanten*, entwickelt von Dr. med. vet. Thomas Hildebrandt und Arno Schnorrenberg
17. Oktober 1996, Offenlegungsschrift des Deutschen Patentamtes, Druck, 6 Seiten mit Zeichnungen, 29,7 x 21 cm | Institut für Zoo- und Wildtierforschung, Berlin

25

Instrumente zur Spermagewinnung und künstlichen Besamung bei Elefanten
2000–2002 |a Elektroejakulationssonde für 12 V Gleichstrom, Metall, PVC, 23 x 9 x 9 cm |b Kondom zum Auffangen des Elefantenspermas, aufgebaut aus sterilem Reagenzglas, sterilem Rektalhandschuh und Thermoisolierung, Plastik, PVC, Styropor, 10 x 60 x 15 cm |c Kryobehälter zur Spermaaufbewahrung bis zu 3000 Jahren, Metallbehälter, gefüllt mit Stickstoff, H 45 cm | Institut für Zoo- und Wildtierforschung, Berlin

26

Teile des Bestecks zur künstlichen Besamung von Elefanten
2000–2002 |a Endoskop, PVC, Silikon, Metall, 150 cm |b Führungsröhre, PVC, Silikon, 7 x 130 x 2,5 cm |c Besamungskatheder, Spezialkathedermaterial, 0,3 x 300 cm | Institut für Zoo- und Wildtierforschung, Berlin

27

Moderne Reproduktionstechnologien
Ausschnitte aus Dokumentarfilmen, Computergrafik und Ultraschallaufnahmen. Schnitt Theo Thiesmeier, Berlin 2002; 5 min |a »Spermagewinnung an wild lebenden Elefanten durch Tierärzte des Berliner Instituts für Zoo- und Wildtierforschung in Tansania«, 2000, Videofilm |b Schematische Darstellung der künst-

lichen Befruchtung bei Elefanten; 1998/ 2002, Computergrafik, **Abb. 25** |c 3-D-Ultraschallaufnahmen |d Künstliche Befruchtung der Dresdner Elfenatenkuh »Drumbo« im Zoo Dresden, 2002 | Institut für Zoo- und Wildtierforschung, Berlin |a, c | focus/Institut für Zoo- und Wildtierforschung, Berlin |b | Eva Zimmermann, Zoo Dresden |d

3 Bundesadler und Kampfhunde

1

Der Hund »Dux«
Jan Baptist Govaerts (um 1700–1746) 1729, Öl auf Leinwand, 145,5 x 186 cm Staatliche Kunstsammlungen Dresden, Gemäldegalerie Alte Meister (Mo 1857), **Abb. 30**

2

Reiterstatuette Ludwig XIV. von Frankreich auf springendem Pferd
Französisch, vermutl. Anfang 18. Jh., Bronze, H 55,5 cm | Staatliche Kunstsammlungen Dresden, Skulpturensammlung (ZV 3510)

3

Beispiele der Entwicklung des Adlers als deutsches Wappentier
|a *Das hailig Römisch reich mit seinen gelidern*; Hans Burgkmair d. Ä. (1473–1531), Augsburg 1510, Farbholzschnitt, 28 x 39 cm, **Abb. 31** |b Lehrtafel
»Reichswappen und Reichsadler«; Deutschland 1871–1889, Kreidelithografie, koloriert auf Leinen doubliert, Holz, 73 x 62 cm |c Entwurf für den Reichsadler; Karl Schmidt-Rottluff (1884–1976); 1919, Holzschnitt, 49,5 x 39,4 cm, **Abb. 32** |d Informationsschild Deutsche Gesandtschaft der Bundesrepublik in Bern; Deutschland um 1950, Eisenblech, emailliert, 80,5 x 72,2 cm | Staatsarchiv Nürnberg, Akten der Reichsstadt Nürnberg |a (Handschriften Nr. 281, Bl. 2/3 a) | Deutsches Historisches Museum, Berlin |b–d (Gr 91/129; 1986/52; AK 93/679) | Haus der Geschichte der Bundesrepublik Deutschland, Bonn |c (1997/02/0101)

4

Entwürfe für den Bundesadler im neuen Reichstag in Berlin von Norman Foster (geb. 1935)

London 1996–1998 |a Skizzenbuch, **Abb. 33** |b Zwei Modelle |c Großes Modell, hängend, H 150 cm |d Vier Entwürfe für den Bundesadler, Zeichnungen, 20,9 x 29,7 cm | Foster and Partners – architects and designers, London |a–c (ohne) | Haus der Geschichte der Bundesrepublik Deutschland, Bonn |d (2002/07/0085; 2002/07/0087; 2002/07/0088; 2002/ 07/0089)

5

Prunkhelme mit Tiersymbolen und Tiermaterialien für Paraden
|a Helm für Offiziere mit Paradeaufsatz, Garde Reiter-Regiment | (1. schweres Regiment); Sachsen 1907–1918, Tombak, Silber, Messing, Neusilber, 36 x 22,2 cm, **Abb. 34a** |b Helm für Mannschaften mit Paradeaufsatz, Regiment der Gardes du Corps und des Garde-Kürassier-Regiments; Preußen 1868–1889, Tombak, Messing, Neusilber, 30,5 x 20,9 cm, **Abb. 34b** |c Helm für Mannschaften, 1. und 2. Regiment Kürassiere der Kaisergarde; Frankreich 1854–1871, Eisen, Messing, Rosshaar (Schweif ergänzt), Federn (ergänzt) |d Helm für Mannschaften, Kürassier- und Dragoner-Regimenter; Belgien und Niederlande 2. H. 19. Jh., Neusilber, Messing, Rosshaar, Federn (ergänzt), 38 x 20,2 cm |e Helm für Offiziere mit Paradebusch, Grenadier-Regiment Kronprinz (1. Ostpreußisches) Nr. 1; Preußen 1897–1918, Leder, Messing, Eisen, Büffelhaar, 38 x 33 cm |f Helm für Offiziere des Chevalier-Garde-Regiments der Kaiserin mit Paradeadler; Kaiserreich Rußland 1910–1914/17, Tombak, Adler: Silberblech, generalvergoldet, 35 x 33 cm |g Helm für Offiziere des Regiments Garde du Corps und des Garde Kürassier-Regiments mit Paradeadler; Königreich Preußen 1897–1914/18, Tombak, Adler: Silberblech, generalvergoldet, 34,5 x 28 cm |h Helm für Offiziere der Infanterie-Regimenter; Königreich Württemberg 1897–1914/18, Leder, Messing, feuervergoldet, 19,5 x 19 cm |i Helm für Mannschaften der Feldartillerie Regimenter, Modell 1860; Königreich Preußen 1860–1867, Leder, Messingblech, 27 x 20 cm | Militärhistorisches Museum der Bundeswehr Dresden |a–e Fb-3686; Fb-3734; Fb-1313; Fb-2472; Fb-3522; Deutsches Historisches Museum, Berlin |f–i (U 58.58; U 71. 134; U 71.298; U 53.88)

6

Staatsgeschenke aus tierischen Produkten
|a Präparierter Elefantenfuß als Papierkorb. Erinnerungsstück aus dem Nachlass von Wilhelm Pieck; Indien um 1950, Horn, Leder, Metall, H 29 cm, Dm 36 cm, **Abb. 35** |b Languste I, Geschenk von Fidel Castro an Erich Honecker; Kuba o. J., Dermoplastik, 30 x 50 x 40 cm |c Languste II, Geschenk von Fidel Castro an Margot Honecker; Kuba o. J., Dermoplastik, 30 x 60 x 40 cm | Deutsches Historisches Museum, Berlin |a (SI 90/406-MfDG); Humboldt-Universität zu Berlin/Museum für Naturkunde |b–c (ohne)

7

Satirische Mensch-Tier-Darstellungen in der politischen Grafik des 16. bis 19. Jahrhunderts
|a PAPASINVS, MONSTRVM ROMAE INVENTVM IN TIBERI. A. 1496. Der Papstesel. Das 1496 im Tiber zu Rom gefundene Ungetier, Blatt aus einer Serie »Reformatorische Spottblätter auf Papsttum und Klerus« nach Lucas Cranach d. Ä. (1472–1553); Deutschland Mitte 16. Jh., Holzschnitt mit handschriftlichem Text, 1545, 13 x 18 cm |b Een Nacht-Gesicht, Waar in vertoont word DEN GEPARSTEN KOE. Ein Nacht-Gesicht. Holland als Kuh unter der Druckpresse; Niederlande 1672, Kupferstich, 35,4 x 25,8 cm |c Holländischer Krieg. Der Gallische Hahn gerupft DISCOURS VAN DEN BISSCHOP VAN MUN-STE.; Romeyn de Hooghe (1645–1708); Niederlande um 1672, Radierung, 42,3 x 27 cm | Deutsches Historisches Museum, Berlin (1988/708.5; Gr 97/160; Gr 90/443)

8

Vier Blätter aus der Folge LA MÉNAGERIE IMPÉRIALE von Henri Maigrot, gen. Henriot (1857–1933)
Paris 1870/1871, Farblithografie |a Titelblatt LA MÉNAGERIE IMPÉRIALE, 26 x 16,5 cm, **Abb. 36** |b N° 2 EUGÉNIE – LA GRUE (Pose Bêtise), 27 x16,9 cm |c N° 5 LA PRINCESSE MATHILDE – LA TRUIE (Luxure Impudeur), 26,3 x 16,2 cm |d N° 6 PIERRE BONAPARTE – LE SANGLIER (Sauvagerie – Brutalité), 26 x 17 cm | Museum für Kunst und Gewerbe Hamburg (E 1962.111a; E 1962.113; E 1962.114; E 1962.117)

9

Vier Blätter aus der Folge LE MU-SÉE – HOMME ou Le Jardin des Bêtere von Faustin Betbeder, gen. Faustin (1847– um 1914)
Paris 1871, Farblithografie |a N° 10 MONSIEUR DUPANLOUP, Le Chant du Coq lui fait peur!, 32,5 x 24 cm |b N° 2 MÔUSIEU THIERS, Le plaus élevé du France, 32,2 x 24,4 cm |c N° 5 ERNEST PICARD, L'Eléphant d'Europe – Défense d'y voir dans son ministère, 32 x 24,4 cm |d N° 7 GARIBALDI, Le Lion de la Liberté, 32 x 23,5 cm | Museum für Kunst und Gewerbe Hamburg (E 1893.300; E 1893.292; E 1893. 295; E 1893.297)

10

Durch Zucht verformte Bullterrierschädel
1932, 1952 und 1976, Knochen, 9 x 20 x 10 cm; 10 x 24 x 12 cm; 11 x 23 x 12 cm Naturhistorisches Museum der Burgergemeinde Bern (NMBE 1050922; NMBE 1050926; NMBE 1050933), **Abb. 29**

4 Vom Schoßhündchen zur Robo-Katze

1

Wolf (Canis Lupus)
Moritzburger Wildgehege 1994, Dermoplastik, Präparation Christoph Dose, 100 x 135 x 40 cm | Staatliche Naturhistorische Sammlungen Dresden, Museum für Tierkunde (B 19524), **Abb. 37**

2

Pekinese (Canis lupus familaris)
Münster 1984, Rüde, Dermoplastik, Präparation Anne Issinghof, 32 x 60 x 25 cm Westfälisches Museum für Naturkunde, Landesmuseum und Planetarium Münster (005532), **Abb. 38**

3

Dokumente des Siegerhundes »Mylord von Ajaccio« (geb. 1997) aus den Jahren 1998 bis 2002
Züchterin Sandra Block; 60 Pokale, Ahnentafel, Siegerschleifen, -bänder, Urkunden, Fotos | Züchterin Sandra Block, Dwergte

4

Rudolph Moshammer und seine Hündin »Daisy Irina de Pittacus von Jockrim«

|α Fotografie von York Christoph Riccius, Berlin 2001 |b Buch *Ich, Daisy – Bekenntnisse einer Hundedame* von Rudolph Moshammer | München 1998 | York Christoph Riccius, Berlin; Universitas Verlag, München

5
20 Diapositive von Nikolai Kinski und Klaus Kinskis Hund »Apollo«, fotografiert von Klaus Kinski
(Reproduktionen) | Lagunitas, Kalifornien 1985–1990 | The Estate of Klaus Kinski

6
Szenen aus privaten Videos von Haustierhaltern
Schnitt Stefan Jeep | Dresden 2002, DVD Farbe, Musik, 10 min

7
Projektion *Hundetherapie im Altenpflegeheim*
Fotodokumentation von Lars Nickel (geb. 1969) | Berlin 2002 | Lars Nickel, Berlin, **Abb. 42**

8
Teddy-Roboter zur unterstützenden Pflegebetreuung alter Menschen
Tokio 2002, diverse Materialien, 24 x 30 x 30 cm | Matsushita Electric Corporate, Tokio

9
Kenndecke und Plakette für Therapiehunde
Köln 2002, Kunststoff, 23 x 36 x 45 cm | Leben mit Tieren e.V., Berlin

10
***Spaghetti Shebanese*, Gourmetführer durch Katzenfuttersorten, getestet von Volker Kitz**
Frankfurt a. M. 1998 | Eichborn Verlag, Frankfurt a. M.

11
Nahrungszusatz *Vegecat* und *Vegekit* für vegetarisch ernährte ausgewachsene, junge oder schwangere Katzen der Firma Harberings of a New Age
Troy / Montana, USA 2002, Kunststoffdosen, 8 x Dm 7,5 cm; 13 x Dm 11,5 cm | Maqi – für Tierrechte gegen Speziesismus, Ludwigshafen

12
Zahnpflegeset mit Fischgeschmack für Katzen, dreiteilig
Bad Oldesloe 2002, diverse Materialien, Tube: 16 x 4 x 3 cm; Bürste: 8 x 2,5 x 1,2 cm; Fingeraufsatz: 4,5 x 4 x 2,3 cm | Virbac Tierarzneimittel GmbH, Bad Oldesloe

13
Särge und Urnen für die Tierbestattung
|α Kleintiersarg *Für die letzte Reise in den Tierhimmel* | Darmstadt 2002, Pappe, 8 x 20 x 10 cm |b *Bastet* Urne für Katzen, Winnenden 2001/02, Metall, 20 x 9 x 9 cm |c *Anubis* Urne für Hunde, Winnenden 2001/02, Metall, 20 x 25 x 14 cm |d *Orbis* München 2002, Metall, H 26 cm |e Kupferurne, München 2002, Kupfer, H 11 cm |α *Heaven for Animals*, Darmstadt |b–c TIEBA Würdevolle Tierbestattungen, Winnenden |d–e Tiertrauer München Gesellschaft für Tierverbrennung und -bestattung mbH

14
Veterinärmedizinische Hilfsmittel
|α Blutbeutel aus der Hundeblutbank Baxter D GmbH, Unterschleissheim, 2002, Kunststoff, 20 x 15 x 5 cm |b Röntgenaufnahme eines Hundes mit künstlichem Hüftgelenk (Reproduktion) | Klinik und Poliklinik für Kleine Haustiere, Freie Universität Berlin

15
***Fluffy*; Katzenmodell mit Utensilien zum Erlernen von Erste-Hilfe-Maßnahmen für Tierärzte und Haustierbesitzer**
Encino / Kalifornien, USA 2002, diverse Materialien, größtes Maß: 48 x 68 x 10 cm | Rescue Critters, LLC., Encino, Kalifornien

16
»Gesucht wird ...«, Steckbriefe vermisster Haustiere aus aller Welt, gesammelt von Joachim Schmid
Berlin 1984 bis heute, Papier, Fotos, verschiedene Größen | Joachim Schmid, Berlin, **Abb. 41**

17
Hundehochzeitskleid *Angel* mit Schleier
Phoenix/AZ, USA 2000, Polyester, Kleid: 30 x 40 x 43 cm, Schleier: 7 x 40 x 22 cm

PETsMART Corporate, Phoenix/AZ, USA, **Abb. 39**

18
Ausschnitt aus dem Dokumentarfilm *Tierische Liebe* von Ulrich Seidl
Österreich 1995, 35 mm (Blow up), Farbe, 2 min | Ventura Film, Berlin | Lotus Film, Wien, **Abb. 44**

19
Gummipuppe *Eva – the white sheep*
USA 2002, Kunststoff, 57 x 60 x 36 cm | Stiftung Deutsches Hygiene-Museum, Dresden, **Abb. 45**

20
Roboter-Katze »*NeCoRo*« der Firma Omron Electronics GmbH
Japan, 2002, diverse Materialien, 26 x 16 x 32 cm | Omron Electronics GmbH Langenfeld, **Abb. 43**

5 Stumme Diener

1
Ein ruhender Hirt mit seiner Herde
Philipp Peter Roos, gen. Rosa di Tivoli (1657–1706) | o. J., Öl auf Leinwand, 146 x 221 cm | Staatliche Kunstsammlungen Dresden, Gemäldegalerie Alte Meister (2041), **Abb. 46**

2
Heckrind (*Bos primigenius*), Rückzüchtung des Auerochsen

Liebenau/Erzgeb. 2001, Dermoplastik, Präparation Christoph Dose, 130 x 250 x 70 cm | Staatliche Naturhistorische Sammlungen Dresden, Museum für Tierkunde (B25009), **Abb. 47**

3
Römerzeitliche Kastrierzange für Pferde und Rinder
Spiesen, Kr. Neunkirchen, um 200 n. Chr., Eisen, 29,5 x 4,6 x 2 cm | Museum für Vor- und Frühgeschichte Saarbrücken (AP 2574), **Abb. 48**

3
Europäische Rinderrassen und ihre Bauern, fotografiert von Ursula Böhmer (geb. 1965)
Berlin 1999–2002, Fotografien, 30 x 40 cm |α *Maronesa*, Bauern, Portugal; Douro 2001 |b *Barrosã*, Bauer, Portugal; Minho

2001 |c *Valdostana castana*, Bauer, Italien; Aosta/Gressoney-Tal 1999 |d *Limousine*, Bauer, Frankreich; Ariège 2002 |e *Piemontese*, Bauer, Italien; Piemont/Fossano 2002 | Ursula Böhmer, Berlin, **Abb. 49**

4

Rekonstruktion des Spürschweins Luise

|a Wildschwein (*sus scrofa*), Naundorf (Revier) 1998, weiblich, Dermoplastik, Präparation Rudolf Loheide, 78 x 160 x 35 cm |b Geschirr Spürschwein Luise; Hannover 1984, Leder, Kunststoff, 100 x 100 cm, Leine: L 150 cm |c Verdienstorden der Polizei von Atlanta City; Atlanta City für das Spürschwein Luise, 1986, Metall, Textil, 13 x 7 x 1 cm |d Luise in verschiedenen Polizeiaufnahmen aus den Jahren 1984–1987, Video, 10 min |a Westfälisches Museum für Naturkunde, Landesmuseum und Planetarium Münster (010535) |b–d Werner Franke, Schellerten OT Bettmar), **Abb. 54**

5

Geruchskonserven der ehemaligen Staatssicherheit

Glas, Baumwolle, Metall, Gummiring, Textil, 11 x Dm 8,5 cm |a Geruchskonserve, Leipzig 1985 |b Geruchskonserve, Leipzig o. J. | Gedenkstätte Museum in der »Runden Ecke« mit dem Museum im Stasi-Bunker, Bürgerkomitee Leipzig e.V. für die Auflösung der ehemaligen Staatssicherheit (MfS) (00362; 00369)

6

Fotografien aus einer Arbeitsanleitung des Ministeriums für Staatssicherheit

1981, 13,5 x 19,2 cm |a »Der Differenzierhund beim Erschnüffeln des Geruchs von Tatmaterial« |b »Noch sucht der Differenzierhund nach dem Geruch des Täters« |c »Der Differenzierhund hat das richtige Glas mit dem Geruch des Täters ermittelt« | Gedenkstätte Museum in der »Runden Ecke« mit dem Museum im Stasi-Bunker, Bürgerkomitee Leipzig e.V. für die Auflösung der ehemaligen Staatssicherheit (MfS) (FA 00585; FA 00584; FA 00583)

7

Sammlung von Hufen von Nutz- und Sportpferden

|a Huf ohne Eisen, o. J., bez.: vom Araberpferd »Delaf Amir ox«, 11 x 11 x 15 cm

|b Huf, im Strahl gerissen, mit Gips ausgegossen; o. J., bez.: vom Pferd »Schwabenstreich«, 7 x 13,5 x 17 cm |c Huf mit Eisen, der Strahl gebrochen, mit Gips ausgegossen, lackiert; 1934, bez.: »Flugfeuer (?) Sturz Turnier 1934 Verden 22. Juli«, 8 x 12 x 15 cm |d Huf mit Eisen und Gummimanschette zum Schutz der Hufsohle mit Gips ausgegossen; o. J., bez.: 224, 9 x 15 x 18 cm |e Huf mit Eisen, mit Gips ausgegossen, oben mit stoffbespannter Abdeckplatte; o. J., 8 x 11 x 15 cm |f Huf mit Eisen und Kunststoffaufsatz, mit Gips ausgegossen; o. J., 10 x 18 x 17 cm g | Huf ohne Eisen, Hufsohle und Kronsaum mit Blech eingefasst; o. J., 7 x 11,5 x 14 cm |h Huf mit abgelaufenem Eisen; o. J., 9 x 15 x 18 cm |i Huf mit Eisen und stollenartig hervorstehenden Nägeln, mit Gips ausgegossen; o. J., 7 x 12 x 16 cm |j Huf mit Strickhufeisen; o. J., 9 x 13 x 16 cm |k Huf mit Strickhufeisen und Korkeinlage, mit Gips ausgegossen; o. J., 12 x 13 x 15 cm |l Huf mit stark profiliertem Eisen, mit Gips ausgegossen; o. J., 12 x 12 x 15 cm |m Hufmodell, Fa. Hauptner; um 1930, Masse, farbig gefasst, bez.: »Huf mit Hufeisen für Einlagen mit Huflederkittsohle«, 7 x 10,5 x 13 cm |n Huf mit Eisen und zwei spitzen Stollen sowie Gummiaufsatz, mit Gips ausgegossen, o. J., bez.: 210. 11 x 11,5 x 14 cm |o Huf mit Eisen, mit Gips ausgegossen; o. J., bez.: 268, 12 x 15 x 20 cm |p Huf mit Eisen und drei Schraubstollen, mit Gips ausgegossen; o. J., bez.: 121, 13 x 13 x 16 cm |q Huf mit Eisen auf der vorderen Hufsohle, mit Gips ausgegossen; o. J., bez.: 253, 10 x 12,5 x 14 cm |r Hufmodell; Fa. Hauptner, um 1930, Masse, farbig gefasst, mit nachgebildetem Stollenhufeisen, der vordere Stollen fehlt, 10 x 10 x 14 cm |s Hufmodell aus Masse; um 1930, innen hohl, mit Hufeisen und Hufsohlenschutz sowie angedeutetem Hornspalt, 17 x 13,5 x 17 cm | Deutsches Pferdemuseum Verden (Aller) (ohne; ohne; ohne; EB II/245; ohne; EB II/245; ohne; ohne; EB II/245; EB II/245; EB II/245; ohne; B II/245; EB II/245; EB II/245; EB II/245; ohne; ohne)

8

Sieben Pferdemäuler. Lehrpräparate zur Bestimmung des Alters von Pferden

1970–2001, Präparate, befestigt auf Plexi-

glas, 30 x 110 x 40 cm | Dr. Helmut Ende, Isernhagen HB, **Abb. 51**

9

Animierte Projektion *Hansel hauling*, Bewegungsstudien beim Pferd

Plate 570 aus *Muybridge's complete human and animal locomotion. All 781 plates from the 1887. Animal Locomotion* von Eadweard Muybridge (1830–1904); New York 1979, Bd. III (Reprint), **Abb. 50**

10

Gasmaske für Pferde aus dem Zweiten Weltkrieg, mit drei Filtereinsätzen, Lederriemen und Tasche aus Segeltuch

vermutlich Fa. Draeger, Lübeck 1940, Kunststoff, Leder, Gummi, gestempelt »RAEGERD«, 17 x 25 x 30 cm | Deutsches Pferdemuseum, Verden (Aller) (1999/002)

11

Knochenreste von Artilleriepferden der 9. Armee der deutschen Wehrmacht aus der Schlacht mit der Roten Armee um die Reichshauptstadt Berlin in den letzten Apriltagen 1945

Replichensee bei Teupitz 2. H. 1980er Jahre, natürliches Präparat, 45 x Dm 15 cm | Militärhistorisches Museum der Bundeswehr, Dresden (BAAJ 0582), **Abb. 53**

6 Industrie des Fleisches

1

Der Tisch des Metzgers

Fernando Botero (geb. 1932) | 1969, Öl auf Leinwand, 180,3 x 155,3 cm | Hood Museum of Art, Dartmouth College, Hanover, New Hampshire; Geschenk von J. J. Aberbach (P.975.72), **Abb. 55**

2

Geräte zur künstlichen Reproduktion und Aufzucht von landwirtschaftlichen Nutztieren

|a *Sprungbock mit Kippmechanismus und Bodenplatte*, Sauimitation für die Absamung von Ebern; 1990er Jahre, verschiedene Materialien, 60 x 100 x 60 cm, **Abb. 59** |b *Kolorimeter*, geeichtes Gerät zur Messung der Konzentration des Ejakulats; 2001, verschiedene Materialien, 12 x 22 x

21 cm |c Roboter-Eber »MS-Scippy« zur Stimulation der Sauen im Stall; 2000, Polyethylen, rostfreier Stahl, 97 x 45 x 75 cm, **Abb. 58** |d Vibrator MS Reflexator zur Stimulation der Sauen während der künstlichen Besamung, 2002, verschiedene Materialien, H 15,5 cm, Dm 3,5 cm |e Ultrasoundscanner zur Feststellung der Trächtigkeit und Speckdickenmesser; 2002, verschiedene Materialien, 24 x 16,9 x 52 cm |f Kälbertrinkeimer Typ K mit Zitzenimitation; 1990er Jahre, Kunststoff, 28 x 32,5 x 37 cm, **Abb. 62** | Schippers GmbH, Kerken (Art. Nr. 450 5738; 450 5360; 450 9998; 450 9951; 160 9780; 150 4247)

3
»Automatischer Ruferkenner für landwirtschaftliche Nutztiere«
Computerprogramm von Dr.-Ing. Gerhard Jahns (FAL) und Dr. Wojtek Kowalczyk (Freie Universität Amsterdam), 2002 Bundesforschungsanstalt für Landwirtschaft (FAL), Braunschweig, **Abb. 61**

4
Historische Geräte zur Betäubung und Tötung landwirtschaftlicher Nutztiere
|a Schlachtmaske mit Sonde; 1876–1900, Leder, Eisen, 23 x 51 x 20 cm Bolzenlänge |b Hammer für Schlachtmaske; 19. Jh., Holz, Metallringe, 90 x 20 cm, Dm 15 cm |c Bolzenschussapparat (1) mit Holzhammer (2), Sonde (3), Zündkugeldose mit einer Kugel (4); 19. Jh., Holz, Eisen, Blech; (1) 23 x Dm 7 cm, (2) 22 x 10 x Dm 5 cm, (3) 23,5 x 3,5 cm, (4) 2 x Dm 6,5 cm |d Hackenbouterolle, Schlachtgerät zur Betäubung von Tieren; Deutschland um 1920/30, Stahl, Holz, 4 x 15 x 31 cm | Deutsches Fleischermuseum Böblingen |a–c (F-L 84/435; ohne; ohne); Deutsches Historisches Museum, Berlin |d (La 82/3 – MfDG)

5
Darstellung von Betäubungs- und Schlachtapparaten
in: Sonder-Katalog C über Instrumente für Tierzucht und -Pflege; 1929, Papier, 24,1 x 32 x 2,5 cm | Deutsches Historisches Museum, Berlin (Fs 85/3816 – MfDG), **Abb. 63**

6
Zeitgenössische Geräte zur Betäubung und Tötung landwirtschaftlicher Nutztiere

|a Bolzenschussapparat ME; 2002, Stahl, Kunststoff, H 34 cm, Dm 6 cm, **Abb. 64** |b Betäubungszange Typ ZK-1; 2002, diverse Materialien, 87 x 27 cm |c Rückenmarkzerstörer; 2002, Federstahldraht, Aluminium, L 60 cm |d Betäubungstransformator Typ LC-1, Prozessorsteuerung für optimierten Betäubungsablauf zur Reduzierung von Schlachtschäden am Tierkörper; 2002, diverse Materialien, 34 x 38 x 19 cm | Karl Schermer GmbH, Ettlingen

7
Schächtmesser
um 1900, Metall, Bein, 2,5 x 37 x 5,5 cm Martin Morocutti, Wien

8
Ausschnitte aus Dokumentationen zur Betäubung und Tötung von landwirtschaftlichen Nutztieren
|a Schächten |b Betäuben und Töten im Schlachthof |c Schlachtfest - oder: Die Tragik des Lebens, dass unsere Nahrung aus lauter getöteten Seelen besteht; Film von Sybille Trost, 1996, 2 min |c Karl Ludwig Schweisfurth, Herrmannsdorfer Landwerkstätten, Herrmannsdorf

9
Fotografien zur Entwicklung von Karl Ludwig Schweisfurth (geb. 1930) vom Großunternehmer zum ökologischen Landbauern
|a Kutsche; um 1900, 20 x 31 cm |b Herta Lkw; um 1975, 20 x 31 cm |c Angestellter; um 1975, 20 x 31 cm |d Rinderherde Brasilien; um 1975, 20 x 31 cm |e Zwei Fabrikszenen aus der Firma Herta; 1980, je 30 x 45 cm |f Hausschlachtung; um 1980, 20 x 31 cm |g Produkt der Firma Stasnik; um 1992, 20 x 31 cm |h Karl Ludwig Schweisfurth mit Rind; 1993, 30 x 45 cm | Karl Ludwig Schweisfurth, Herrmannsdorfer Landwerkstätten, Herrmannsdorf

10
Brenneisen mit den Initialen KLS (Karl Ludwig Schweisfurth) zum Brandmarken von Rindern in Äthiopien; 1970er Jahre, Eisen, L 50 cm Karl Ludwig Schweisfurth, Herrmannsdorfer Landwerkstätten, Herrmannsdorf

11
Dokumente zur Philosophie von Karl Ludwig Schweisfurth

|a Der Rote Faden; Dez. 2000, Handschrift auf Briefpapier, 29,5 x 21 cm |b Schützende Hände; 1995, Fotocollage, 21 x 29,5 cm | Karl Ludwig Schweisfurth, Herrmannsdorfer Landwerkstätten, Herrmannsdorf

12
Geräte zur Schlachtung von Rindern
|a Spalt-Bandsäge SB 50-08 zum Spalten von Rindern; 2001, diverse Materialien, 40 x 150 cm, **Abb. 65** |b Nackenschere NS 25 zum Abtrennen ganzer Köpfe; 2001, diverse Materialien, 40 x 100 cm | Freund Maschinenfabrik GmbH & Co. KG, Paderborn (901 206 042; 920 436 000)

13
Projektion *Industrielle Geflügelzerlegung*
2000, Video, Farbe, ca. 5 min | Privatbesitz

14
Rohrbahn zum motorisierten Transport von Tieren in der Geflügelzerlegung
Bautzen 2002, diverse Materialien | Firma Hermann Erdenberger, Bautzen

15
Statistisches Material zum Verbrauch von Fleisch in Sachsen, Deutschland, Europa und weltweit
|a Sächsisches Staatsministerium für Umwelt und Landwirtschaft (Hrsg.), *1. Sächsische Verzehrstudie*, Dresden 2001 |b Bundesministerium für Verbraucherschutz, Ernährung und Landwirtschaft in Zusammenarbeit mit der Zentrale Markt- und Preisberichtstelle für Erzeugnisse der Land-, Forst- und Ernährungswirtschaft GmbH (Hrsg.), *Marktbilanz für Vieh und Fleisch 2001*, Bonn 2001 |c Mensink GBM, E. Hermann-Kunz und M. Thamm, *Der Ernährungssurvey. Gesundheitswesen 1998*, Dez. 1998, 60. Suppl., 2, S. 83–87.

16
Moulage »Maul- und Klauenseuche«
Werkstätten des Deutschen Hygiene-Museums, Anatomisches Labor, Moulagenwerkstatt Dresden um 1960 (Originalabformung 1921–1930), Wachs auf Holzbrett, Glassturz, 16 x 46 x 34 cm | Stiftung Deutsches Hygiene-Museum, Dresden (1996/480), **Abb. 60**

17

**Brecherwelle aus der Tier-
körperbeseitigung**
1978, Eisen, B 265 cm, Dm 60 cm |
Stiftung Deutsches Hygiene-Museum,
Dresden (ohne)

18

**Tiermehl aus der Tierkörper-
beseitigung**
Deutschland 2001, organisches Material
im Glasbehälter, 25 x Dm 15 cm | Stif-
tung Deutsches Hygiene-Museum, Dresden (ohne)

19

**Vergleichende histologische
Schnitte aus Rindergehirnen**
|a gesunde Kuh |b Kuh mit BSE-Erkran-
kung, **Abb. 66** | Zürich 2002, Fotore-
produktion | Institut für Veterinärpatho-
logie der Universität Zürich, Prof. Dr. Felix
Ehrensperger

20

**Oberflächenmodelle des Prion-
Proteins, das für den Ausbruch der
BSE-Erkrankung verantwortlich ist**
Von just in form Produktentwicklung
GmbH, Brandenburg in Zusammenarbeit
mit M. Sauerborn, Koordinationszentrum
für Strukturforschung BESSY GmbH, Berlin
|a gesunde Form, Brandenburg 2002,
Gießharz, 30 x 20 x 20 cm |b »kranke«
Form, Brandenburg 2002, Gießharz, 30 x
20 x 20 cm | Stiftung Deutsches Hygie-
ne-Museum, Dresden (ohne)

21

**Fleischkarton mit der Aufschrift
»Gefrorenes entbeintes Rindfleisch – Geschenk der Bundesrepublik Deutschland«**
Deutschland 2002, Pappe, 40 x 60 x 15
cm | Privatbesitz

**7 Opfer und Lebens-
spender**

1

**Historische Instrumente zu Tier-
versuchen**
|a Froschplatte »Anatomisches Mikro-
skop« nach Johann Lieberkühn (1711–
1756); nach 1734, Messing, 50 x 22 x
22,5 cm |b Operationsbrett für Mäuse
mit Nickelplatte und Eisenfuß; Hamburg

1895, Nickel, Eisen, 11 x 14 x 9 cm
|c Sektionsbesteck bestehend aus Messern,
Säge, Schere, Muskelhaken, Tubulus,
Faden und Nadeln; 2. H. 19. Jh., Metall,
Elfenbein, in Holzkasten 3 x 18 x 8 cm |
Deutsches Historisches Museum, Berlin
|a (HI 75/30) | Hygiene-Institut Ham-
burg |b (Bakt I III 28/Neu Med Bak 175)
| Medizinhistorisches Institut und Mu-
seum der Universität Zürich |c (10838)

2

**Abhandlungen zu Untersuchungen
über tierische Elektrizität**
|a *Untersuchungen über Thierische Elektrizität*
von Emil Du Bois-Reymond (1818–1896);
Tafel III, Fig. 24, Abb. In: Erster Band mit
sechs Kupfertafeln, Berlin 1848, Halb-
ledereinband, 6 x 48 x 23 cm (aufge-
schlagen), **Abb. 69** |b *De viribus electri-
citatis in motu musculari* Abhandlung von
Luigi Aloisius Galvani (1737–1798);
Modena 1792, 3 x 45 x 29 cm (Tafel auf-
geschlagen) | Sächsische Landesbiblio-
thek – Staats- und Universitätsbibliothek
Dresden (Physiol. 842; Physiol. 275)

3

**Reproduktionen von Instrumenten
und Apparaten für die physiologische Vivisektion aus den Jahren
1876 bis 1928**
|a Kaninchenhalter von Czermak; In:
Elias von Cyon, *Atlas zur Methodik der
physiologischen Experimente und Vivisectionen*,
Gießen, St. Petersburg 1876, Tafel VII
|b Kaninchen mit Athmungsmaske; In:
Oskar Langendorff, *Physiologische Graphik:
Ein Leitfaden der in der Physiologie gebräuch-
lichen Registrirmethoden*. Leipzig, Wien
1891, S. 260, Abb. 213 |c Kaninchen-
brett für die Reizung des Kaninchenrück-
enmarkes mit der Nadel; In: Wilhelm
Petzold, *Preis-Verzeichniss der Werkstätte
für Präcisions-Mechanik. Abtheilung der Ins-
trumente und Apparate für physiologische
Vivisectionen*, Leipzig 1891, S. 10, Abb. 31
|d *Thierhalter – Eisernes Gestell*; In:
Rudolf Rothe, *Secialitäten physiologischer
Apparate*. Prag 1893, S. 25, Abb. 9
|e *Mäusehalter*; In: Ernst Zimmermann,
*Psychologische und Physiologische Apparate:
Liste 50*, Leipzig, Berlin 1928, S. 271,
Abb. 3342 |f *Froschpanzer nach Boehm*.
In: Ernst Zimmermann, *Psychologische und
Physiologische Apparate: Liste 50*, Leipzig,
Berlin 1928, S. 277, Abb. 3568 | Mit
freundlicher Unterstützung des Virtuellen

Labors am Max Planck Institut für Wissenschaftsgeschichte (Abt. III), Berlin

4

**Dokumente zur Antivivisektions-
bewegung**
|a *Die Folterkammern der Wissenschaft* von
Ernst von Weber; Berlin und Leipzig 1879
|b *Die »wissenschaftliche« Tierfolter*; Beilage
zur Illustrirten (sic!) Zeitung Nr. 2130
vom 26. April 1884 | Sächsiches Landes-
bibliothek – Staats- und Universitätsbibliothek Dresden (Phil. C. 1231 s; Eph.lit. 0027)

5

**Reproduktionen von Glasplatten-
diapositiven aus Lichtbildreihen
der Lehrmittelproduktion des
Deutschen Hygiene-Museums**
|a *Der innersektorische Einfluss der Keimdrü-
sen auf die Körperentwicklung. Untersuchungen
von Prof. Brandes, Dresden, an jungen Meerschweinchen; Aus: Reihe 9 Ausscheidungs-
organe, Geschlechtsdrüsen, Drüsen mit
innerer Sekretion*, um 1923, **Abb. 70**
|b *Licht, Luft und Bewegung sind Notwendig-
keiten. Zwei neun Monate alte Hähne, Brüder,
der eine sechs Monate lang im verdunkelten
Käfig gehalten, der andere frei im Hof, nach Ori-
ginalpräparaten von Prof. Dr. Stieve, Halle; Aus:
Reihe 24a Die Englische Krankheit*, um
1928 |c *Herzklammerflimmern, durch Ein-
wirkung von 110 Volt beim Hund experimentell
hervorgebracht; Aus: Reihe 45 Körperschädi-
gung durch Elektrizität*, 1928 | Stiftung
Deutsches Hygiene-Museum, Dresden
(1999/965; 1999/1463; 1999/2719)

6

**Oral-Virelon®. Schluckimpfung gegen
Kinderlähmung nach Sabin (1906–1993),
1959 entwickelt und an 7 500 Affen,
134 Schimpansen und 118 Menschen
getestet | Marburg 1998 | Lebend-
impfstoff: Fetale Affennieren-Zellkultu-
ren, 1 ml, in Kunststofftube, 1 x 1 x 5 cm |
Chiron Behring & Co., Marburg

7

**Untersuchungen von Bruno Bloch
(1878–1933) zur Krebserkrankung
durch Kontakt mit Teer und die
künstliche Erzeugung der Krankheit bei Mäusen**
Moulagen von Lotte Volger; Zürich Anfang
1920er Jahre, Wachs, bemalt auf Holzbrett
|a Teerkrebs bei der Maus; 5, Teer-Ca I/W
217. Tag, 10,5 x 8 x 5,5 cm |b Teerkrebs

bei der Maus; 12, *Teer-Ca Gruppe 44 17.
VII.*, 10,5 x 8 x 5,5 cm |**c** Teerkrebs auf
Hoden *Teercarcinom Arbeiter i. d. Korksteinfa-
brik*, 15 x 13 x 6,5 cm | Moulagensamm-
lung, Universitätsspital und Universität
Zürich (TV 5; TV 12; 79)

8
**AMLX/ETOX/Cre – Maus. Trans-
gene Maus zur Untersuchung
von genetischen Faktoren, die zu
Leukämie führen**
Dresden 2002, Dermoplastik, ohne Maß |
Mit freundlicher Unterstützung von Dr.
Frank Buchholz, MPI für Molekulare Zell-
biologie und Genetik, Dresden und Staatliche Naturhistorische Sammlungen Dresden, Museum für Tierkunde (ohne)

9
**»Zwergschwein (Sus scrofa fami-
laris) auf dem Seziertisch«**
Münster 1999, weiblich, Dermoplastik,
Präparation Rudolf Loheide, Metall,
Schwein: 21 x 124 x 56 cm, Seziertisch:
82 x 140 x 85 cm | Westfälisches
Museum für Naturkunde, Landesmuseum
und Planetarium Münster (010729)

10
**Projektion lebender Fadenwürmer
(Caenorhabditis elegans)**
Dresden, 2002, 5 min | Mit freundlicher
Genehmigung der Cenix BioScience GmbH,
Dresden, **Abb. 71**

11
**Primatenstuhl, dient bei der Ge-
hirnforschung an Affen zur Fixie-
rung der Tiere**
1992, Plexiglas, Metall, 128 x 41 x 41 cm
| Gesellschaft Gesundheit und Forschung
e. V., Frankfurt a. M.

12
**Vier Eingüsse mit jeweils einem
Wildtyp und zwei Mutanten der Tau-
fliege (Drosophila melanogaster)**
|**a** Eine Wildtyp-Fliege (rote Augen,
grauer Körper, lange gerade Flügel) und
zwei PrDr Mutanten (sehr kleine, tropfen-
förmige Augen) |**b** Eine Wildtyp-Fliege
und zwei wtnub-Mutanten (ganz dunkler
Körper, Stummelflügel) |**c** Eine Wild-
typ-Fliege und zwei yw-Mutanten (weiße
Augen, gelber Körper) |**d** Eine Wildtyp-
Fliege und zwei SMI dp-Mutanten (ge-
drungener Körper, kurvige, ausgefranste

Flügel) | Mannheim 1998, org. Material,
Plexiglas, 2,5 x 10 x 19,8 cm | Landes-
museum für Technik und Arbeit, Mannheim (ohne)

13
**Wolle von »Dolly«, dem ersten
geklonten Schaf**
England 1997–2000, Wolle, 3 x 13,5 x
10 cm | Stiftung Deutsches Hygiene-
Museum, Dresden (2002/1042)

14
**Moulage »Unterkieferersatz mit
Elfenbein«**
Königlich zahnärztliches Universitäts-
Institut Berlin, Technische Abteilung II; 24
um 1907–1909, Wachs, Elfenbein, Tuch
auf Holzbrett, 30 x 30 x 12 cm | Hum-
boldt-Universität zu Berlin, Charité, Institut für Geschichte der Medizin im Zentrum
für Human- und Gesundheitswissen-
schaften (M 11), **Abb. 73**

15
**Drei Zahnprothesen und eine Teil-
zahnprothese aus geschnitztem
Bein**
1927, Knochen |**a** 6,3 x 3,8 cm |**b**
6,9 x 3,5 cm |**c** 5,6 x 4 cm |**d** 6 x 3,5
cm | Medizinhistorisches Institut und
Museum der Universität Zürich (4909;
4910; 4923; 4924)

16
**Moulage »Impfpusteln an der
Bauchhaut des Kalbes, angelegt
zwecks Gewinnung des Schutz-
pockenstoffes«**
Pathoplastisches Institut, Dresden 1907–
1923 (Originalabformung 1900–1912),
Wachs auf Holzbrett, 13 x 33 x 40 cm |
Stiftung Deutsches Hygiene-Museum,
Dresden (1992/373)

17
**Bauchspeicheldrüsen vom Schwein,
die zur Herstellung des Insulins
für den Bedarf von etwa 10 Tagen
benötigt werden**
1951, Fotografie | Mit freundlicher Ge-
nehmigung der Lilly Pharma Holding
GmbH, Bad Homburg

18
**Bluttransfusion vom Tier zum Men-
schen zur Übertragung tierischer
Eigenschaften auf den Menschen**

Falttafel aus dem Lehrbuch »Chirurgie«
von Lorenz Heister (1683–1753); Nürn-
berg 1724, 2. Aufl. Pergamenteinband |
Medizinhistorisches Institut und Museum
der Universität Zürich (MHIZ 8H473
1724), **Abb. 72**

19
**Sieben Reproduktionen von
Fotografien des Chirurgen Serge
Voronoff (1866–1951) zeigen
verschiedene seiner Patienten
vor und nach der Transplantation
von Affenhoden**
|**a** Sir Evelyn Liardet mit 74 Jahren
|**b** Sir Evelyn Liardet mit 76 Jahren, ein
Jahr nach einer Transplantation von Pavi-
anhoden |**c** Sir Evelyn Liardet mit 77
Jahren, Pensionär der indischen Armee,
»in bester Form nach der Operation«
|**d** Georges Behr im Jahre 1924, aus dem
Hospiz von Douera (Algerien), im Alter
von 73 Jahren. Vor der Transplantation
fotografiert |**e** Georges Behr im Jahre
1925, ein Jahr nach einer Transplantation
von Makakenhoden |**f** Der Bruder von
S. Voronoff, in einem Zustand von allgemeiner physischer Depression, kommt
extra aus der UdSSR um sich Affenhoden
einpflanzen zu lassen. Er ist 65 Jahre alt.
g | Der Bruder von S. Voronoff im Alter
von 69 Jahren, vier Jahre nach der Opera-
tion. | Mit freundlicher Genehmigung
von Jean Real, L'Honor de Cos, Frankreich

20
**Vergleich des Herzens von
Mensch und Schwein**
|**a** »Herz vom Menschen«; Werkstätten
des Deutschen Hygiene-Museums, Anato-
misches Labor, Dresden um 1960, Präparat, Formalin, Glas, 20,5 x 12,5 x 11 cm
|**b** »Herz vom Schwein«; mit freund-
licher Unterstützung des Veterinär-Anato-
mischen Instituts der Universität Leipzig,
2002, Präparation: Marion Fersterra, Prä-
parat, Formalin, Glas, 22 x 18 x 9 cm |
Stiftung Deutsches Hygiene-Museum,
Dresden (1993/269; ohne)

21
**»Baby Fae«. Säugling, der 20 Tage
mit dem Herz eines Pavians überlebte**
1984, Fotografie (Reproduktion) | dpa,
Berlin, **Abb. 75**

22

Jeff Getty, injizierte sich im Selbst-
versuch Knochenmarkzellen eines
Pavians, um sein Immunsystem
gegen den HI-Virus zu stärken.
1995, Foto (Reproduktion) | dpa, Berlin

23

Alternative Lehrmittel zu tierver-
brauchenden Übungen im Studium
|a Plastinierter Tintenfisch; 2001, org.
Material, Plastik, 4 x 31 x 7 cm |b Sili-
konratte *Koken Rat* entwickelt von der
Koken Company in Tokio, o. J., Silikon,
PVC, 21 cm, (Schwanz 19 cm) |c »PVC-
Ratte« zum Erlernen mikrochirurgischer
Eingriffe; Brüssel 1999, PVC, 5 x 20 x
30 cm |d Computersimulation *SimMus-
cle, SimNerv, SimHeart* zur Ausführung
virtueller Tierversuche von Martin Chr.
Hirsch, Hans A. Braun und Karlheinz
Voigt; 1997, **Abb. 67** | SATIS – Studenti-
sche Arbeitsgruppe gegen Tiermissbrauch
im Studium, Aachen |a Gesellschaft
Gesundheit und Forschung e. V., Frankfurt
a. M. |b Solvay/SolVin Rheinberg |c |
mit freundlicher Unterstützung des Georg
Thieme Verlags, Stuttgart |d

24

MouseHouse, Mäuse-Käfig Typ II-
lang, Gitterdeckel und Tränkflasche
2002, Polycarbonat, Polysulfon, Edelstahl,
Makrolon, gesamt 20 x 39 x 23 cm | Mit
freundlicher Unterstützung der Tecniplast
Deutschland GmbH, Hohenpeißenberg

25

Fleischskulptur *Maria* von Iris
Schieferstein (geb. 1966)
Berlin 1998, org. Material, Formol, Plexi-
glas, 80 x 42 x 31 cm | Iris Schieferstein,
Berlin, **Abb. 76**

8 Die zweite Haut

1

Erinnerung an Cranach I
Christoph Wetzel (geb. 1945) | 1997,
Öl auf Leinwand, 185 x 65 x 3 cm |
Christoph Wetzel, Dresden, **Abb. 77**

2

Gelber Federmantel von Marlene
Dietrich, entworfen von Jean Louis
USA 1950er Jahre, vermutlich Hahnenfe-
dern, Konfektionsgröße 34, 100 x 150 cm,
ausgebreitet 360 cm | Stiftung Deutsche
Kinemathek – Filmmuseum Berlin,
Marlene Dietrich Collection (93/16 TX
40008), **Abb. 78**

3

Eskimoanorak aus vernähtem
Robbendarm
Canada 19. Jh., Robbendarm, H (mit
Kapuze) 110 x 70 x 25 cm | Übersee-
Museum Bremen (C 09277), **Abb. 79**

4

16 Paar Schuhe und Stiefel aus
aller Welt, aus verschiedenem
tierischem Material
|a Frauenstiefel; Innere Mongolei, VR
China 20. Jh., bunt eingefärbtes Leder,
Leder- und Stoffapplikationen, H (mit
Aufsatz) 45 x 28 x 10 cm |b Männer-
schuhe; Kabul, Afghanistan 20. Jh., Sammlung Beinaar, um 1960, dunkelbraunes
Leder, ca. 17 x 26 x 12cm |c Priester-
schuhe; Japan 19. Jh., Sammlung Schau-
insland 1907/08, schwarzes Leder, In-
nenschuh, ca.14 x 29 x 11cm |d Stiefel;
Sibirien, Russland, Dolganen 19. Jh.,
Sammler vermutlich Otto Finsch, 1876,
»Beinstrümpfe« aus Rentierfell, Innenstie-
fel aus Leder, 67 x 24 x 16cm |e Frauen-
schuhe; Kairo, Ägypten Anfang 20. Jh.,
schwarzes Leder, Schnallenschmuck,
ca. 5 x 25 x 9 cm |f Soldatenstiefel; As-
kari-Stiefel, Stiefel für ehemalige deutsche
Schutztruppe in Ostafrika, Tansania 19. Jh.,
dunkelbraunes Leder, Nagelsohle, 22 x 31
x 10 cm |g Männerschuhe; »Gelehrten«-
Schuhe. Kairo, Ägypten Anfang 20. Jh.,
rotes Leder, 8 x 29 x 8 cm |h Sandalen;
Togo Anfang 20. Jh., hellbraunes Leder,
mit Fellauflage, ca. 2 x 26 x 11 cm
|i Riemensandalen; Kolumbien 20. Jh.,
dunkelbraunes Leder, ca. 5 x 26 x 12 cm
|j Mokassins; Nordamerika/Grönland,
Inuit 19. Jh., dunkelbraunes Robbenfell,
11 x 28 x 10 cm |k Sandalen; Uruapan,
Mexiko 20. Jh., dunkelbraunes Leder,
geschnürt, ca. 9 x 27 x 12 cm |l Sanda-
len; Mexiko, Linacantan 20. Jh., dunkelbraunes Leder, hochgeschnürt, 19 x 27 x
11 cm |m Frauenschuhe; Schuhe für
eingebundene Füße, China Ende 19. Jh.,
Leder, Seide, 12 x 17 x 5 cm |n Frauen-
stiefel; Tibet Anfang 20. Jh., dunkelbraunes
Leder, Nagelkappen, Eisendraht, Knöpfe
mit bunten Fäden, 46 x 18 x 8 cm
|o Regenschuhe; Guangzhou (Kanton),
China 19. Jh., Sammlung Melchers & Co,
um 1900, schwarzes Leder, Holz, schwarz
bemalt, 9 x 20 x 7 cm |p Mädchen-
schuhe; Korea 19. Jh., Leder, hellgrüner
Seidenstoff, Sohle teilweise genagelt, 7 x
20 x 7 cm | Übersee-Museum Bremen
(A 18592 a/b; A 16366 a/b; A 14553
a/b; A 11706 a/b; B 13419 a/b; B 14126
a/b; B 13421 a/b; B 13595 a/b; C 03364
a/b; C S246/4a; C 09840 a/b; C 09102;
A 14437 a/b; A 13809 a/b; A 07825; A
06910)

5

Stiefel aus Pythonleder, vom Zoll
beschlagnahmt
2000, Pythonleder, 33 x 23 x 30 cm |
Hauptzollamt Frankfurt a. M. – Flughafen
(6a-18/00)

6

Schuhanfertigung für Vegetarier
»Dr. Martens Vegetarian Shoes«
Brighton 1998, Mikrofaser, 10 x 9 x 27,5 cm
| Maqi – für Tierrechte gegen Speziesis-
mus, Ludwigshafen

**9 Menschenrechte für
Menschenaffen**

1

Die Arche Noahs
Jacopo Bassano (um 1517/18–1592,
Werkstatt) | Leinwand, 123 x 180 cm |
Staatliche Kunstsammlungen Dresden,
Gemäldegalerie Alte Meister (E 258A),
Abb. 80

2

Projektion »Globales Informati-
onssystem der Zünslerfalter«
2000 | koordiniert von Dr. Matthias Nuß,
Zoologe/Museum für Tierkunde Dresden,
Abb. 81

3

Acht Kästen der Schmetterlings-
sammlung von Vladimir Nabokov
(1899–1977), Trockenpräparate, Kasten
je 7 x 45 x 40 cm |a Kasten 1: Reisen
nach Rochers de Naye, Caux, Praia de
Rocha, Algarve (Portugal), Toutour, Var
(Frankreich); 1970/71 |b Kasten 2:
Reisen nach Berisal, Simplon, Laggintal,
Schallberg (Schweiz); 1961/62 |c Kasten
3: Reisen nach Milano – Marritima (Italien), Cortina d'Ampezzo (Dolomiten/Ita-
lien); 1973 |d Kasten 4: Reise nach

Davos (Schweiz); 1975 |**e** Kasten 5: Reise nach Korsika (Frankreich); 1963 |**f** Kasten 6: Reise nach St. Moritz (Schweiz); 1965 |**g** Kasten 7: Reisen nach Adelboden, Lugano; Saas Fe (Schweiz); 1969/70 |**h** Kasten 8: Reise nach Sizilien (Italien); 1970 | Musée cantonal de zoologie, Lausanne (37; 4; 41; 43; 10; 18; 32; 33)

4
Ausgestorbene und vom Aussterben bedrohte Tierarten

|**α** Beutelwolf (*Thylacinus cynocephalus*), ausgestorben 1934; 1901, Dermoplastik, 80 x 135 x 60 cm, **Abb. 83** |**b** Letzter Elbstör (*Acipenser sturio*), der wirklich letzte wurde 1912 bei Mühlberg gesehen; 1880, Restauration Fa. Luksch, 80 x 270 x 80 cm |**c** Skelett eines Moa (*Emeus crassus*), seit Ende des 17 Jh. ausgestorben; Jahr der Montage 1885, Knochen, 150 x 60 x 90 cm |**d** Nachbildung der Stellerschen Seekuh (*Hydrodamalis gigas*), ausgestorben seit 1768; Fa. Luksch, 43 x 57 x 18 cm |**e** Vier Apollo-Schmetterlinge (*Parnassius apollo f. posthumus, Saale-Apollo*), ca. Mitte 19. Jh. in Thüringen ausgestorben; Trockenpräparat, 12 x 16 x 2 cm |**f** Karolinasittich (*Conuropsis carolinensis*), ausgestorben 1914; um 1880, Habituspräparat, 40 x 12 x 28 cm |**g** Spitzmaulnashorn (*Diceros bicornis*), der Bestand gilt als bedroht; 2002, Dermoplastik, Präparation Christoph Dose, 150 x 87 x 300 cm | Staatliche Naturhistorische Sammlungen Dresden, Museum für Tierkunde (B4126; ohne; 8086; 23977a; ohne; ohne; B25432)

5
Hautstück der Stellerschen Seekuh (*Rhytina gigas*), ausgestorben seit 1768; ohne Funddaten, seit zwischen 1877–1884 in der Sammlung, Präparat, 3,4 x 42 x 35 cm | Übersee-Museum Bremen (1938b)

6
Graphische Darstellung der Seekuh nach Georg Wilhelm Steller (1709–1746)

In: *Georg Wilhelm Stellers ausführliche Beschreibung von sonderbaren Meerthieren* | Halle 1753 | Staatliche Bibliothek Regensburg (999/Philos 2749)

7
Fotografie von Wilfred Batty, der den letzten Beutelwolf in freier

Wildbahn erschoss

Mawbanna 1931, Fotografie (Reproduktion) | Tasmanien Museum and Art Gallery, Australien (Q 8152)

8
Rekonstruktion einer Dronte (*Raphus cucullatus*), ausgestorben 1681 |

1985, Gips, Stahl, PVC, Federn, Präparation H. Spicale, 60 x 45 x 85 cm | Naturkundemuseum Leipzig (LsAv 911)

9
Asservatenkammer

|**e** Stoßzahn eines afrikanischen Elefanten (*Loxodonta africana*); 1986, Elfenbein, 100 x 35 cm |**b** Fächer aus Straußenfedern (*Struthio camelus*); 1986, Straußenfedern, Holz, Stoff, Pappe, Metallblättchen, Leder, 56 x 42 cm |**c** Zwei Gürteltiernähkörbchen, vermutlich Braunborstengürteltier (*Chaetophractus villosus*); 2000 Gürteltierpanzer, Haut, Stoff, 14,5 x 24 x 24 cm und 11,5 x 15 x 13 cm |**d** Zwei hintere und drei vordere Nasenhörner vom Spitzmaulnashorn (*Diceros bicornis*); 1986, Horn, 12 x Dm 12 cm; 14 x Dm 22 cm; 13 x Dm 29 cm; 16 x Dm 43 cm; 17 x 63,5 cm |**e** Aphrodisiaka aus Nasenhornextrakt. Eine Packung mit 10 Kugeln und Beschreibung; Peking, China o. J., Schachtel 3,7 x 16,2 x 6,8 cm |**f** Handtasche aus ganzem Krokodil; 2000, Leder, 38 x 30 x 13 cm |**g** Luchsfell als Teppichvorleger; 1999, Fell und Textil, 13 x 100 x 130 cm |**h** Kaiman mit Senftopf; 2000, Dermoplastik mit Holztopf, 48 x 25 x 40 cm, **Abb. 85** |**i** Zebrafuß als Buchstütze; 1995, Dermoplastik, Holz, Nieten, 23 x 15 x 21 cm |**j** Zehn Päckchen Pflaster á 24,5 Gramm Tigerknochen; Hubei Huang Shi Likang Phamaceutic Co., LTD1993, Plastikverpackung, 7 x 22 x 19 cm |**k** Drei Flaschen mit in Alkohol eingelegten Schlangen; 2001 und 2002, Feuchtpräparate, Glas, Alkohol, 28 cm x Dm 18 cm; 22 x 16 x 8 cm; 24,5 x Dm 10 cm |**l** Herrenslipper aus Schlangenleder mit Troddeln; o. J., Schlangenleder, 9 x 20 x 29 cm | Stiftung Stadtmuseum Berlin |**a–d** (S 83-58; S 86-16; 2000-13 und 2000-14; S 86-6,1; S 86-6´2; S86-6´3; S86-6´4; S86-6´5); Hauptzollamt Frankfurt am Main – Flughafen |**e–l** (WA 6a/19/90; 8a-134/00; 7a-34/99; 6a-149/00; 2a-49/95; 6a-/90/01; 6a-63/01 und 6a-9/02; ohne)

10
Fünf vom Zoll beschlagnahmte Leopardenfelle (*Panthera pardus*)

beschlagnahmt 1995, Einfuhrland Türkei, ohne Maß, Zoll-Nr. 5597-5601 | Naturmuseum und Forschungsinstitut Senckenberg, Frankfurt a. M. (83 179; 83 178; 83 177; 82 176; 83 175))

11
Von der Zollfahndung beschlagnahmte Tasche, in der 52 lebende Papageien geschmuggelt wurden

Frankfurt 2001, Nylontasche, zwei Bambuskörbe, 40 x 63 x 30 cm | Zollfahndungsamt, Frankfurt a. M. (ohne), **Abb. 87**

12
Tiere im Christentum und im Islam

|**a** *Die Bibel oder die ganze Heilige Schrift des Alten Testaments*, Dresden 1891 |**b** *Al-Coranus x. Lex islamitica Muhammedis*, Hamburgi 1694 | Privatbesitz, Dresden; Sächsische Landesbibliothek – Staats- und Universitätsbibliothek, Dresden (3.A.6443)

13
Ueber die Art, mit Thieren umzugehn. In: *Über den Umgang mit Menschen. In drey Theilen von Adolph Freyherrn von Knigge* (1752–1796) | Hannover 1792 | Universitäts- und Landesbibliothek Düsseldorf (HM iv 61)

14
Gesetzesgrundlagen zur Rechtsstellung des Tiers in Deutschland

|**α** Reichs-Tierschutzgesetz vom 24. November 1933, Berlin, Reichs-Tierschutzbund, aus: *Reichsgesetzblatt Teil 1*, Nr. 132, S. 987 |**b** A. Lorz und E. Metzger: *Tierschutzgesetz mit allgemeiner Verwaltungsvorschrift, Rechtsverordnungen und europäischen Übereinkommen*, München 1999 |**c** Gesetz zur Änderung des Grundgesetzes (Staatsziel Tierschutz); In: *Bundesgesetzblatt* I, S. 2826, 26. Juli 2002 | Niedersächsische Staats- und Universitätsbibliothek, Göttingen |**a–b** (S 13887; 907. 13 Lor/2).

15
Internationale Gesetze und Abkommen zum Schutz der Tiere

|**α** Art. 48 zum Schutz von Kühen, Kälbern und Zugvieh, aus: P. M. Bakshi *The Constitution of India*, Delhi 1995 |**b** Wal-

fangabkommen des IWC (Internationale Walfangkommission), 1946 |c Neuseeländische Gesetzesvorlage *Menschenrecht für Menschenaffen*, 1999 | Niedersächsische Staats- und Universitätsbibliothek, Göttingen |α (A 98 A 35343)

16
Patentschriften
|α Patentschrift des Europäischen Patentamtes für eine Methode zur Produktion transgener Tiere; Erfinder: Phillip Leder, Timothy Stewart, Harvard College, Cambridge, Massachusetts/USA, 1985 |b Patentschrift des Deutschen Patentamtes für (In-vitro-) Vermehrung von embryonalen Stammzellen (Übersetzung der europäischen Patentschrift EP 0380646 B1); Erfinder: Robert Williams, Nicholas Gough, Douglas Hilton, Amrad Corp. Ltd., Kew, Victoria / Australien, 1989 |α Europäisches Patentamt (EP 0169672 B1); |b Deutsches Patent- und Markenamt (DE 689 28 914 T2)

17
Hennenkostüm des Deutschen Tierschutzbundes, getragen bei Aktionen zur Durchsetzung der Hennenhaltungsverordnung, die 2002 in Kraft trat
Bonn 1999, Plüsch, 117 x 80 x 65 cm | Deutscher Tierschutzbund e.V., Bonn (210)

18
Fanghaken für Grindwale
|α Standardausführung, Färöer-Inseln 1980er Jahre, Stahl geschmiedet, 30 x 15 cm |b Prototyp des Kugelhakens, Färöer-Inseln 1987, Edelstahl geschweißt, 30 x 15 cm | Grindemannafelagid, Thorshavn, Färöer, Dänemark

19
Harpunen zum Fang von Zwergwalen
|α Spitzharpune, in Gebrauch bis 1980, Lofoten 1960er Jahre, Metall, 65 x 30 x 5 cm |b Harpune mit Penthrit-Granate (Atrappe), in Gebrauch seit 1993, Lofoten, Metall, 70 x 30 x 5 cm | Norges Småkvalfangerlag, Svolvär auf den Lofoten, Norwegen

20
Verpackungen für Zwergwalfleisch
Skrova Lofoten 1999, Pappe, 5 x 12 x 8 cm | High North Alliance, Reine auf den Lofoten, Norwegen

21
Schafsmasken, getragen von Greenpeace-Aktionisten gegen ein erteiltes Patent für Mischwesen aus Mensch und Tier
2000, Plastik, 30 x 44 x 20 cm | Greenpeace e.V., Hamburg, **Abb. 89**

22
Gentechnisch veränderter und unveränderter Lachs
Aqua Bounty Farms, gezüchtet 1997, präpariert 2000, Vitrine 51 x 86,5 x 32,5 cm |α mit Wachstumshormon genmanipulierter Lachs, 25 x 78 x 18 cm |b unveränderter Lachs, 15 x 50 x 11 cm | Science Museum, London (E2000.720)

23
Desire
Videoarbeit von Elif Çelebi (geb. 1973), 2000 | Elif Çelebi, Istanbul

24
Elfenbeinverbrennung in Kenia 1989
Ausschnitt aus: *Weltweit – Kenia und Zimbabwe*, 1 min, BetaSP, WDR Köln

10 Heimliche Mitbewohner

1
Häusliche Toilette (Reproduktion)
Bartolomé Esteban Murillo (1618–1682) um 1670–1675 | Öl auf Leinwand | 157,4 x 113 cm | Bayerische Staatsgemäldesammlungen München, Alte Pinakothek (489), **Abb. 90**

2
Lehrtafel *Die Darmparasiten*
Werkstätten des Deutschen Hygiene-Museums | Dresden um 1930, Papier, Leinen, Holz, Farbe, 117 x 80 cm | Stiftung Deutsches Hygiene-Museum, Dresden (1996/1077), **Abb. 92**

3
Modelle von Bandwurmköpfen der Firma Rudolf Weisker, Leipzig
|α Fischbandwurm (*Dibothriocephalus latus*) des Menschen; Ende 19. Jh., Wachs auf Holzständer, 26 x Dm 8 cm |b Schweinebandwurm (*Taenia solium*) des Menschen; Ende 19. Jh., Wachs auf Holzständer, 20 x 6 x 6 cm |c Rinderbandwurm (*Tania*

saginata) des Menschen; 1884, Wachs auf Holzständer, 24 x Dm 14 cm | Humboldt-Universität zu Berlin, Museum für Naturkunde |α (BXII/Inv.A-722) | Humboldt-Universität zu Berlin, Institut für systematische Zoologie, Zoologische Lehrsammlung |b–c (10.3.3–2; 10.3.4–1)

4
Fischbandwurm (*Dibothriocephalus latus*)
o. J., Flüssigpräparat, 35 x 22,5 x 12 cm | Naturmuseum und Forschungsinstitut Senckenberg, Frankfurt a. M. (ohne)

5
Koichiro Fujita mit aufgerolltem Fischbandwurm (*Diphyllobothrium nihonkaienze*)
Dennis Normile, Science Magazine | Tokio 2002, Fotografie, 24 x 18 cm, **Abb. 93**

6
Flüssigpräparate von Endoparasiten des Menschen
|α Hundebandwurm (*Echinococcus granulosus*); Datum, 11,5 x 4,7 cm |b Fuchsbandwurm (*Echinococcus multilocularis*); o. J. |c Grubenwurm (*Ancylostoma duodenale*); Indonesien o. J., 13,1 x Dm 5,5 cm |d Todeswurm (*Neactor americanus*); Indonesien o. J., 13,1 x Dm 5,5 cm |e Darm-Pärchenegel (*Schistosoma mansoni*); o. J., 13,1 x Dm 5,5 cm |f Heringsspulwurm (*Anisakis simplex*); Atlantik o. J., 14 x Dm 6 cm |g Madenwurm (*Enterobius vermicularis*); Ende 19. Jh., 9 x 5 x 3 cm |h Medinawurm (*Dracunculus medinensis*); o. J., 10 x Dm 7 cm |i Spulwurm des Menschen (*Ascaris lumbricoides*); 1927, 30,6 x 7 x 5,3 cm | Staatliches Museum für Naturkunde Stuttgart |α (ohne); Bernhard-Nocht-Institut für Tropenmedizin, Hamburg |b (ohne); Humboldt-Universität zu Berlin, Museum für Naturkunde |c–f (6675; ohne; ohne; 1129); Humboldt-Universität zu Berlin, Institut für systematische Zoologie, Zoologische Lehrsammlung |g (13.3.5–6); Naturmuseum und Forschungsinstitut Senckenberg, Frankfurt a. M. |h–i (2874; 2860/1)

7
Parasiten im Schweinefleisch
|α Modell einer Trichine (*Trichinella spiralis*); Firma Rudolf Weisker, Leipzig Ende 19. Jh., Wachs auf Holz, Glassturz, 17 x 72 x 24 cm |b Trichine (*Trichinella spiralis*)

in Schweinefleisch; o. J., Flüssigpräparat, 22 x Dm 8,5 cm | Humboldt-Universität zu Berlin, Zoologische Lehrsammlung (13.3. 2–1); Naturmuseum und Forschungsinstitut Senckenberg, Frankfurt a. M. (2877)

8

»Ohrwurm«

Hörinstallation mit einem »Jingle« | Stiftung Deutsches Hygiene-Museum, Dresden

9

Werbeaufsteller *Wanzen tötet Delicia*

um 1960, Papier auf Pappe kaschiert, 31,5 x 23,5 x 10 cm | Deutsches Historisches Museum, Berlin (AK 93/732)

10

Lebenden Bettwanzen *(Cimex lectularius)*

2002, 15 x 30 cm | Stiftung Deutsches Hygiene-Museum, Dresden (ohne)

11

Lehrmittel häuslicher Parasiten und durch Parasiten verursachter Krankheitsbilder aus den Werkstätten des Deutschen Hygiene-Museums

|**a** Moulage »Wanzenstiche«; 1920–1945, Wachs auf Holzbrett, 7 x 12 x 25 cm |**b** Modell »Kleiderlaus«, um 1954, Pappmaché auf Holz-Metallständer, Glassturz, 15,5 x 34 x 24 cm |**c** Moulage »Fleckfieberausschlag durch Kleiderlaus«; 1946–1960, Wachs auf Holzbrett, 5,5 x 16 x 18,5 cm | Stiftung Deutsches Hygiene-Museum, Dresden (1991/848; 1992/1225; 1996/82)

12

Durch eine Haarlaus verursachter Weichselzopf

o. J., Haarpräparat, 25 x Dm 20,5 cm Humboldt-Universität zu Berlin, Charité, Berliner Medizinhistorisches Museum (6285)

13

Mittel zur Läusebekämpfung

|**a** Läusekamm »NISSI«; Deutschland um 1920, Metall, 8 x 7,4 cm |**b** Arzneimittel zur Bekämpfung von Ungeziefer *Jacutin – Räuchertabletten*; Chemische Fabrik Darmstadt 1920–1960, Papier, 1 x 7, 6 x 5,7 cm | Die Sammlung Schwarzkopf im Deutschen Hygiene-Museum, Dresden (SK 2044);

Stiftung Deutsches Hygiene-Museum, Dresden (1998/103)

14

Modell eines Menschenflohs *(Pulex irritans)*

Alfred Keller (1902–1955) | Frankfurt 1930–1955, Wachs und Paraffin auf Holz-Metallständer, 40 x 56 x 45 cm | Naturmuseum und Forschungsinstitut Senckenberg, Frankfurt a. M. (ohne)

15

Zwei Flohfallen

18. Jh., Elfenbein, 5,6 x Dm 2,5 cm; 8,9 x Dm 1,4 cm | Die Sammlung Schwarzkopf im Deutschen Hygiene-Museum, Dresden (SK 1300; SK 1439), **Abb. 96**

16

Sandfloh und Krankheitsbild

|**a** Sandfloh *(Tunga penetrans)*, der aus dem großen Zeh des Kapitans George Hyde der S. S. Malvesen entfernt wurde; Brasilien 1896, Präparat auf Glas, 7,8 x 2,5 cm |**b** Hautstücke eines Fußes jeweils mit saugendem Floh; o. J., Flüssigpräparat, 8 x 5,5 cm | The Natural History Museum, London (96.80; 25.29), **Abb. 95**

17

Zeckenmodelle aus den Werkstätten des Deutschen Hygiene-Museums

1950–1954, Pappmaché auf Holz-Metall-Ständer, Glassturz |**a** »Holzbock, nüchtern«, 17,5 x 34 x 24 cm |**b** »Holzbock, vollgesogen«, 17,5 x 34 x 24 cm | Stiftung Deutsches Hygiene-Museum, Dresden (1992/1825; 1992/1823), **Abb. 99–100**

18

Modell eines Stechmückenkopfes

Ende 19. Jh., Holz, Gips, 80 x 23 x 23 cm Humboldt-Universität zu Berlin, Zoologische Lehrsammlung (21.10.22.0-1)

19

Malariaprophylaxe

|**a** Weimer®quin forte Tabletten, Biokanol® Pharma GmbH, Rastatt, 2002, Pappe 4,5 x 10,5 x 0,7 cm |**b** Weimer®quin forte Tabletten, Biokanol® Pharma GmbH, Rastatt, 2002, Pappe 4,5 x 10,5 x 0,7cm |**c** Moskitonetz; Dresden (ohne)

20

Modell einer Schmeißfliegenlarve *(Calliphora)*

vermutl. Alfred Keller (1902–1955) | 1930–1955, Wachs und Paraffin, 22,5 x 74 x 21 cm | Humboldt-Universität zu Berlin, Zoologische Lehrsammlung (21.10.22.2-51)

21

Moulage »Milzbrandkarbunkel«, beginnend

Werkstätten Deutsches Hygiene-Museum | Dresden 1945–1980, Wachs auf Holzbrett, Glassturz, 30,5 x 22,5 x 8,5 cm | Stiftung Deutsches Hygiene-Museum, Dresden (1995/920)

22

Blutegel und ihr Einsatz in der Medizin

|**a** Modell eines medizinischen Blutegels *(Hirudo medicinalis)*; Leopold Blaschka (1822–1895) und Rudolf Blaschka (1857–1939), Dresden 1885, Glas, 15,7 x 22,2 x 4,6 cm, **Abb. 91** |**b** Saugstelle vom medizinischen Blutegel auf der Haut einer 82 Jahre alten Frau; o. J., Flüssigpräparat, 8 x 5 x 3,5 cm |**c** Aufgeschnittener Blutegel *(Hirdo medicinalis)* mit injiziertem Darm; o. J., Flüssigpräparat, 15,5 x 5 x 3 cm | Humboldt-Universität zu Berlin, Zoologische Lehrsammlung |**a** (14.4.2.2-1); Berliner Medizinhistorisches Museum des Universitätsklinikums Charité, |**b** (107/ 1957); Naturmuseum und Forschungsinstitut Senckenberg, Frankfurt a. M. |**c** (139)

23

Fliegender Hund *(Pteropus vampyrus)*

Java Mitte 19. Jh., Dermoplastik, 60 x 120 x 40 cm | Staatliche Naturhistorische Sammlungen Dresden, Museum für Tierkunde (B15180)

24

Krätzmilbe und durch sie verursachtes Krankheitsbild

Werkstätten Deutsches Hygiene-Museum |**a** Modell »Krätzmilbe«; um 1954, Pappmaché auf Holz-Metall-Ständer, Glassturz, 17,5 x 26 x 34 cm |**b** Moulage »Scabies vulgaris, beginnend«; 1945–1960, Wachs auf Holz, Glassturz, 11 x 21 x 30,5 cm | Stiftung Deutsches Hygiene-Museum, Dresden (1992/1821; 1996/867)

25

Modell einer Haarbalgmilbe
(Demodex folliculorum)
Firma Rudolf Weister, 1884, Wachs auf
Holzständer, 36 x Dm 17,5 cm | Humboldt-Universität zu Berlin, Zoologische
Lehrsammlung (21.3.8.2-1), **Abb. 98**

26

Modell einer Hausstaubmilbe
Christa Michl | Dresden 1995, Kunststoff,
Papier, Gewebe auf Metallständer, 80 x 70
x 120 cm | Stiftung Deutsches Hygiene-
Museum, Dresden (1995/513)

27

**Plakate zur gesundheitlichen
Aufklärung gegen Ungeziefer**
|a *Wanted for Murder*; Department of
Health, Irland/Friers vor 1950, Papier,
76 x 50 cm, **Abb. 101** |b *Tod den Fliegen*;
Landesgesundheitsamt Schleswig-Hol-
stein, Deutschland o. J., Offsetdruck, 43 x
30 cm | Leihgabe der Chiron-Behring
GmbH an die Stiftung Deutsches Hygiene-
Museum, Dresden (2002/811; 8.5.30)

28

**An Arsenvergiftung eingegangene
Stubenfliegen** *(Musca domestica)*
F.O. Neumann'sche Sammlung | Bonn
1919, Trockenpräparat, 14 x Dm 5 cm |
Hygiene-Institut Hamburg (Neu Arb Scä 4)
Abb. 102

29

Lebensmittelparasiten
|a Modell einer Mehlmotte mit Eiern
(Ephestia kuehniella); Alfred Keller
(1902–1955), 1930–1955, Wachs
auf Holz, Glassturz, 24,5 x 48 x 52 cm
|b Modell »*Drosophila melanogaster*« |
Christa Michl, Dresden 1994, Metall,
Kunststoff, Gewebe, Papier, 150 x 150 x
150 cm |c Lebenden Larven der Mehl-
motte *(Ephestia kuehniella)*; Dresden 2002
|d Von Brotkäfern angefressene Tortellini
im Einweckglas; Dresden 2002, 10 x
13 x 10 cm | Humboldt-Universität zu
Berlin, Zoologische Lehrsammlung |a
(21.10.21.2-22c); Stiftung Deutsches
Hygiene-Museum, Dresden |b–c (DHM
1996/ 667; ohne); Stefanie Brauer, Dres-
den |d

30

Werbeaufsteller *Schaben tötet
Delicia*

um 1960, Papier auf Pappe kaschiert, 31,5
x 23,5 x 10 cm | Deutsches Historisches
Museum, Berlin (AK 93/733)

31

**Diversen Schaben aus der
Palaearktis (Europa)**
o. J., Präparat, Holz, Glas, 7 x 51 x 45 cm
| Humboldt-Universität zu Berlin, Institut
für systematische Zoologie, Museum für
Naturkunde (135/8)

32

Filminstallation *Heimliche
Mitbewohner*
Dresden 2002 | Stiftung Deutsches
Hygiene-Museum, Dresden

33

**Ein möglicherweise von der
Bücherlaus angefressenes Buch**
Dresden o. J., Papier, 6 x 54 x 38 cm |
Stiftung Deutsches Hygiene-Museum,
Dresden (D 8261,1)

34

Pantherschildkrötenpanzer
(Geochelone pardalis) **mit
Fraßspuren des Museumskäfers**
(Dermestes spec.)
Afrika vor 1875, 10,2 x 20,7 x 13,5 cm |
Staatliche Naturhistorische Sammlungen
Dresden, Museum für Tierkunde (MTD D
3942)

35

»Hutwespennest« auf Hutständer
Frankfurt um 1997, Pflanzenfasern, Gewebe und Plastik auf Holz-Metall-Ständer,
80 x 80 x 60 cm | Naturmuseum und
Forschungsinstitut Senckenberg, Frankfurt a. M. (ohne), **Abb. 105**

36

**Nest der sächsischen Wespe
(Dolichovespula saxonia) in einer
Konfektdose**
Bremen 1978, Blocklanddeponie, 6 x Dm
14 cm | Übersee-Museum Bremen (ohne)

37

**Von Ratten verursachte Schäden
und Krankheiten und die Bekämpfung von Ratten**
|a Durchnagte Fußbodenleiste: o. J., Holz,
9,5 x 17,5 x 2,5 cm |b Durchnagtes
Rohr; o. J., Metall, 3 x 18 x 5 cm |c Rat-

tenpest: Für Pest typischer Leberinfarkt;
Hamburg 1926, Flüssigpräparat, 22,1 x
11,5 x 5,6 cm |d Rattenfalle; Hamburg,
o. J., Holz, Metall, 17,5 x 16,5 x 12 cm
|e Durchnagte Kabel; Hamburg o. J.,
Gummi, Draht, 53 cm |f Werbeaufsteller
Ratten tötet Delicia; um 1960, Papier auf
Pappe kaschiert, 29,5 x 25 x 10 cm
|g Rattenfalle »Luna«; 1930er Jahre, Holz,
Metall; 17,4 x 8,2 x 3,5 cm | Hygiene-
Institut Hamburg |a–e (ohne; ohne;
Bakt2 1B7.2; ohne); Deutsches Histori-
sches Museum, Berlin |f–g (AK 93/730;
1990/66. 6713.1-2)

38

**Vom Steinmarder durchnagtes
Zündkabel**
Dresden, 2002, 3 x 40 x 12 cm |
Autohaus Israel GmbH, Dresden

39

Bohrmuschel *(Pholas dactylus)*
o. J., Flüssigpräparat, 25 x 8 x 5 cm |
Übersee-Museum Bremen (N0132)

40

**Ein von einer Bohrmuschel
angefressenes Schiffsspant**
18. Jh., Eichenholz, 100 x 25 cm | Wrack-
museum Cuxhaven (Firma Baltes II-96)

41

Großer Abendsegler *(Nyctalus
noctula)* **aus der Dresdener
Frauenkirche**
Dresden 25.1.1933, Sammler Dr. M.
Eisentraut, Flüssigpräparat, 12,8 x Dm 7 cm
| Humboldt-Universität zu Berlin, Institut
für systematische Zoologie, Museum für
Naturkunde (44556), **Abb. 104**

42

Präparate verstädterter Tiere
|a Mauersegler *(Apus apus)*; 1950, Habi-
tuspräparat, 26 x 14 x 13 cm |b Haus-
sperling *(Passer domesticus)* auf einer MIT-
ROPA-Suppentasse; o. J., Habituspräparat
|c Dohle *(Corvus monedula)*; Dresden
1962, Habituspräparat, Präparation Hans
Schmid, 30 x 31 x 29 cm |d Rabenkrähe
(Corvus corone corone); Dresden 1956,
Habituspräparat, 25 x 40 x 17 cm
|e Ringeltaube *(Columba pulumbus)*; 1962,
Habituspräparat, Präparation Hans Schmid,
38 x 30 x 18 cm |f Türkentaube *(Strep-
topelia decaocto)*; 1966, Habituspräparat,
Präparation Hans Schmid, 23 x 19 x 18

cm |**g** Turmfalke (*Falco tinnunculus*);
Sächsische Schweiz 1994, Habituspräparat, Präparation Jens Ziegler, 22 x 33 x
16 cm |**h** Amsel (*Turdus merula*); Dresden
1982, Habituspräparat, Präparation Hans
Schmid, 19 x 25 x 25 cm |**i** Hausrot-
schwanz (*Phoenicurus ochruros*); 1962, Ha-
bituspräparat, 13 x 12 x 9 cm |**j** Mehl-
schwalbe (*Delichon urbica*); 1987, Habituspräparat, Präparation Christophe Dose,
13 x 13 x 10 cm |**k** Stockente (*Anas
platyrhynchos*); Dresden 1963, Habitus-
präparat, 39 x 33 x 20 cm |**l** Zwei Wan-
derratten (*Rattus norvegicus*); Dresden
1948, Habituspräparat, 33 x 33 x 40 cm
|**m** Hausratte (*Rattus rattus*); 1997, Habi-
tuspräparat, 15 x 25 x 20 cm | Stein-
marder (*Martes foina*); 1956, Dermoplastik,
30 x 60 x 25 cm |**n** Braunbrust-Igel
(*Erinaceus europaeus*); o. J., Dermoplastik,
29 x 17 x 17 cm |**o** Wildkaninchen
(*Oryctolagus cuniculus*); 1963, Habituspräpa-
rat, Präparation Hanno Stötzer, 30 x 20
x 34 cm |**p** Rotfuchs (*Vulpes vulpes*);
1952, Dermoplastik, 96 x 35 x 55 cm |
Staatliche Naturhistorische Sammlungen
Dresden, Museum für Tierkunde
(C400036, ohne, C42757, C 41668,
C42717, ohne, C 52936, C49324, C 42682,
C51195, C58891, B87711/ B8712,
B19541, B9523, B23870, B10135, B9350)

43
Modelle landwirtschaftlicher
Schädlinge von Alfred Keller
(1902–1955)
1930–1955, Wachs, Holz, Glassturz
|**a** Kornkäfer (*Sitophilus granarius*); 43 x
59 x 42,5 cm |**b** Kartoffelkäfer (*Leptino-
tarsa decemlineata*); 14 x 30,5 x 36,5 cm
Humboldt-Universität zu Berlin, Zoologische Lehrsammlung (21.10.15.2-87;
21.10.15.2-80c)

44
Streichholzbrief »Halt Kartoffel-
käfer«
Dresden um 1950; Papier, Holz, 5,2 x
5,4 cm | Stiftung Deutsches Hygiene-
Museum, Dresden (2002/738)

11 Nackter Affe oder
Krone der Schöpfung

1
Das verlorene Paradies
Franz von Stuck (1863–1928) | 1897,

Öl auf Leinwand, 200 x 290 cm | Staatliche
Kunstsammlungen Dresden, Gemäldegalerie Neue Meister (2435 B), **Abb. 106**

2
Filminstallation eines Gorillas
Pongoland, Leipzig 2002, Joseph Call
und Imke Volkers | Stiftung Deutsches
Hygiene-Museum, Dresden

3
Die Erschaffung der Welt von
Lucas Cranach d. Ä. (1472–1553)
Holzschnitt, handkoloriert | In: *Biblia, das
ist, die gantze Heilige Schrifft Deudsch. Mart.
Luth. Wittemberg. Begnadet mit Kürfürstlicher
zu Sachsen freiheit.*, Bd. 1, Wittemberg 1534 |
Stiftung Weimarer Klassik, Herzogin Anna
Amalia Bibliothek (CI I: 58 b), **Abb. 107**

4
Darstellungen zur Naturge-
schichte des Menschen
|**a** *Tabelle zur Klassifizierung des Tierreichs
Regni Animals, Classis Prima QV ADRVPEDIA,
Des Thier = Reichs, Erste Klasse, die Vierfüßi-
gen*; In: *Systema Naturae... Natur = Systema,
oder Die in Ordentlichen Zusammenhänge vorge-
tragene Drey Reiche der Natur nach ihren Clas-
sen, Ordnungen, Geschlechten und Arten* von
Carl von Linné (1707–1778), Halle 1740
|**b** *Darstellung der Stufenleiter der Natur*;
In: Charles Bonnet (1720– 1793) *Contem-
plation de la Nature*. In: *Ouvres de l'Histoire
Naturelle et de Philosophie*, Bd. 4, Teil 1, Neu-
chatel 1781, gestochen von Gotfred Bradt
(1741–1770), **Abb. 108** | Sächsische
Landesbibliothek – Staats- und Universitätsbibliothek, Dresden (Hist. nat. B. 275;
Hist. nat. B. 318-4)

5
Völkerschauplakate
|**a** *Kanaken: Die letzten Kannibalen der Südsee*;
Adolph Friedländer, Hamburg 1931,
Farblithografie, 59 x 86 cm |**b** *Die
Lippen-Negerinnen aus Central-Afrika »Lebend«*;
Berlin um 1910, Farblithografie, 71 x
47,2 cm, **Abb. 111** | Hagenbeck Archiv,
Hamburg |**a** (ohne) | Münchner Stadtmu-
seum |**b** (P 72/1459)

6
Kopie der Büste von Angelo Soli-
man (1721–1796) nach dem Origi-
nal aus der Sammlung von Franz
Joseph Gall (1758–1828) im Wiener
Rollettmuseum

Georg Ernst Franzke | Wien 1997, Kunst-
harz, 46 x 22 x 21 cm | Abteilung Archä-
ologische Biologie und Anthropologie,
Naturhistorisches Museum Wien

7
Präparat eines afrikanischen Men-
schen von 1830
Standbild aus *Der ausgestopfte Mohr – der
Mensch als Exponat* | Dokumentarfilm
2002, Christian Schumacher und Gorch
Pieken | DIPOL-Film/Deutsches Histori-
sches Museum, Berlin, **Abb. 110**

8
Schriften zur Evolutionstheorie,
Abstammungslehre und zur Evolu-
tion von Verhalten von Charles
Darwin (1809–1882)
|**a** *The Origin of Species by Means of Natural
Selection, or the Preservation of Favoured Races
in the Struggle for Life* (Die Entstehung der
Arten durch natürliche Zuchtwahl oder
die Erhaltung der begünstigten Rassen im
Kampfe um's Dasein), 6. Aufl., London
1889 |**b** *The Descent of Man and Selection in
Relation to Sex* (Die Abstammung des Men-
schen und die geschlechtliche Zucht-
wahl), 2 Bde., London 1871 |**c** *The
Expression of the Emotions in Man and Animals*
(Der Ausdruck der Gemütsbewegungen
bei den Menschen und Thieren), London
1872 | Sächsische Landesbibliothek –
Staats- und Universitätsbibliothek, Dres-
den (HL 2563 O 69.889 [6]; Zool. 141
4°; Phil. B. 984m)

9
Systematischer Stammbaum des
Menschen **dargestellt von Ernst**
Haeckel (1834–1919)
In: *Anthropogenie oder Entwicklungsgeschichte
des Menschen, Teil 2: Stammesgeschichte des
Menschen*, Leipzig 1910, 6. Aufl. | Stiftung
Deutsches Hygiene-Museum, Dresden
(1/417,2), **Abb. 109**

10
Darstellung eines modernen
evolutionären Stammbaums
Elisabeth Vrba (geb. Münchmeyer), grafi-
scher Entwurf Susan Hochgraf | New
Haven, Connecticut, 30 x 40 cm |
Elisabeth Vrba (geb. Münchmeyer),
Department of Geology and Geophysics,
Yale University, New Haven, Connecticut

11

Christliches Menschenbild und moderne Evolutionstheorien
Botschaft von Papst Johannes Paul II. an die Mitglieder Vollversammlung der Päpstlichen Akademie | In: *L'Osservatore Romano*, Wochenausgabe in deutscher Sprache, Vatikanstadt: 26(1996)44 vom 1. Nov., Schwabenverlag AG, Ostfildern

12

Anthropogenie oder Entwicklungsgeschichte des Menschen **von Ernst Haeckel (1834–1919)**
|**a** Darstellung *Keimesgeschichte des Antlitzes*; In: Teil 2 *Stammesgeschichte des Menschen*, 5. Aufl., Leipzig 1903, **Abb. 112** |**b** *Säugethier Keime*; In: Teil 1 *Keimesgeschichte des Menschen*; 6. Aufl., Leipzig 1910 | Sächsische Landesbibliothek – Staats- und Universitätsbibliothek, Dresden |**a** (H. nat. B.); Stiftung Deutsches Hygiene-Museum, Dresden |**b** (1/417,1)

13

Modelle zur Gesichtsentwicklung beim menschlichen Embryo von Friedrich Ziegler (1820–1889) nach Plattenmodellen von Karl Peter
Freiburg 1911, Wachs auf Holzständer |**a** Embryo 1, ca. 26 Tage alt, Nackensteißlänge 4,7 mm, 29 x Dm 20 cm |**b** Embryo 2, ca. 30–31 Tage alt, größte L 10,3 mm, 27 x Dm 30 cm |**c** Embryo 4, ca. 37–38 Tage alt, größte L weniger als 15 mm, 35 x Dm 25 cm |**d** Embryo 5, ca. 60 Tage alt, 40 x Dm 30 cm, **Abb. 113** | Freie Universität Berlin, Fachbereich Veterinärmedizin, Institut für Veterinäranatomie (ohne)

14

Zwei anatomische Modelle zur Entwicklung eines Affenembryos in vergrößertem Maßstab nach Emil Selenka (1842–1902)
Um 1890, Pappe, Wachs |**a** 13 x 30 x 19 cm |**b** 13 x 31 x 23 cm | Humboldt-Universität zu Berlin, Institut für Anatomie des Universitätsklinikums Charité (ohne)

15

Vergleich der Skelette von Mensch und Primaten
|**a** Skelett eines Menschen (*Homo sapiens*) männlich; Firma Meusel, Sonnenberg / Thüringen Anfang 20. Jh., Knochenpräparat, **Abb. 114** |**b** Skelett eines Gorillas in der Haltung des Knöchelgangs; um 1980,

Knochenpräparat, 103 x 97 x 45 cm, **Abb. 115** |**c** Skelett eines Menschenkindes (*Homo sapiens*); Günter Wilcke, 1957, Knochenpräparat, 59 x 15 x 12 cm |**d** Skelett eines Affenkindes, Knochenpräparat, 57 x 20 x 20,5 cm | Staatliche Naturhistorische Sammlungen Dresden, Museum für Tierkunde |**a** (MTD B 1864); Naturmuseum und Forschungsinstitut Senckenberg, Frankfurt a. M. |**b** (ohne); Humboldt-Universität zu Berlin, Institut für Anatomie des Universitätsklinikums Charité |**c–d** (M10; 25557)

16

Vergleich der Skelette der Hand von Mensch und Affe
|**a** Menschenhand (*Homo sapiens*), o. J., Knochenpäparat, 9 x 8,5 x 43 cm |**b** Affenhand, Knochenpräparat, 2,5 x 9,5 x 27 cm | Humboldt-Universität zu Berlin, Institut für Anatomie des Universitätsklinikums Charité (ohne)

17

50 Tiergehirne aus der Sammlung von Ludwig Edinger (1855–1918)
Frankfurt 1904–1918, Flüssigpräparate Stachelrochen (*Trygon spec.*) |**a** Karpfen (*Cyprinus carpio*) |**b** Glatter Hammerhai (*Sphyrna zygaena*) |**c** Großer Sandaal (*Ammodytes lanceolatus*) |**d** Skorpionsfisch (*Acantocottus scorpio*) |**e** Goldfisch (*Cyprinus auratus*) |**f** Meeresschildkröte (*Chelone imbricata*) |**g** Alligator (*Alligator luc.*) |**h** Nashornleguan (*Metopocerus (Iguana) cornu*); Bindenwaran (*Varanus salvator*) |**i** Python (*Python*) |**j** Nilkrokodil (*Crocodylus niloticus*) |**k** Hügel-Mynahs (*Eulabes religiosa*) |**l** Haushuhn (*Gallus domesticus*) |**m** Graugans (*Anser spec.*) |**n** Kuba-Amazone (*Androglossa leukocephala*) |**o** Sperbereule (*Surina ulula*) |**p** Saatkrähe (*Corvus frugilegus*) |**q** Maus |**r** Fledermaus (*Pteropus*) |**s** Nashorn (*Rhinoceros*) |**t** Pferd (*Equus cabalus*) |**u** Elefant (*Elephas indicus*) |**v** Igel |**w** Schuppentier (*Manis*) |**x** Kurzschwanz-Stachelschwein (*Hystrix subcrist*) |**y** Seehund (*Phoca vitulina*) |**z** Löwe (*Panthera leo*) |**A** Schneeleopard (*Panthera unica*) |**B** Puma (*Felis concolor*) |**C** Wolf (*Canis virginianus*) |**D** Dobermann (*Canis lupus familiaris*) |**E** Fischotter (*Lutra nair*) |**F** Delfin (*Tursiops tursio*) |**G** Kamel (*Kamelus spec.*) |**H** Panda (*Pudua pudua*) |**I** Axishirsch (*Axis axis*) |**J** Rothirsch (*Cervus elaphus*) |**K** Giraffe (*Giraffa came-*

lopardalis) |**L** Mufflon (*Ovis musimon*) |**M** Ziege (*Capra hircus*) |**N** Ochse (*Bos primigenius taurus*) |**O** Fleckenhyäne (*Hyaena striata*) |**P** Makake (*Lemur macacus*) |**Q** Weißgesicht Kapuzineraffe (*Cebus capucinus*) |**R** Meerkatze (*Cercopithethecus callitrichus*) |**S** Rhesusaffe (*Rhesus*) |**T** Anubis-Pavian (*Cynecephalus anubis*) |**U** Schimpanse (*Pan troglodytes*) |**V** Mensch (*Homo sapiens sapiens*) | Neurologisches Institut (Edinger Institut, Johann Wolfgang Goethe-Universität), Frankfurt a. M. (110, 18, 47, 42, 119, 11, 198, 200, 211, 215, 222, 199, 458, 329, 281, 392, 421, 445, 341, 295, 492, 493, 517, 290, 294, 317, 375, 408, 414, 416, 434, 440, 472, 482, ohne, 527, 529, 534, 548, 566, 570, 581, 407, 488, 501, 519, 543, 557, 613, ohne)

18

Computerinstallation zur Mensch-Tier-Grenze mit aktuellen wissenschaftlichen Forschungsergebnissen
|**a** *Inactivation of CMP-N-acetylneuraminic acid hydroxylase occurred prior to brain expansion during human evolution* von H.H. Chou, T. Hayakawa, S. Diaz, M. Krings, E. Indriati, M. Leakey, S. Pääbo, Y. Satta, N. Takahata, A. Varki, in: *Proc. Natl. Acad. Sci. USA*, 21. 8. 2002, 10.1073 / pnas. 182257399 |**b** *Molecular evolution of FOXP2, a gene involved in speech and language* von W. Enard, M. Przeworski, S. Fisher, C. Lai, V. Wiebe, T. Kitano, A. Monaco, S. Pääbo, in: *Nature* 418: 869–872 (2002) |**c** *Intra- and Interspecific Variation in Primate Gene Expression Patterns* von W. Enard, P. Khaitovich, J. Klose, S. Zöllner, F. Heissig, P. Giavalisco, K. Niesel-Struwe, E. Muchmore, A. Varki, R. Ravid, G. Doxiadis, R. Bontrop. S. Pääbo, in: *Science*, Bd. 296, Nr. 5566, 12. 4. 2002 / 10.1126/science. 1.068996 |**d** *Humans and great apes share a large frontal cortex* von K. Semendeferi, A. Lu, N. Schenker und H. Damasio, in: *Nature Neuroscience*, Bd. 5, Nr. 3, 3. 3. 2002 |**e** *A forhead-domain gene is mutated in a severe speech and language disorder* von C. Lai, S. Fischer, J. Hurst, F. Varagha-Khadem, A. Monaco in: *Nature*, 413: 521 (2001) |**f** Forschungsarbeit zu »Spiegelneuronen« von Giacomo Rizzolatti und Vittorio Gallese an der Universität Parma, Italien; Bild aus: *New Scientist*, Bd. 169, Heft 2275, 27. 1. 2001, **Abb. 124** |**g** *Mitochondrial genome variation and the origin of modern humans* von M. Ingman, H. Kaessmann, S. Pääbo, U. Gyllensten,

in: *Nature*, 408:709 (2000) |**h** *The Cultural Origins of Human Cognition* von Michael Tomasello, Cambridge, Massachusetts, 1999

19
Hörinstallation zum Spracherwerb und zur Sprachentwicklung bei Kleinkindern
|**a** Tonaufnahmen von indonesischen Kleinkindern; Indonesien 2002, Max-Planck-Institut für evolutionäre Anthropologie, Jakarta Field Station, Indonesien |**b** Tonaufnahmen von deutschen Kleinkindern im Alter von 9 Monaten bis 4 Jahren; Leipzig 1999–2002, Max-Planck-Institut für evolutionäre Anthropologie

20
Installation zur Menschwerdung nach der Chronologie der Hominiden von Friedemann Schrenk
|**a** *Schädel von Sahelanthropus tchadensis* (Toumaï) entdeckt 2001 von Michel Brunet; Djurab-Wüste, Tschad zwischen 6–7 Mio. Jahre, Fotografie, **Abb. 123** |**b** Fundstücke von *Orrorin tugensis* (Millennium Man) entdeckt 2000 von Martin Pickford und Brigitte Senut; Tugen Hills, Kenia um 6 Mio. Jahre, Fotografie |**c1** Fundstücke von *Ardipithecus ramidus kaddaba* entdeckt 1998 von Yohannes Haile-Selassie; Afar-Senke, Äthiopien 5,8–5,2 Mio. Jahre, Fotografie 1999 |**c2** Kinderunterkiefer von *Ardipithecus ramidus* entdeckt 1992/93 von Tim White, Berhane Asfaw und Gen Suwa; Bei Aramis, Äthiopien 4,4 Mio. Jahre, Fotografie 1994 |**d** Unterkiefer von *Australopithecus anamensis* (KP 29281) entdeckt 1994 von Peter Nzube; Kanapoi, Kenia um 4 Mio. Jahre, Abguss |**e** Zusammengesetzter Schädel von *Australopithecus afarensis* aus verschiedenen Funden; Hadar, Äthiopien um 3,5 Mio. Jahre, Abguss, 19 x 14 x 19 cm |**f** Schädel von *Kenyanthropus platyops* (Flachgesichtiger Kenia-Mensch) entdeckt 1999 von Justus Erus und Meave Leakey; Lomekwi, Kenia 3,5–3,2 Mio. Jahre, Abguss | **g** Kieferfragment von *Australopithecus bahrelgazali* (KT12/H1) entdeckt 1996 von Michel Brunet und Yves Coppens; Bei Bar el Ghazal, Tschad 3,5–3 Mio. Jahre, Fotografie |**h** Schädel von *Australopithecus africanus* (Mrs. Ples) entdeckt 1947 von Robert Broom; Sterkfontein, Südafrika 3–2 Mio. Jahre, Abguss, 13 x 13 x 18 cm |**i** Ergänzter Schädel von *Australopithecus*

garhi (BOU-VP-12/130) entdeckt 1997 von Yohannes Haile-Selassie, Berhane Asfaw und Tim White; Bouri, Äthiopien um 2,5 Mio. Jahre, Fotografie 1999 |**j** Schädel von *Australopithecus aethiopicus* (Black Skull) entdeckt 1985 von Alan Walker; West Turkana, Kenia 2,5 Mio Jahre, Abguss, 10 x 15,5 x 22 cm |**k** Schädel von *Paranthropus robustus* (SK 48) entdeckt 1950 von Piet Fourie; Swartkrans, Südafrika 2–1,5 Mio. Jahre, 12 x 15 x 17 cm |**l** Schädel von *Paranthropus boisei* (KNM ER 406) entdeckt 1969 von Richard Leakey; Koobi Fora, Kenia, um 1,7 Mio. Jahre, Abguss, 17 x 18 x 19 cm |**m** Schädel von *Homo rudolfensis* (KNM ER 1470) entdeckt 1972 von Bernard Ngeneo; Koobi Fora, Kenia um 1,8 Mio. Jahre, Abguss, 16 x 14 x 17 cm |**n** Schädel von *Homo habilis* (KNM ER 1813) entdeckt 1973 von Kamoja Kimeu; Koobi Fora, Kenia um 1,9 Mio. Jahre, Abguss, 14 x 11 x 15,5 cm, **Abb. 121** |**o** Schädel von *Homo erectus / ergaster* (KNM ER 3733) entdeckt 1975 von Bernard Ngeneo; Koobi Fora, Kenia 1,8–1,7 Mio. Jahre, Abguss, 17 x 14 x 18 cm |**p** Schädel von *Homo neanderthalensis* (La Ferrassie 1) entdeckt 1909 von Louis Capitan und Denis Peyrony; La Ferrassie, Frankreich, um 70 000 Jahre, Abguss, 18 x 15 x 20 cm |**q** Schädel von *Homo sapiens* (Skuhl V) entdeckt 1932 von Theodore D. McCown und Hallam L. Movius Jr.; Bei Mount Carmel, Israel, um 90 000 Jahre, Abguss, 24 x 15 x 21 cm | Mission Paléoanthropolique Franco-Tschdienne (M.P.F.T.), Michel Brunet, Université de Poitiers |**a** | Brigitte Senut, Museum National d'Histoire Naturelle, Paris, Fotograf: Marc Deville |**b** | Tim White, University of California at Berkeley, Fotograph: David L. Brill, Atlanta |**c1–c2, i** | Naturmuseum und Forschungsinstitut Senckenberg, Frankfurt a. M. (ohne; STS 5; SK 48; KNM-ER 406; KNM-ER 1470; KNM-ER 1813; KNM-ER 3733; La Ferrassie 1; Skuhl V) |**d, h, k–q** | Johann Wolfgang Goethe-Universität, Frankfurt a. M., Institut der Anthropologie und Humangenetik (ohne) |**e** | Privatbesitz |**f** | Michel Brunet, Poitiers, Frankreich (KT12/H1) |**g** | Neanderthal Museum, Mettmann |**j** (NM 94/98)

21
Erste kulturelle Zeugnisse des Menschen
|**a** Faustkeil; Markkleeberg (Leipziger

Land) um 280.000 v. Chr., Feuerstein, 6 x 9 x 6 cm **Abb. 125** |**b** Mikrolithen; Reichwalde (Niederschlesischer Oberlausitzkreis) um 12 000 v. Chr., Feuerstein, 0,3 x 2 x 1,5 cm; 0,3 x 2,5 x 0,5 cm; 0,3 x 1,5 x 0,5 cm |**c** Feuerstelle Reichwalde (Niederschlesischer Oberlausitzkreis) 8 000–500 v. Chr., Sand, Holzkohle, 1 x 80 x 40 cm |**d** Fundstücke aus einem Kindergrab; Zauschwitz (Lkr. Leipziger Land) um 3500 v. Chr., Ton, Knochen, Stein, Muscheln, auf einer Fläche von 70 x 110 cm, **Abb. 126** |**e** Schieferplatte mit der Einritzung mehrerer Wildpferde; Groitzsch (Lkr. Delitzsch) um 12000–10000 v. Chr., 1 x 6 x 3 cm, **Abb. 127** |**f** »Venus von Zauschwitz«; Zauschwitz (Lkr. Leipziger Land) um 5 000–4 500 v. Chr., Ton, 6,7 x 3,9 x 2,2 cm, **Abb. 128** |**g** Sechs bemalte Kiesel; Mas-d'Azil, Frankreich 10 000–8 000 v. Chr., Kieselstein, Rötel, versch. Maße, **Abb. 129** |**h** Rötel; Dresden-Nickern um 5 000 v. Chr., roter Mineralfarbstoff, 5 x 8 x 6 cm | Landesmuseum für Vorgeschichte Dresden (7612/77; 2756/17978/14349 [Befund 5028]; 4076/ R9549; D253/83; 2282/ 64; D172/83, D173/83, D175/83, D176 /83, D181/ 83, D189/83; DD23/478)

12 Intelligenzbestien

1
Affen als Kunstrichter
Gabriel von Max (1840–1915) | um 1889, Öl auf Leinwand; 84,5 x 107,5 cm | Bayerische Staatsgemäldesammlungen München, Pinakothek (7781), **Abb. 130**

2
Versuche von Bernhard Rensch zum ästhetischen Empfinden bei Schimpansen aus den 1960er Jahren in Münster
|**a** »Julia« beim Malen; Fotografie, 17,5 x 23,5 cm, **Abb. 136** |**b** Malerei der Schimpansin »Julia« im Alter von etwa 6 Jahren: Entwicklung zu einer stärker gegliederten Flächenstruktur; Farbe auf Karton, 31,3 x 44,5 cm |**b** Malerei der Schimpansin »Julia« im Alter von etwa 6 Jahren: Entwicklung eines schwungvollen rundlichen Duktus; Farbe auf Karton, 31 x 38 cm, **Abb. 137** |**c** Anpassung der Pinselstriche an die Gestalt eines Dreiecks von der Schimpansin »Lotte«; Farbe auf

Karton, 16,3 x 25,3 cm |d Anpassung
der Pinselstriche an die Gestalt von zwei
ineinander liegenden Dreiecken von
der Schimpansin »Lotte«; Farbe auf Karton,
24 x 21,2 cm | Prof. Dr. Gerti Dücker,
Westfälische Wilhelms-Universität Münster (ohne; ohne; ohne; Blatt 82; Blatt 83)

3

**Objekte für den Sprachunterricht
des Graupapageis »Alex«**
2002, Metall, Stoff, Holz, Farbe, 1,5 x 35 cm
| Irene M. Pepperberg, The Alex Founda-
tion, Waltham, Massachusetts/USA (ohne)

4

**»Künstliche Frucht« für Experi-
mente zur Erlernung der Nachahmung**
St. Andrews um 1996, Farbe auf Plexiglas,
Metall, 22 x 22 x 27 cm | Andrew
Whiten, Professor of Evolutionary and
Developemental Psychology, University
of St. Andrews, St. Andrews, Schottland
(ohne)

5

**Drei Tastaturen zum Erlernen
einer Symbolsprache bei Affen**
2002, bedruckter und laminierter Karton,
jeweils 29 x 51 cm | Georgia State
University Language Research Center,
Atlanta, Georgia/USA (ohne), **Abb. 135**

6

**Von Krähen (Corvus moneduloides)
hergestellte Werkzeuge**
|a Zwei Blätter mit ausgeschnittenen
kammartige Werkzeuge; New Caladonia/
Neuseeland o. J., 0,2 x 1,7 x 23,5 cm;
0,1 x 1 x 15,0 cm; 0,2 x 1,5 x 28,5 cm;
0,1 x 1 x 22 cm |b Zwei Hakenwerk-
zeuge aus Zweigen; New Caladonia/
Neuseeland o. J., 0,3 x 2 x 10,5 cm; 0,1 x
1 x 15 cm, **Abb. 131** |c Hakenwerkzeug
aus Draht; Oxford, England 2002, Metall,
0,08 x 2,5 x 7,5 cm | Dr. Gavin Hunt,
University of Auckland/Neuseeland |a–b
(ohne) | Behavioral Ecology Research
Group, University of Oxford, England |c
(ohne)

7

**Von Orang-Utans (Pongo pyg-
maeus) hergestellte Werkzeuge**
Dresden 2002, Holz, ohne Maße |
Zoo Dresden

8

**Zum Nüsseknacken genutzte
Werkzeuge der Affen des Taï-Wal-
des der Elfenbeinküste Afrikas**
|a Steinhammer (Kopie), Gips, 12 x 17 x
10 cm |b Amboss (Kopie), Gips,
10 x 40 x 23 cm |c Amboss (Kopie),
Gips, 8 x 23 x 11 cm |d Amboss-Stamm
(Kopie), Gips, 13 x 34 x 15 | Krefelder
Zoo, Krefeld (ohne)

9

**Coula- und Detarium-Nüsse aus
dem Taï-Wald der Elfenbeinküste**
2002, ohne Maße | Max-Planck-Institut
für evolutionäre Anthropologie, Leipzig
(ohne)

10

**Diagramm zum Kulturvergleich
afrikanischer Schimpansengesell-
schaften in sechs Freilandstationen**
2002, Diapositiv, 95 x 60 cm | Mit
freundlicher Genehmigung von Andrew
Whiten, Professor of Evolutionary and
Developmental Psychology, University
of St. Andrews, Schottland und Macmillan
Publishers Ltd., London, England; Aus:
Cultures in Chimpanzees. Von: A. Whiten,
J. Goodall, W.C. McGrew, T. Nishida, V.
Reynolds, Y. Sugiyama, C.E.G. Tutin, R.W.
Wrangham und C. Boesch. In: *Nature*,
Bd. 399, 17. 6.1999, **Abb. 140**

11

**Filmcollage aus Video-Ausschnit-
ten mit Versuchen zu Intelligenz-
leistungen bei Tieren**
Dresden 2002, DVD Farbe und Schwarz-
weiß, etwa 15 min |a »Entfernungs-
und Richtungsweisung bei der Honig-
biene – Rund- und Schwänzeltanz«; Karl
von Frisch und Martin Lindauer Mün-
chen, Würzburg 1979 |b Krähe (*Corvus
moneduloides*) bei der Herstellung und Nutzung eines Hakenwerkzeugs aus Draht;
Alex Wier, Jackie Chappell und Alex Kacel-
nik, Oxford 2002 |c Versuchsanord-
nungen zu den kognitiven und kommu-
nikativen Leistungen des Graupapageis
Alex von Irene Pepperberg | Aus: »Wenn
die Tiere reden könnten: 2. Denken –
Rechnen – Träumen« | Volker Artz und
Immanuel Birmelin, Deutschland 1998
|d Versuchsanordnung zum Erkennen
ihres Spiegelbilds beim Delfin (*Turisiops
truncatus*); Diana Reiss und Lori Marion,
Brooklyn, New York 2000/01

|e *Intelligenzprüfungen an Menschenaffen* |
Wolfgang Köhler, 1914–1917 |f *Some
General Reactions of a Human and a Chimpan-
zee Infant after 6 Months in the Same Environ-
ment* (Einige allgemeine Reaktionen eines
Menschen- und eines Schimpansenkindes
nach 6 Monaten in der gleichen Umgebung); Winthrop N. Kellog und Luella
A. Kellog, 1931/1932 |g Versuchsanord-
nungen zu den kognitiven Leistungen der
Bonobos Kanzi und Panbanisha in Berei-
chen Sprache, Kultur und Werkzeuge von
Sue Savage-Rumbaugh und Team, Atlanta
1996, 1998, 1999 |h Intelligenzexpe-
rimente mit Gorillas und Orang-Utans in
Pongoland des Leipziger Zoos von Josep
Call und Nick Mulcahy, Leipzig 2002
|j Nachahmungsexperiment beim Schim-
pansen mithilfe einer »Künstlichen
Frucht« von Andrew Whiten, Christine
Ruschak und Colin McNab, Parc National
du Haut Niger, Guinea, Afrika, und
St. Andrews, Schottland, UK |k Kulturell
tradierte Verhaltensweisen bei Schimpansen des Taï-Walds der Elfenbeinküste
Afrikas, Christophe Boesch, Tobias Desch-
ner und Roman Wittig, Taï-Wald, Elfen-
beinküste/Afrika, 1999 | Filmverleih |a
| Behavioral Ecology Research Group,
University of Oxford, Oxford/England |b
| ZDF |c | Diana Reiss, New York Aqua-
rium, Brooklyn, New York/USA |d | In-
stitut für den wissenschaftlichen Film,
Göttingen |a,e–f | mit freundlicher Ge-
nehmigung von Karin Köhler-Green |e |
mit freundlicher Genehmigung der Pennsylvania State University, University Park/
USA |f | Georgia State University Lan-
guage Research Center, Atlanta, Georgia/
USA |g | Max-Planck-Institut für evolu-
tionäre Anthropologie, Leipzig |h | Prof.
Andrew Whiten, Professor of Evolutionary
and Developmental Psychology, University
of St. Andrews, Schottland |j | Wild Chim-
panzee Foundation, c/o Max-Planck-Institut
für evolutionäre Anthropologie, Leipzig |k

**13 Mythen und
Mischwesen**

1

**Projektion Coyote. *I like America
and America likes Me.***
Joseph Beuys (1921–1986) | New York
1974, Performance in der Galerie René
Block | Film von Helmut Wietz, 16 mm,
schwarzweiß, 37 min | Produktion /

Abb. 141

2

Modell eines Wappenpfahls mit *Donnervogel* **und** *Raubwal*

British Columbia, Salish-Sechelt, 19. Jh., Sammlung Schauinsland 1897, Holz, bemalt, 88 x 47 x 47 cm | Übersee-Museum Bremen (C 000511), **Abb. 142**

3

Schamanenmaske mit Tierohren, Tierzähnen und Tierhaaren

Alaska, Tlingit 19. Jh., Sammlung Thyarks, 1872, Holz, bemalt, Grafit, Fell, Tierzähne, Leder, 23 x 18 x 10 cm | Übersee-Museum Bremen (C 00217), **Abb. 143**

4

Rasseln mit Tiersymbolen zum Gebrauch bei schamanistischen Ritualen

|a Rassel eines Schamanen mit der Darstellung von Adler, Schamane und Frosch; British Columbia, Bella Coola 19. Jh., Sammlung Umlauff 1893, Holz bemalt, 10 x 11 x 38 cm |b Rasselstab eines Schamanen mit der Darstellung von Bär, Rabe und Frosch; Alaska, Tlingit 19. Jh., Sammlung Thyarks 1872, Holz, Rasselteile aus Papageientaucherschnäbeln und Bast, 10 x 11 x 38 cm |c Rassel eines Schamanen in Vogelgestalt; British Columbia, Bella Coola 19. Jh., Sammlung Umlauff 1893, Holz bemalt Bandumwicklung an Stiel, 13,5 x 10,5 x 33 cm | Übersee-Museum Bremen (C 2996; C 00197; C 2997)

5

Männliche Figur – Hilfsgeist

Alaska, Tlingit 19. Jh., Sammlung Thyarks 1872, Holz, bemalt, 22 x 6,5 x 5,5 cm | Übersee-Museum Bremen (C 00211), **Abb. 144**

6

Maske eines Schamanen

British Columbia, Bella Coola 19. Jh., Sammlung Umlauff 1893, Holz, schwarz bemalt, Haare aus Rindenbast, 45 x 31 x 27 cm | Übersee-Museum Bremen (C 2915)

7

Pfeifenkopf

Alaska 19. Jh., ausgestellt auf der »Ethnographischen Ausstellung« Bremen 1872, Holz, Metalleinsatz, 5,5 x 3 x 10 cm | Übersee-Museum Bremen (C 00372)

8

Krokodilkopf

Nordwestküste, Kanada/USA 19. Jh., Holz bemalt, 7 x 20 x 7 cm | Übersee-Museum Bremen (C 09219)

9

Vogelkopf, Aufsatzteil Rabenkopf

Alaska 19. Jh., Sammlung Thyarks 1872, Holz bemalt, 6 x 4 x 18 cm | Übersee-Museum Bremen (C 00222)

10

Sphinx

ägyptisch, Römerzeit, Kalkstein, 27 x 20 x 62 cm | Staatliche Kunstsammlungen Dresden, Skulpturensammlung (Aeg. 766), **Abb. 145**

11

Tierköpfige Gottheiten aus dem Alten Ägypten

|a Sitzfigur des Gottes Mahes; Leontopolis, griechisch-römische Zeit, Bronze, Gold, H 58 x 15 x 30 cm, **Abb. 147** |b Widderköpfiger Amun oder Chnum; Herkunft unbekannt, Spätzeit, 650–525 v. Chr., Bronze, 17,3 x |c Bastet mit Sistrum; Herkunft unbekannt; Spätzeit, um 650 v. Chr., Bronze, Vollguss, 15 x 4 x 4 cm |d Anubis; Aus Sais, Spätzeit, 700–650 v. Chr., Bronze, 15 x 4 x 8 cm | 5,6 x 7 cm |e Thoeris. Nilpferdgestaltige Göttin der Fruchtbarkeit; ägyptisch, Spätzeit, um 711–332 v. Chr., Granit, 55 x 30 x 30 cm, **Abb. 148** | Staatliche Museen zu Berlin – Preußischer Kulturbesitz, Ägyptisches Museum und Papyrussammlung |a–d (13788; 13123; 11354; 11474) | Staatliche Kunstsammlungen Dresden, Skulpturensammlung |e (Aeg. 773)

12

Drei Eingeweidekrüge mit Tierköpfen. Jeweils auf der Vorderseite drei senkrechte Hieroglyphenzeilen mit dem Schutzgebet einer Tiergottheit

ägyptisch, 26. Dynastie, um 600 v. Chr., Kalkstein |a Pavian, H 28,7 cm |b Falke, H 32,8 cm |c Schakal, H 28,9 cm | Staatliche Kunstsammlungen Dresden, Skulpturensammlung (Aeg. 691; Aeg. 692; Aeg. 693)

13

Drei Tiersärge aus dem Alten Ägypten

Herkunft unbekannt, Spätzeit, 750–525 v. Chr., Bronze |a Spitzmaus; 3,5 x 2,2 x 8,5 cm, **Abb. 146** |b Schlange; 5,3 x 10 x 5,2 cm |c Eidechse; 2 x 7,5 x 1,5 cm | Staatliche Museen zu Berlin – Preußischer Kulturbesitz, Ägyptisches Museum und Papyrussammlung (26079; 12392; 26080)

14

Mischwesen und Tiersymbole in griechischen Terrakotten

|a »Sitzende Sphinx«; unteritalisch-hellenistisch, 3. Jh. v. Chr., Ton, 20 x 15 x 6 cm, **Abb. 149** |b »Aphrodite auf der Gans«; Griechisch, aus Attika, 460 v. Chr., Ton, H 16 cm |c »Europa auf dem Stier«; Griechisch, aus Böotien, 470–460 v. Chr., Ton, H 16,4 cm | Staatliche Kunstsammlungen Dresden, Skulpturensammlung (ZV 2833; ZV 1161; ZV 1262)

15

Mythologische Mensch-Tier-Darstellungen auf griechischen Vasen

|a Pelike »Kirke und Gefährte des Odysseus«; Äthiopier-Maler; attisch-rotfigurig. Griechisch, aus Athen, um 450 v. Chr., Ton, H 22,4 cm, **Abb. 150** |b Aryballos »Sirene«; Laurion-Maler; Griechisch, aus Korinth, um 580 v. Chr., Ton, H 14,6 cm, **Abb. 151** |c Skyphos »Tanzender Pan«; Pisticci-Maler; unteritalisch-rotfigurig. Unteritalienisch, aus Lukanien, um 420 v. Chr., Ton, H 20 cm, **Abb. 152** |d Lekythos »Satyre und Mänaden«; Attisch-schwarzfigurig. Griechisch, aus Athen, um 500 v. Chr., Ton, H 18,2 cm |e Amphora »Theseus und Minotaurus«; Attisch-schwarzfigurig, Griechisch, aus Athen, um 500 v. Chr., Ton, H 17 cm, **Abb. 153** |f Bauchamphora »Theseus im Kampf mit dem Kentauren«; Attisch-schwarzfigurig, Griechisch, aus Athen, um 540 v. Chr., Ton, H 32,6 cm |g Lekythos »Herakles im Kampf mit dem Löwen«; Attisch-schwarzfigurig. Griechisch, aus Athen, um 500 v. Chr., Ton, H 22 cm |h Aryballos »Greif«; Griechisch, aus Korinth, um 580 v. Chr., Ton, H 15,7 cm |i Lekythos »Herakles fesselt den kretischen Stier«; Attisch-schwarzfigurig. Griechisch, aus Athen, 1. V. 5. Jh. v. Chr., Ton, H 14,6 cm | Staatliche Kunstsammlungen Dresden, Skulpturensammlung (Dr. 387; ZV 1676; Dr. 387; Dr. 245;

Dr. 233; ZV 3066; ZV 2017; ZV 1677; ZV 2014)

16

Sternkarten mit Kennzeichnung der Tierkreiszeichen

|a *Karte des nördlichen und südlichen Sternhimmels aus dem Atlas contractus;* Peter Schenk d. Ä. (1660–1718); Amsterdam um 1705, kolorierter Kupferstich, 48,1 x 56 cm, **Abb. 154** |b *Karte des südlichen Sternhimmels;* Johann Gabriel Doppelmayr (1671–1750); Nürnberg 1741, kolorierter Kupferstich, 48,6 x 58 cm |c *Karte des nördlichen Sternhimmels;* Johann Gabriel Doppelmayr (1671–1750) und Johann Baptist Homann (1763–1724); Nürnberg 1741, kolorierter Kupferstich, 48,6 x 58 cm |d *Das Sonnensystem und die Planeten;* Johann Baptist Homann (1764–1724); um 1740, kolorierter Kupferstich, 48,6 x 58 cm | Sächsische Landesbibliothek – Staats- und Universitätsbibliothek, Dresden (Astron 130.92; Astron 130.28; Astron 130.28; Astron 131.24)

17

Himmelsglobus

Johann Gabriel Doppelmayr (1677–1750) und Johann Georg Puschner (1706–1754) | Nürnberg 1728, kolorierte Kupferstichsegmente, H 46 cm, Dm 32 cm | Staatliche Kunstsammlungen Dresden, Mathematisch-Physikalischer Salon (E II 12)

18

Nocturnal – Sternuhr

Erasmus Habermehl (? – Prag 1606) | um 1600, Messing, vergoldet und versilbet, Dm 11 cm | Staatliche Kunstsammlungen Dresden, Mathematisch-Physikalischer Salon (D I 1)

19

Die Reise ins Heilige Land (Peregrinatio ad terram sanctum)

(Dis buch ist innhaltend die heilige(n) reysen // gein Jherusalem zu dem heiligen grab // vnd furbasz zu der hochgeloben jung= // frowen vnd merteryn sant katheryn | 1503, Holzschnitt, 33,5 x 23,5 cm | Deutsches Historisches Museum, Berlin (95/328PA)

20

Erste Zukunft

Blatt 2 aus *Eva und die Zukunft, Opus III* | Max Klinger (1857–1920) | 1880,

Radierung, Aquatinta, 39,7 x 26,9 cm | Museum der bildenden Künste Leipzig (I.2520/3), **Abb. 155**

21

Tiere als Projektionsfläche für menschliche Ängste in Blättern von Alfred Kubin (1877–1959)

|a *Die Sauger,* 1903–1904, Feder, Tusche, aquarelliert und gespritzt auf Katasterpapier, 31,6 x 39,2 cm, **Abb. 156** |b *Das ahnende Kalb,* um 1905, Feder, Tusche, Farbkreiden laviert und gespritzt, 31,5 x 40 cm | Oberösterreichisches Landesmuseum, Linz, Graphische Sammlung (Ha II 7341; Ha II 3206)

14 Auslaufmodell Mensch?

1

Modell der DNS-Doppelhelix nach Crick und Watson

(Nachbau Maßstab 1:2) | Uwe Kellmann | 2000, Metall, 61 x 65 x 55 cm | Stiftung Deutsches Hygiene-Museum, Dresden (DHM 2002/915), **Abb. 157**

2

Drei Skulpturen aus der Installation Untiere

Iris Schieferstein (geb. 1966) | Berlin 1995–1997, Wachs | 16 x 26 x 17 cm; 17,5 x 51 x 12 cm | 22,5 x 12 x 8 cm | Iris Schieferstein, Berlin, **Abb. 158–160**

3

Genesis

Eduardo Kac (geb. 1962) | Chicago 1999, transgenetische Installation, 240 x 700 x 300 cm | Mit freundlicher Genehmigung der Julia Friedman Gallery, Chicago/USA **Abb. 161**

Hartmut Böhme Prof. Dr. phil., Studium der Germanistik, Theologie, Philosophie und Pädagogik. Seit 1993 Professor für Kulturtheorie und Mentalitätsgeschichte an der Humboldt-Universität Berlin. Veröffentlichungen u. a. *Feuer, Wasser, Erde, Luft. Eine Kulturgeschichte der Elemente* (mit Gernot Böhme), München 1996; *Orientierung Kulturwissenschaften* (mit Peter Matusek und Lothar Müller), Reinbek 2000.

Jacques Derrida Studium an der École Normale Superieure in Paris, von 1969–1964 lehrte er Philosophie an der Sorbonne in Paris, ab 1964 Philosophiegeschichte an der École Normale Superieure, häufige Gastprofessuren in den USA. An Heidegger anknüpfend, entwirft Jacques Derrida ein Programm der Dekonstruktion der abendländischen metaphysischen Tradition seit Platon. Hauptwerke: *Glas*, Paris 1974; *Grammatologie*, Frankfurt a. M. 1974; *Die Postkarte. Von Sokrates bis an Freud und Jenseits*, Berlin 1982/87; *Politik der Freundschaft*, Frankfurt a. M. 2000

Walter Grasskamp Prof. Dr. phil., Studium der Literaturgeschichte, Kunstgeschichte, Philosophie und Soziologie in Köln, Konstanz und Aachen. Seit 1995 Ordinarius für Kunstgeschichte an der Akademie der Bildenden Künste in München. Arbeitsschwerpunkte sind die Kunst des 20. Jahrhunderts und zeitgenössische Kunst, Museumsgeschichte, Kunstsoziologie, Kulturpolitik, Kunst im öffentlichen Raum. Zahlreiche Veröffentlichungen; zuletzt *Kunst und Geld. Szenen einer Mischehe*, München 1998; *Konsumglück. Die Ware Erlösung*, München 2000; (hrsg. mit Wolfgang Ullrich) *Mäzene, Stifter und Sponsoren. Fünzig Jahre Kulturkreis der deutschen Wirtschaft im BDI. Ein Modell der Kulturförderung*, Ostfildern-Ruit 2001; *Ist die Moderne eine Epoche? Kunst als Modell*, München 2002.

Jasdan Joerges Dr. rer. nat., Studium der Biologie und Informatik mit den Schwerpunkten Gehirnforschung, künstliche Intelligenz und Anthropologie. Bis 1997 wissenschaftlicher Mitarbeiter an der Freien Universität Berlin, danach tätig als Wissenschaftsjournalist. Zuletzt Kurator der Abteilung »Dschungel« der Berliner Ausstellung »Sieben Hügel. Bilder

und Zeichen des 21. Jahrhunderts« zum Millennium.

Diemut Klärner Dr. phil. nat., Biologiestudium an der Universität Frankfurt a. M., anschließende Promotion. Tätigkeit im Museumsbereich, in der Öffentlichkeitsarbeit und als Wissenschaftsjournalistin u. a. für die *Frankfurter Allgemeine Zeitung* und die *Süddeutsche Zeitung*.

Claus-Peter Lieckfeld ist nach dem Studium (Deutsch und Sozialkunde) nicht Lehrer, sondern Journalist geworden. 1981 Mitglied der Gründungsmannschaft von Horst Sterns Umweltmagazin *nature* in München – bis 1988. Danach Chefredakteur für WWF-Publikationen, seit Mitte der 1990er Jahre freier Autor. Er schreibt für Zeitungen wie *GEO, DIE ZEIT*, das Magazin der *SZ* und *Merian* über Ökologie, Umwelt, Tiere, Pflanzen. Zahlreiche Buchveröffentlichungen, u. a. *Rinaldo ist ein Esel*, Steinfurt 1996, zuletzt *Mythos Vogel*, München 2002. Dem hier abgedruckten Beitrag liegt ein Essay in *GEO*, 12/1999 zugrunde.

Thomas Macho Prof. Dr. phil. Promotion mit einer Dissertation zur Philosophie der Musik (1976); Habilitation mit einer Schrift über Todesmetaphern. Seit 1993 Professor für Kulturgeschichte an der Humboldt-Universität Berlin. Veröffentlichungen u. a. *Todesmetaphern. Zur Logik der Grenzerfahrung*, Frankfurt a. M. 1997; *Weihnachten. Der gescheiterte Kindesmord*, München 2001.

Nan Mellinger Studium der Rhetorik, Philosophie und Kulturwissenschaft in Tübingen und Berlin; lebt als freie Autorin in Berlin. Von ihr erschienen neben zahlreichen Sammelbeiträgen u. a. *Fleisch. Ursprung und Wandel einer Lust. Eine kulturanthropologische Studie*, Frankfurt a. M. 2000.

Werner Nachtigall Prof. Dr. rer. nat., Studium der Naturwissenschaften in München; 1969 nahm er einen Ruf als Ordinarius für Zoologie am Zoologischen Institut des Saarlandes an und baute dort eine bewegungsphysiologische Arbeitsgruppe auf. 1990 gründete er eine Ausbildungsrichtung »Technische Biologie und Bionik« an der Universität des Saarlandes und eine Gesellschaft gleichen Namens. Er ist Mitglied mehrerer wissen-

schaftlicher Akademien und Organisationen. Zahlreiche Aufsätze und Bücher zur Bionik. Zuletzt: *Biomechanik. Grundlagen-Beispiele-Übungen*, Wiesbaden 2001; *Das große Buch der Bionik. Neue Technologien nach dem Vorbild der Natur* (gemeinsam mit Kurt G. Blüchel), München 2001; *Bionik*, Heidelberg 2002.

Bettina Paust Dr. phil., Studium der Kunstgeschichte, Volkskunde und Geschichte an der Universität Regensburg, 1996 Promotion über Studien zur barocken Menagerie im deutschsprachigen Raum; seit 2002 Leiterin des Joseph Beuys Archivs / Institut an der Kunstakademie Düsseldorf innerhalb der Stiftung Museum Schloss Moyland des Landes NRW, hier v. a. Entwicklung und Realisierung von Forschungs- und Ausstellungsprojekten zu Leben, Werk und Wirken von Joseph Beuys und zu dessen Rezeption bis in die aktuelle Kunst; zahlreiche Veröffentlichungen, Vorträge und Seminare zur Kunst und Gartenkunst des 18. Jahrhunderts und zur Kunst des 20. und 21. Jahrhunderts, insbesondere zu Joseph Beuys.

Andreas Platthaus Studium der Betriebswirtschaftslehre, Rhetorik, Philosophie und Geschichte in Aachen und Tübingen, 1992 Präsident der Donaldisten, seit 1997 Redakteur im Feuilleton der *Frankfurter Allgemeinen Zeitung*. Von ihm erschien *Im Comic vereint – eine Geschichte der Bildgeschichte*, Berlin. 1998, Frankfurt a. M. 2001; *Von Mann und Maus – Die Welt des Walt Disney*, Berlin 2001; für 2003 ist die Veröffentlichung eines Buches über den Comiczeichner Moebius in der *Anderen Bibliothek* geplant.

Josef H. Reichholf Prof. Dr. rer. nat., Studium der Biologie, Chemie und Geografie an der Universität München. Seit 1974 an der Zoologischen Staatssammlung in München, seit 1976 Lehrtätigkeit an der technischen Universität und seit 1985 auch an der Ludwig-Maximilians-Universität München; Veröffentlichungen u. a. *Das Rätsel der Menschwerdung*, Stuttgart 1990; *Der schöpferische Impuls – eine neue Sicht der Evolution*, München 1992; *Warum wir siegen wollen*, München 2001.

Hans-Jörg Rheinberger Prof. Dr. rer. nat., Molekularbiologe und Wissenschaftshistoriker, Studium der Philosophie und Biologie in Tübingen und Berlin; seit 1997 Direktor am Max-Planck-Institut für Wissenschaftsgeschichte in Berlin. Zahlreiche Veröffentlichungen; u. a. *Räume des Wissens* (gemeinsam mit Michael Hagner und Bettina Wahrig-Schmidt), Berlin 1997; *Towards a History of Epistemic Things, Synthesizing Proteins in the Test Tube*, Stanford 1997; *Experimentalsysteme und Epistemische Dinge*, Göttingen 2001.

Colleen M. Schmitz Studium International Relations und Germanistik an der Michigan State University/USA. Lebt seit 1990 als Ausstellungsmacherin in Deutschland. Ausgewählte Projekte: »Kosmos im Kopf: Gehirn und Denken« Deutsches Hygiene-Museum, Dresden 2000, »Prometheus: Menschen. Bilder. Vision« Deutsches Historisches Museum, Berlin 1998/99, »Wandel ohne Wachstum« deutscher Beitrag zur VI. Architektur-Biennale Venedig 1996 und die Halbzeit-Präsentation der Internationalen Bauausstellung Emscher Park 1994/95 im Ruhrgebiet.

Imke Volkers Studium der Kultur- und Kunstwissenschaften und der Romanistik in Bremen und Valencia. Mitarbeit bei Dokumentar- und Spielfilmprojekten. Seit 2001 wissenschaftliche Mitarbeit am Ausstellungsprojekt »Mensch und Tier. Eine paradoxe Beziehung« am Deutschen Hygiene-Museum, Dresden.

Sigrid Walther Kunsthistorikerin, 1977–1991 Galeristin in Dresden, seit 1991 freie wissenschaftliche Mitarbeiterin am Deutschen Hygiene-Museum in Dresden. Ausstellungen und Veröffentlichungen zu kunst- und kulturhistorischen Themen, darunter »Körperbilder – Menschenbilder. Malerei, Zeichnung und Plastik aus Sachsen von 1945 bis 1994«, Deutsches Hygiene-Museum, Dresden 1994, »Karl Albiker 1878–1961. Plastik, Zeichnung«, Georgenbau des Dresdner Schlosses 1996, Kuratorin der Abteilung »Der Garten« in der Ausstellung »Der Neue Mensch. Obsessionen des 20. Jahrhunderts«, Deutsches Hygiene-Museum, Dresden 1999.

Ralph Zahn Dr. rer. nat., Studium der Biochemie, Promotion am Max-Planck-Institut für Biochemie in Martinsried, danach zweijähriger Forschungsaufenthalt am Cambridge University Chemical Laboratory in England. Derzeit Privatdozent am Institut für Molekularbiologie und Biophysik an der Eidgenössischen Technischen Hochschule Zürich. Ein Schwerpunkt seiner Forschungsarbeit liegt in der Strukturaufklärung verschiedener Varianten des Prion-Proteins mittels NMR-Spektroskopie.

Verzeichnis der Leihgeber

Aachen SATIS - Studentische Arbeitsgruppe gegen Tiermissbrauch im Studium
Atlanta, Georgia Georgia State University Language Research Center
Auckland/Neuseeland Dr. Gavin Hunt, University of Auckland
Bad Homburg Lilly Pharma Holding GmbH
Bad Oldesloe Virbac Tierarzneimittel GmbH
Bautzen Firma Hermann Erdenberger
Berkeley Tim White, University of California
Berlin
Ursula Böhmer | Deutsches Historisches Museum | DIPOL-Film / Deutsches Historisches Museum | Freie Universität Berlin | - Fachbereich Veterinärmedizin, Institut für Veterinär-Anatomie | - Klinik und Poliklinik für Kleine Haustiere | Freunde der Preußischen Schlösser und Gärten e.V. | Gelbe Musik, Ursula Block | Institut für Zoo- und Wildtierforschung | Leben mit Tieren e.V. | Max-Planck-Institut für Wissenschaftsgeschichte | Lars Nickel | Humboldt-Universität zu Berlin | - Berliner Medizinhistorisches Museum des Universitätsklinikums Charité | - Institut für Anatomie des Universitätsklinikums Charité | - Institut für Geschichte der Medizin im Zentrum für Human- und Gesundheitswissenschaften | - Institut für Systematische Zoologie, Museum für Naturkunde, Berlin | - Zoologische Lehrsammlung | Iris Schieferstein | Joachim Schmid | Staatliche Museen zu Berlin | - Ägyptisches Museum und Papyrussammlung | - Kunstbibliothek | - Nationalgalerie | Stiftung Deutsche Kinemathek – Filmmuseum Berlin | Stiftung Stadtmuseum Berlin | Ventura Film, Berlin und Lotus Film, Wien | York Christoph Riccius ZB Fotoagentur Zentralbild GmbH |
Bern Naturhistorisches Museum der Burgergemeinde Bern
Böblingen Deutsches Fleischermuseum Böblingen
Bonn Deutscher Tierschutzbund e.V. | Haus der Geschichte der Bundesrepublik Deutschland
Braunschweig Bundesforschungsanstalt für Landwirtschaft (FAL)
Bremen Übersee-Museum Bremen
Chicago Eduardo Kac mit freundlicher

Genehmigung der Julia Friedman Gallery

Cuxhaven Wrackmuseum

Darmstadt Heaven for Animals

Dresden Autohaus Israel | Stefanie Brauer | Cenix BioScience GmbH | Landesmuseum für Vorgeschichte Dresden | Militärhistorisches Museum der Bundeswehr | Sächsische Landesbibliothek – Staats- und Universitätsbibliothek | Staatliche Kunstsammlungen Dresden | - Gemäldegalerie Alte Meister | - Gemäldegalerie Neue Meister | - Mathematisch-Physikalischer Salon | - Rüstkammer | - Skulpturensammlung | Staatliche Naturwissenschaftliche Sammlung Dresden, Museum für Tierkunde | Stiftung Deutsches Hygiene-Museum | - Bibliothek | - Die Neue Dauerausstellung | - Sammlung | - Die Sammlung Schwarzkopf im Deutschen Hygiene-Museum | Sigrid Walther | Christoph Wetzel | Zoo Dresden

Düsseldorf Universitäts- und Landesbibliothek Düsseldorf

Dwergte Hundezüchterin Sandra Block

Encino, Kalifornien Rescue Critters, LLC.

Essen Markt- und Schaustellermuseum

Ettlingen Karl Schermer GmbH

Frankfurt a. M. Eichborn Verlag | Gesellschaft für Gesundheit und Forschung e.V. | Hauptzollamt Frankfurt a. M. – Flughafen | Johann Wolfgang Goethe-Universität | - Institut der Anthropologie und Humangenetik | - Neurologisches Institut (Edinger-Institut) | Naturmuseum und Forschungsinstitut Senckenberg | Zollfahndungsamt Frankfurt

Göttingen Institut für den Wissenschaftlichen Film | Niedersächsische Staats- und Universitätsbibliothek Göttingen

Grillenburg Technische Universität Dresden, Forstliche und Jagdkundliche Lehrschau Grillenburg

Groß Schönebeck Schorfheide-Museum, Dauerleihgabe des Ostpreußischen Landesmuseums Lüneburg

Herrmannsdorf Karl Ludwig Schweisfurth, Herrmannsdorfer Landwerkstätten

Hamburg Greenpeace e.V. | Hagenbeck Archiv | Hygiene-Institut Hamburg | Museum für Kunst und Gewerbe Hamburg

Hanover, New Hampshire Hood Museum of Art

Hobart, Tasmanian/Australien Tasmanian Museum & Art Gallery

Hohenpeißenberg Tecniplast Deutschland GmbH

Isernhagen HB Dr. Helmut Ende

Istanbul Elif Çelebi

Jakarta Jakarta Field Station des Max-Planck-Instituts für evolutionäre Anthropologie

Kerken Schippers GmbH

Köln Wallraf-Richartz-Museum

Kopenhagen Scanpix/Nordfoto

Krefeld Krefelder Zoo

La Jolla, Kalifornien University of California at San Diego, Katerina Semedeferi, Dept. of Anthropology | Ajit Varki, Glycobiology Research and Training Center, University of California at San Diego

Lagunitas, Kalifornien The Estate of Klaus Kinski

Langefeld Omron Electronics GmbH

Lausanne Musée cantonal de zoologie, Lausanne, Suisse

Leipzig Gedenkstätte Museum in der »Runden Ecke« mit dem Museum im Stasi-Bunker – Bürgerkomitee Leipzig e.V. für die Auflösung der ehemaligen Staatssicherheit (MfS) | Max-Planck-Institut für Evolutionäre Anthropologie | Museum der bildenden Künste Leipzig | Naturkundemuseum Leipzig | Veterinär-Anatomisches Institut der Universität Leipzig | Wild Chimpanzee Foundation, European Office am Max-Planck-Institut für Evolutionäre Anthropologie

Linz Oberösterreichisches Landesmuseum, Grafische Sammlung

London Foster and Partners – architects and designers | Macmillan Publishers Ltd. | New Scientist | Science Museum | The Natural History Museum London

Ludwigshafen Maqi – für Tierrechte gegen Speziesismus

Mannheim Landesmuseum für Technik und Arbeit

Marburg Chiron Behring GmbH & Co

Mettmann Neanderthal Museum

Moritzburg Museum Schloss Moritzburg

München Bayerische Staatsgemäldesammlungen, Pinakothek | Deutsches Jagd- und Fischereimuseum | Karl Ludwig Schweisfurth | Münchner Stadtmuseum | Tiertrauer München Gesellschaft für Tierverbrennung und -bestattung mbH | Universitas Verlag

Münster Prof. Dr. Gerti Dücker, Westfälische Wilhelms-Universität Münster | Westfälisches Museum für Naturkunde, Landesmuseum und Planetarium

New Haven, Connecticut Elisabeth Vrba (geb. Münchmeyer), Dept. of Geology and Geophysics, Yale University

New York Diana Reiss, Osborn Laboratories of Marine Sciences/New York

Aquarium | Nature Publishing Group

Nürnberg Staatsarchiv Nürnberg

Oxford Behavioral Ecology Research Group, University of Oxford | Simon E. Fisher, Wellcome Trust Centre for Human Genetics, University of Oxford

Paderborn Freund Maschinenfabrik GmbH & Co. KG

Paris Brigitte Senut, Museum National d'Histoire Naturelle

Phoenix, Arizona PETsMART Corporate

Poitiers Michel Brunet, Université de Poitiers/Mission Paléoanthropolique Franco-Tschdienne (M.P.F.T.)

Potsdam Stiftung Preußische Schlösser und Gärten Berlin-Brandenburg

Rastatt BioKanol ® Pharma GmbH

Regensburg Staatliche Bibliothek Regensburg

Rheinberg Solvay/SolVin

Reine, Lofoten/Norwegen High North Alliance

Saarbrücken Museum für Vor- und Frühgeschichte

Schellerten OT Bettmar Werner Franke

Schwerin Staatliches Museum Schwerin, Kupferstichkabinett

Shawnigan Lake, British Columbia/Kanada William Munoz

St. Andrews, Schottland Andrew Whiten, Prof. of Evolutionary and Developmental Psychology, University of St. Andrews

Stuttgart Georg Thieme Verlag

Svolvär, Lofoten/Norwegen Norges Småkvalfangerlag

Thorshavn, Färöer/Dänemark Grindemannafelagid

Tokio Matsushita Electric Corporate | Dennis Normile, Science (Magazine)

Uppsala Max Ingman, Dept. of Genetics and Pathology, University of Uppsala

Verden (Aller) Deutsches Pferdemuseum

Waltham, Massachusetts Dr. Irene M. Pepperberg, The Alex Foundation

Weimar Stiftung Weimarer Klassik, Herzogin Anna Amalia Bibliothek

Wien Abteilung Archäologische Biologie und Anthropologie, Naturhistorisches Museum Wien | ALBERTINA | Martin Morocutti

Winnenden TIEBA Würdevolle Tierbestattungen

Würzburg M. Kleinhenz/Universität Würzburg

Wurzen Forstliche und Jagdkundliche Lehrschau Wurzen/Sachsen

Zeulenroda Dipl. Ing. Manfred Carol

Zürich Institut für Veterinärpathologie der Universität Zürich, Prof. Dr. F. Ehrensperger | Medizinhistorisches Insitut und Museum der Universität Zürich | Moulagensammlung, UniversitätsSpital und Universität Zürich

Dank

Bei der Vorbereitung der Ausstellung und der Publikation wurde uns von vielen Seiten Rat und Unterstützung gewährt. Wir danken

Aachen Dr. Corina Gericke

Amsterdam Ann-Sophie Lehmann

Aschaffenburg Rainer Häuser

Atlanta, Georgia Carolyn Clarke | William Fields | Dr. Sue Savage-Rumbaugh

Auckland/Neuseeland Prof. Dr. Gavin Hunt

Bautzen Hartmut Biermann

Berkeley Tim White

Berlin Prof. Dr. Norbert Benecke | Ursula Block | Prof. Dr. Hartmut Böhme | Dr. Hermann Bragulla | Prof. Dr. Horst Bredekamp | Dr. Rainer Brockmann | Prof. Dr. Leo Brunnberg | Dr. Charles Oliver Coleman | Dr. Ferdinand Damaschun | Philipp Felsch | Peter Geyer | Dr. Rolf Giesen | Dr. Frank Göritz | Manfred Gräfe | Dr. Oliver Grau | Prof. Dr. Theodor Hiepe | Dr. Thomas B. Hildebrandt | Prof. Dr. Heribert Hofer | Dr. Fritz Jacobi | Dr. Barbara Kohn | Prof. Dr. Thomas Macho | Heidrun Podszus | Silke Schicktanz | Dr. Henning Schmidgen | Prof. Dr. Gerhard Scholtz | Barbara Schröter | Gereon Sievernich | Henrik Volkers | Prof. Dr. Dietrich Wildung | Prof. Dr. Ulrich Zeller | Dr. Olivia Zorn

Bonn Jochen Prinz

Bremen Dr. Peter-René Becker | Dr. Guido Boulboullé | Dr. Andreas Lüderwaldt | Karl-Heinz Ullenboom | Alexandra Werle

Chicago Eduardo Kac | Henrik Kassemann

Dresden Dr. Heinz-Werner Lewerken | Dr. Jutta Bäumel | Winfried Beckert | Frank Buchholz | Catrin Dittrich | Wolfram Dolz | Christoph Dose | Dr. Siegfried Eck | Prof. Dr. Rolf Entzeroth | Dr. Uwe Fritz | Erich Geiger | Olaf Jäger | Prof. Dr. Bernhard Klausnitzer | Dr. Rüdiger Krause | Prof. Dr. Hubert Lücker

| Prof. Dr. Harald Marx | Katrin Nitzschke | Dr. Matthias Nuß | Gorch Pieken | Dr. Christiane Reichardt-Vorländer | Dr. Moritz Wölk | Dr. Kordelia Knoll | Dr. Peter Plaßmeyer | Uwe Reuter | Dr. Martin Roth | Dr. Birte Sönnichsen | Dr. Rainer Vollkommer | Heidemarie Weser | Dr. Georg Zimmermann

Essen Brigitte Aust | Erich Knocke

Frankfurt a. M. Dr. Dieter Fiege | Stefan Flohr | Bernd Herkner | Britta Hofmann | Dr. Jens-Peter Kopelke | Gerald Kreft | Karin Krohmann | Dr. Gabriele Küsters | Prof. Dr. Karl Plate | Prof. Dr. Dr. Protsch von Zieten | Prof. Dr. Friedemann Schrenk | Ralf Simon | Prof. Dr. Fritz F. Steiniger | Dr. Gerhard Storch

Grillenburg K. Lochmann

Hamburg Jochen Breetz | Dr. Jürgen Döring | Angela Pieske

Halle (Saale) Dr. Joachim Wussow | Dr. Björn Schlenker

Herrmannsdorf Karl Ludwig Schweisfurth

Hobart, Tasmanian/Australien Bill Bleathman

Kassel Antonia Simon

Kerken Guus Schippers | Silvia Worm

Koblenz Axel von Berg

Krefeld Dr. Wolfgang Dreßen

La Jolla, Kalifornien Prof. Dr. Katerina Semendeferi | Prof. Dr. Ajit Varki

Langenfeld Bernd Markowski

Lausanne Dr. Anne Freitag | Dr. Michel Sartori

L'Honor de Cos/Frankreich Jean Real

Leipzig Prof. Dr. Christophe Boesch | Dr. Josep Call | Wolfgang Enard | Dr. David Gil | Katharina Haberl | Dr. Sandra Jacobs | Prof. Dr. Svante Pääbo | Prof. Dr. Franz-Viktor Salomon | Prof. Dr. Michael Tomasello | Dr. Roman Wittig

Linz Mag. Monika Oberchristl

London Danielle Olsen | Maria Rollo

Ludwigsburg Werner Unseld

München Anneliese Blaumeiser | Bernd E. Ergert | Prof. Dr. Franz-Theo Gottwald | Prof. Dr. Josef H. Reichholf | Marion Steinbach | Gabriele von Wangenheim | Dr. Thomas Weidner

Münster Werner Beckmann | Prof. Dr. Gerti Dücker | Sybill Ebers | Dr. Alfred Hendricks

New York Fran Hackett | Dr. Diana Reiss

Oxford Dr. Jackie Chappell | Dr. Simon Fisher

Paris Dr. Brigitte Senut | Frauke Volkers

Poitiers Prof. Dr. Michel Brunet

Rheda-Wiedenbrück Josef Tillmann

Rheinberg Dr. Reinhard Saffert

Saarbrücken Dr. Franz-Josef Schumacher

Schwarzenbek Dr. Martin von Wenzlawowicz

Schwerin Dr. Helga Baudia | Kornelia Röder

St. Andrews, Schottland Prof. Dr. Andrew Whiten

Stuttgart Dr. Eberhard Wolff

Tokio Wilson Solano

Uppsala/Schweden Ulf Gyllensten | Prof. Dr. Max Ingman

Waltham, Massachusetts Prof. Dr. Irene Pepperberg

Weimar Dr. Wolfgang Bock

Wien Dr. Christian Benedik | Dr. Margit Berner

Zürich Prof. Dr. Christoph Mörgeli | Evelyne Regolati | Dr. Michael L. Geiges

Schließlich geht ein herzlicher Dank an die Mitarbeiterinnen und Mitarbeiter des Deutschen Hygiene-Museums, Dresden.

Impressum

»Mensch und Tier. Eine paradoxe Beziehung«
22. November 2002 – 10. August 2003

Eine Ausstellung
des Deutschen Hygiene-Museums

In Partnerschaft mit der DKV Deutsche Krankenversicherung AG

DKV Deutsche Krankenversicherung AG

Ein Unternehmen der **ERGO** Versicherungsgruppe

Stiftung Deutsches Hygiene-Museum, Dresden

Lingnerplatz 1, 01069 Dresden,
www.dhmd.de, Telefon 03 51/4 84 63 04

Direktor Klaus Vogel
**Museums- und Ausstellungsleiterin,
Stellvertretende Direktorin** Gisela Staupe
Presse- und Öffentlichkeitsarbeit
Christoph Wingender
Ausstellungsbüro Monika von Oertzen
Marketing Dr. Manuel Frey, Sylvia Gnieser,
Antje Uhlig
Medien Dimitrios Ambatielos
Forum Wissenschaft Jörg Naumann
Museumspädagogik Folker Metzger

Mit freundlicher Unterstützung durch

Schweisfurth-Stiftung

Bundesministerium für
Verbraucherschutz, Ernährung
und Landwirtschaft

STIFTUNG VAN MEETEREN

Wissenschaftliche Kooperation

STAATLICHE
NATURHISTORISCHE
SAMMLUNGEN
DRESDEN

Museum
für Tierkunde
Dresden

Ausstellung

Konzeption und Projektleitung
Dr. Jasdan Joerges
Wissenschaftliche Mitarbeit
Colleen M. Schmitz (Abteilung 10–12,
14), Imke Volkers (Abteilung 4–9),
Sigrid Walther (Abteilung 1–3, 13)
Szenografie Hugo Schär / Steiner Sarnen
Schweiz
Wissenschaftliche Beratung
Bodo-Michael Baumunk, Helga Raulff,
Dr. Ulrich Raulff
Ausstellungskoordination
Colleen M. Schmitz
Wissenschaftliche Hilfskräfte
Stefanie Brauer, Michael Grützner
Praktikanten Susanne Grüner, Alida
Kolozsváriné Kovács, Pia Linden, Lutz
Müller, Anja Papke, Katharina Witzel
Externe wissenschaftliche Recherchen Dr. Karlheinz Steinmüller /
Angela Steinmüller, Daniel Tyradellis
Produktionsleitung Michael Zeyfang,
Martin Müller
Leihbüro Silke Naumann, Miriam Röther
Ausstellungsbau Werkstätten der
Stiftung Deutsches Hygiene-Museum
unter der Leitung von Karl-Heinz Söhnel |
Walther Expointerieur, Coswig | Elektro-
Service Hupfer, Dresden | Figurenbau Peter
Ardelt, Dresden | Faunarium Klaus-Dieter
Jost, Goldberg | Risiko:Kunst, Berlin
Klimatechnik J. Verhoeven, Wertheim
Grafik und Reproduktion Marion
Mende, Gabriele Radde
Objekt- und Exponateinrichtung
Marcus Lilge & Team | ID.3D, Berlin |
M.o.l.i.t.o.r., Berlin
Filmschnitt Stefan Jeep, Sonja Theresa
Romeis, Theo Thiesmeier
Leporello, Plakat Matthias Wittig,
fernkopie, Berlin
Ausstellungsgrafik medien+räume,
Kerstin Gewalt, Dresden
Restaurierung und Konservatorische Betreuung Sybille Kreft, Jürgen
Knoop | Dr. Siegfried Eck, Christoph Dose,
Henry Heidegge, Jens Ziegler,
Museum für Tierkunde Dresden
Transport hasenkamp Internationale
Transporte GmbH | Hubert Barduhn,
Stiftung Deutsches Hygiene-Museum |
SCHENKER Deutschland AG | Walter
Schmidt ArtTransport GmbH, Dresden
Versicherung Kuhn & Bühlow, Berlin

Katalog

Konzeption und Redaktion
Helga Raulff
Bild- und Bildtextredaktion
Sigrid Walther
Bildtexte und -zusammenstellung
Jasdan Joerges, Colleen M. Schmitz,
Imke Volkers, Sigrid Walther
Übersetzung Stefan Lorenzer
Buchgestaltung und Satz fernkopie,
Berlin
Reproduktion Weyhing digital,
Ostfildern-Ruit
Gesamtherstellung Dr. Cantz'sche
Druckerei, Ostfildern-Ruit

© 2002 Stiftung Deutsches Hygiene-
Museum Dresden, Hatje Cantz Verlag,
Ostfildern-Ruit, und Autoren

© 2002 für die abgebildeten Werke von
Marina Abramović, Joseph Beuys, Carsten
Höller, Alfred Kubin, Karl Schmidt-Rottluff, Rosemarie Trockel, Ulay, Christoph
Wetzel bei VG Bild-Kunst, Bonn, sowie
bei den Künstlern oder ihren Rechts-
nachfolgern

Erschienen im
Hatje Cantz Verlag
Senefelderstraße 12
73760 Ostfildern-Ruit
Telefon 07 11/44 05 0
Telefax 07 11/4 40 52 20
Internet: www.hatjecantz.de

ISBN 3-7757-1238-0
Printed in Germany

Umschlagabbildung
Oben: *Portrait*, 2001 / A. Deffner
Unten: *Maria*, Fleischskulptur, Iris Schiefer-
stein, 1998 / S. Rabold (Ausschnitt)